Hiyokoi

Moe Yukimaru

6

TOKYOPOP GmbH
Hamburg

TOKYOPOP
3. Auflage, 2019
Deutsche Ausgabe/German Edition

Aus dem Japanischen von Hana Rude

Redaktion: Natalie Wormsbecher
Lettering: Vibrant Publishing Studio
Herstellung: Rita Geers
Druck und buchbinderische Verarbeitung:
CPI–Clausen & Bosse GmbH, Leck
Printed in Germany

ISBN 978-3-8420-1328-5

www.tokyopop.de

Hiyokoi

Moe Yukimaru

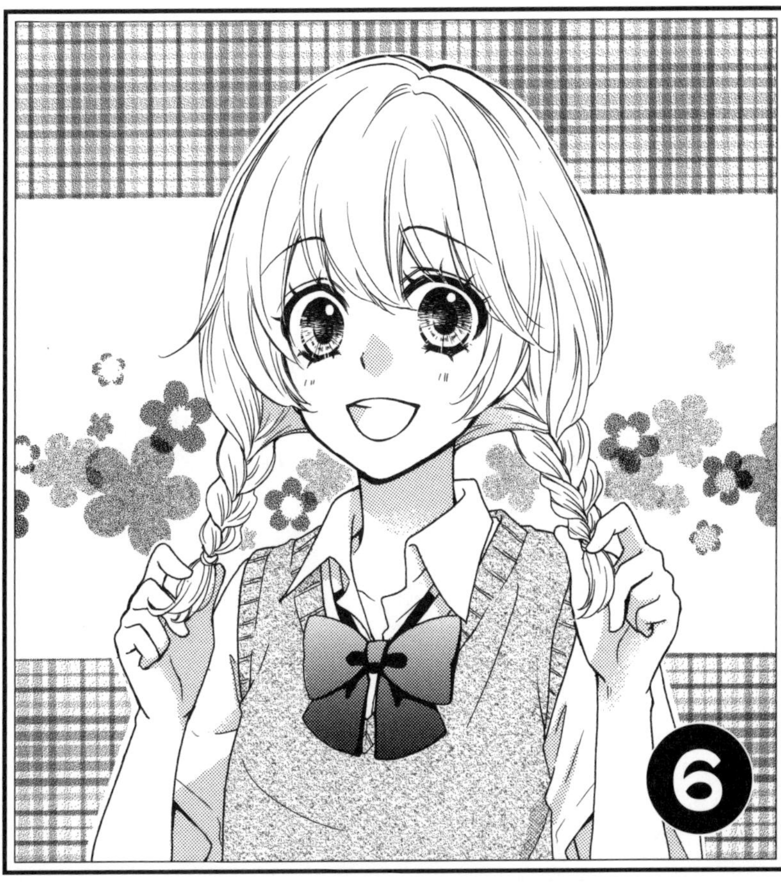

TOKYOPOP®

INHALT

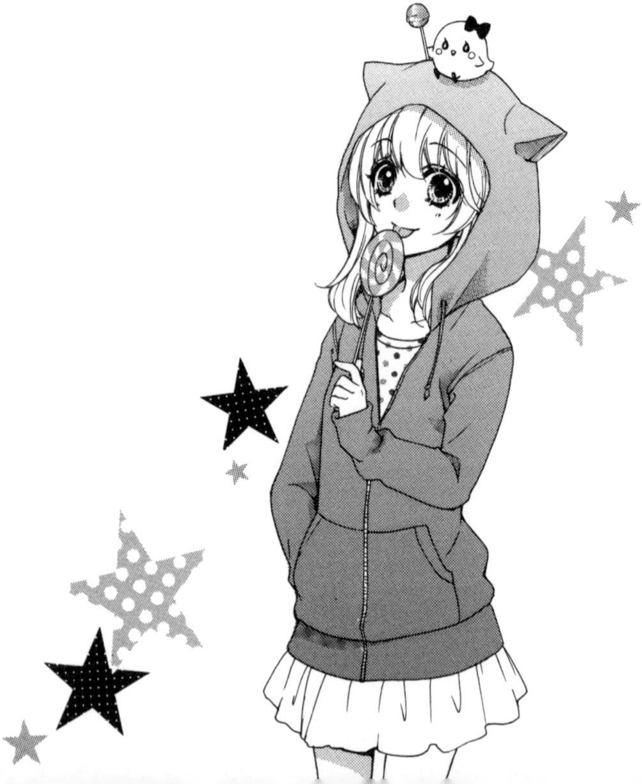

Hiyokoi

Hauptcharaktere

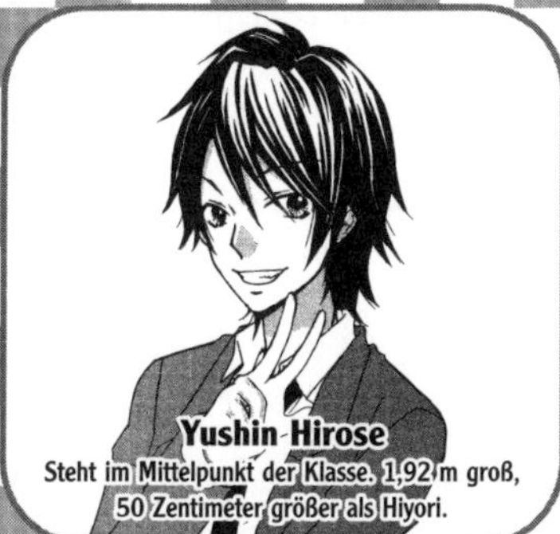

Yushin Hirose
Steht im Mittelpunkt der Klasse. 1,92 m groß, 50 Zentimeter größer als Hiyori.

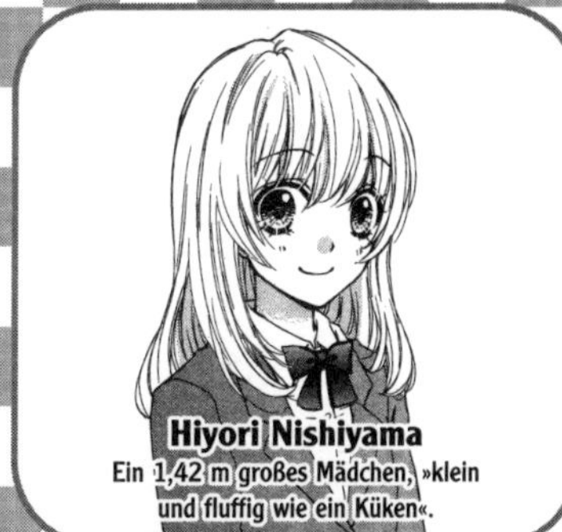

Hiyori Nishiyama
Ein 1,42 m großes Mädchen, »klein und fluffig wie ein Küken«.

Schulfreunde

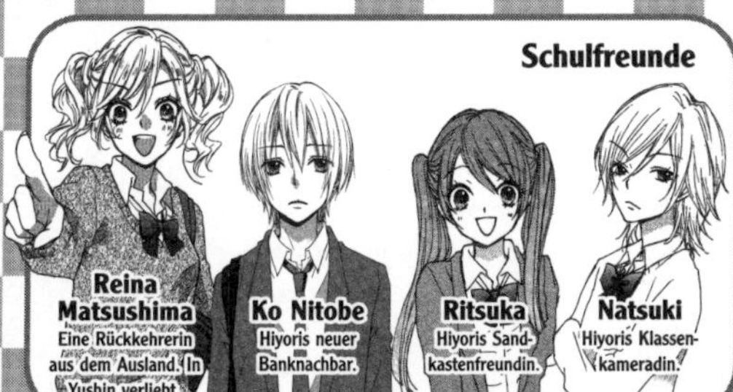

Reina Matsushima
Eine Rückkehrerin aus dem Ausland. In Yushin verliebt.

Ko Nitobe
Hiyoris neuer Banknachbar.

Ritsuka
Hiyoris Sandkastenfreundin.

Natsuki
Hiyoris Klassenkameradin.

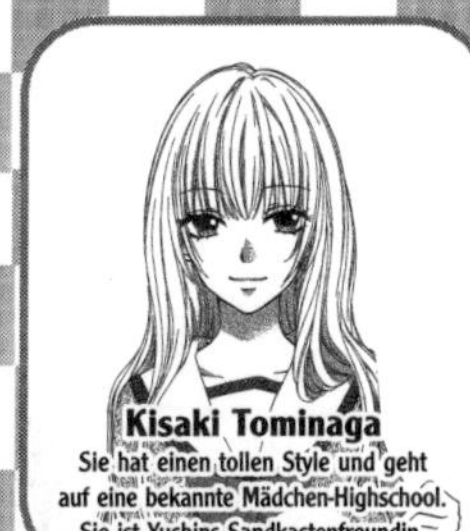

Kisaki Tominaga
Sie hat einen tollen Style und geht auf eine bekannte Mädchen-Highschool. Sie ist Yushins Sandkastenfreundin.

Was bisher geschah ...

Hiyori Nishiyama ist ein sehr schüchternes Mädchen. Wegen eines Unfalls vor der Einschulung beginnt ihr Highschool-Leben acht Monate verspätet. Hiyori ist verzweifelt, doch ihr Banknachbar Yushin hilft ihr, sich in der neuen Klasse einzuleben, und sie verliebt sich in ihn. Ein neues Schuljahr bricht an und Hiyori landet glücklicherweise wieder in derselben Klasse wie Yushin, auch wenn sie nicht mehr nebeneinandersitzen. Yushins neue Banknachbarin, die quirlige Reina, verliebt sich prompt in ihn und wird so zu Hiyoris neuer Rivalin. Hiyori möchte Yushin unbedingt dazu einladen, in den Sommerferien zusammen zum Feuerwerk zu gehen. Bei einem Lerntreffen nach der Schule bei Yushin zu Hause kommt ihr Reina jedoch zuvor und provoziert sie, bis sie verzweifelt hinausstürmt ...

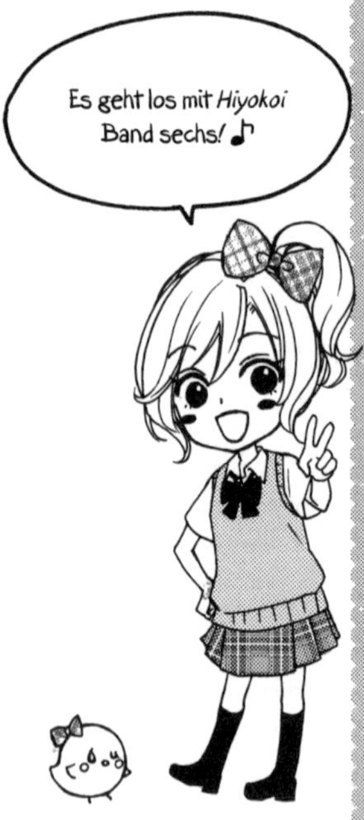

Zur Begrüßung

Guten Tag und guten Abend! Hier ist eure Yukimaru. Vielen Dank, dass ihr Band sechs von *Hiyokoi* gekauft habt! Bei jedem neuen Band erinnere ich mich daran, dass ich zu Beginn nicht mit so einer langen Serie gerechnet habe.

Die Serie läuft im Magazin schon ganze zwei Jahre und ich realisiere langsam, wie viel mehr Menschen ich jetzt im Vergleich zum Anfang damit erreiche. Ich bin euch Leserinnen und Lesern, meinem Redakteur und allen, die an diesem Manga beteiligt sind, sehr dankbar. Irgendwie hat dieser Band etwas von einem Finale, aber die Geschichte ist noch nicht zu Ende. (Lach)
Also dann.

Ich nehme mir vor, meinen Redakteur vor der Veröffentlichung des Mangas nicht mehr mit der Nachricht zu beunruhigen, dass ich mein Manuskript nicht finde … ← Es ist schon das dritte Mal. ˉ.ˉ

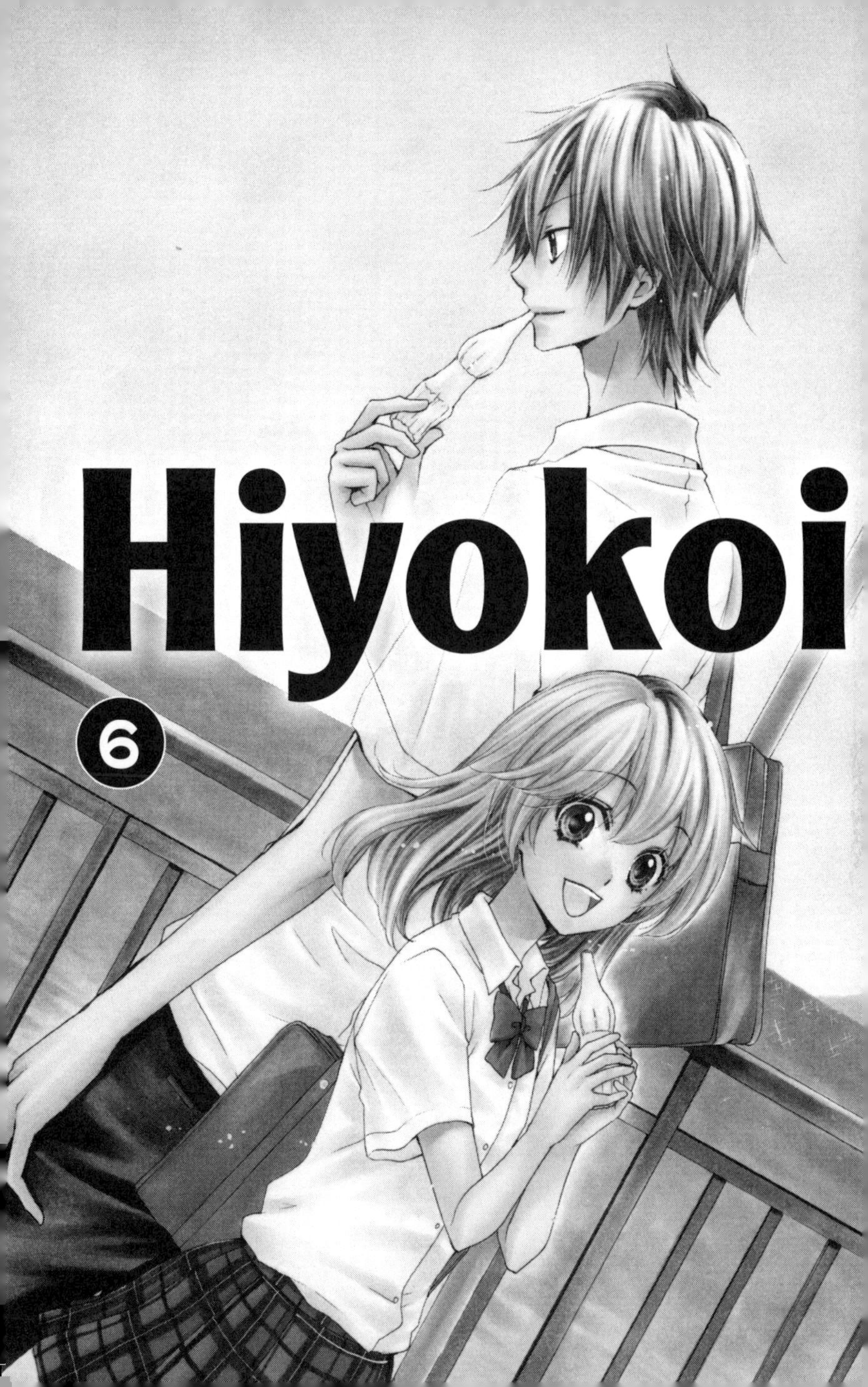
Hiyokoi
6

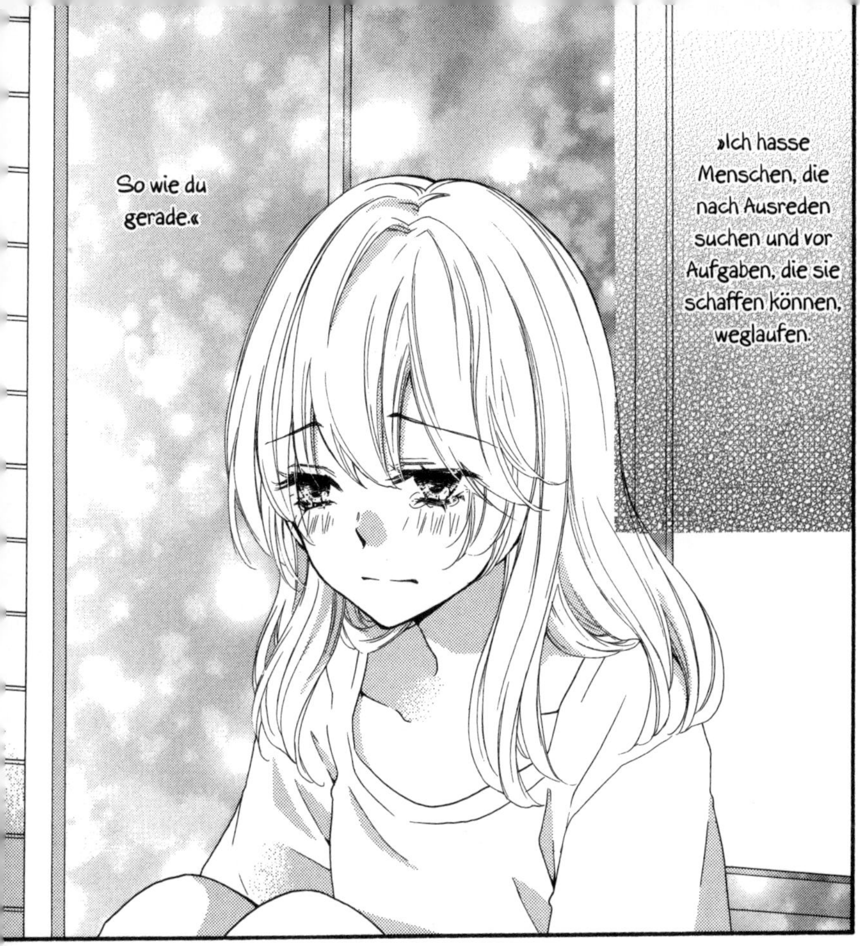
»Ich hasse Menschen, die nach Ausreden suchen und vor Aufgaben, die sie schaffen können, weglaufen.
So wie du gerade.«

Hiyokoi

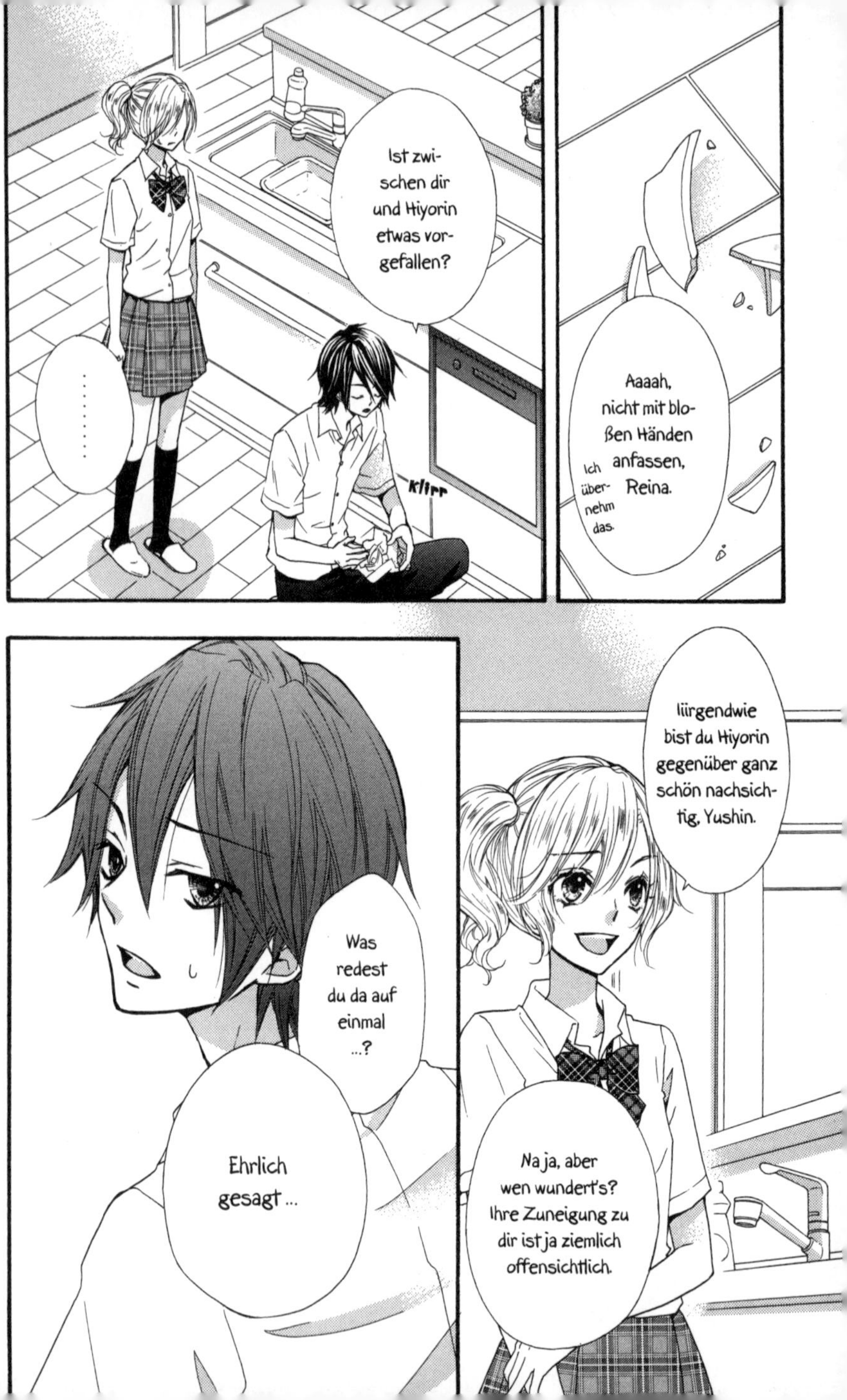
Aaaah, nicht mit bloßen Händen anfassen, Reina.
Ich übernehm das.
Ist zwischen dir und Hiyorin etwas vorgefallen?
……
Klirr
Iiirgendwie bist du Hiyorin gegenüber ganz schön nachsichtig, Yushin.
Was redest du da auf einmal …?
Na ja, aber wen wundert's? Ihre Zuneigung zu dir ist ja ziemlich offensichtlich.
Ehrlich gesagt …

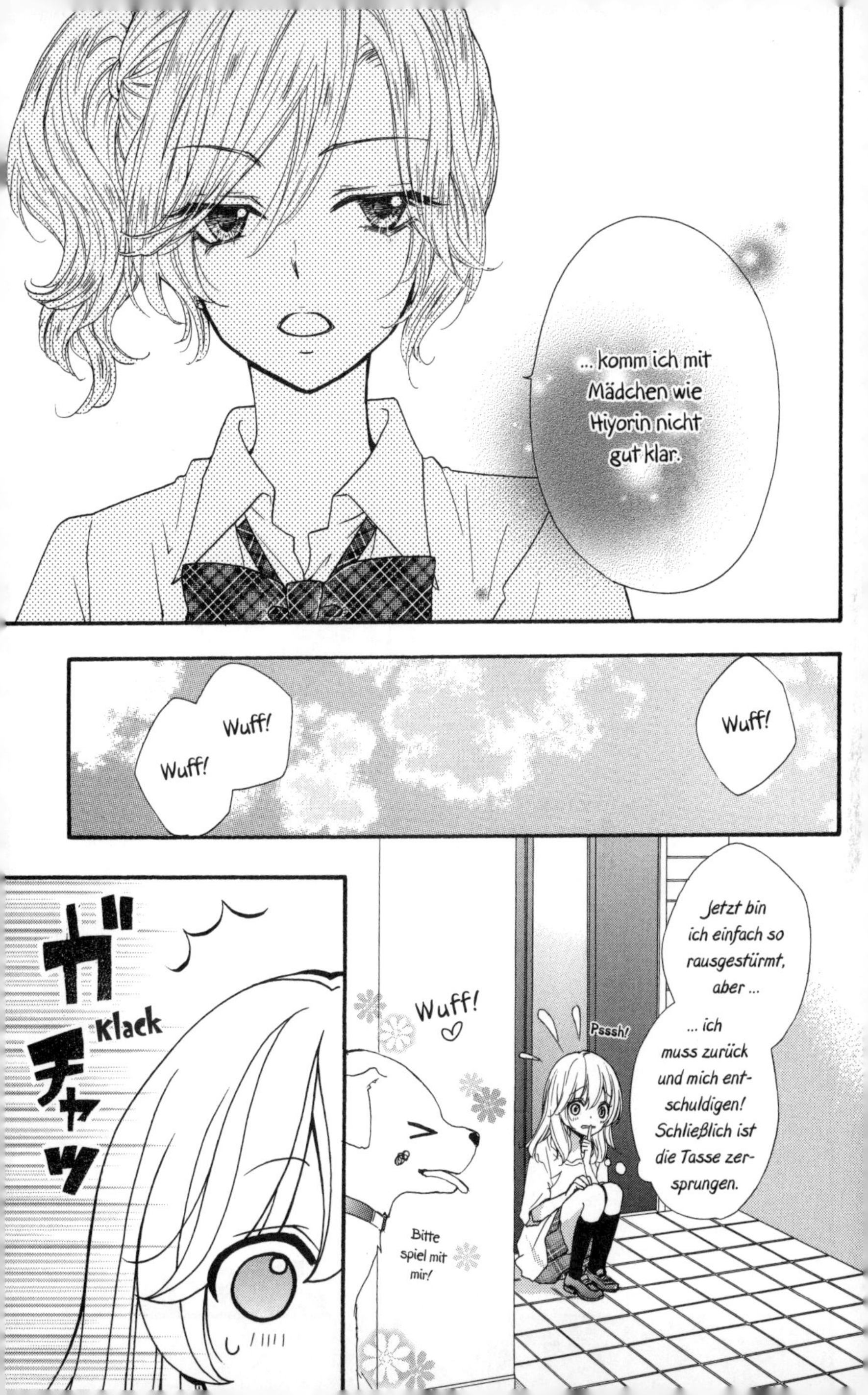
... komm ich mit Mädchen wie Hiyorin nicht gut klar.
Wuff!
Wuff!
Wuff!
Jetzt bin ich einfach so rausgestürmt, aber ...
... ich muss zurück und mich ent-schuldigen! Schließlich ist die Tasse zer-sprungen.
Psssh!
Wuff!
Bitte spiel mit mir!
ガチャッ
Klack

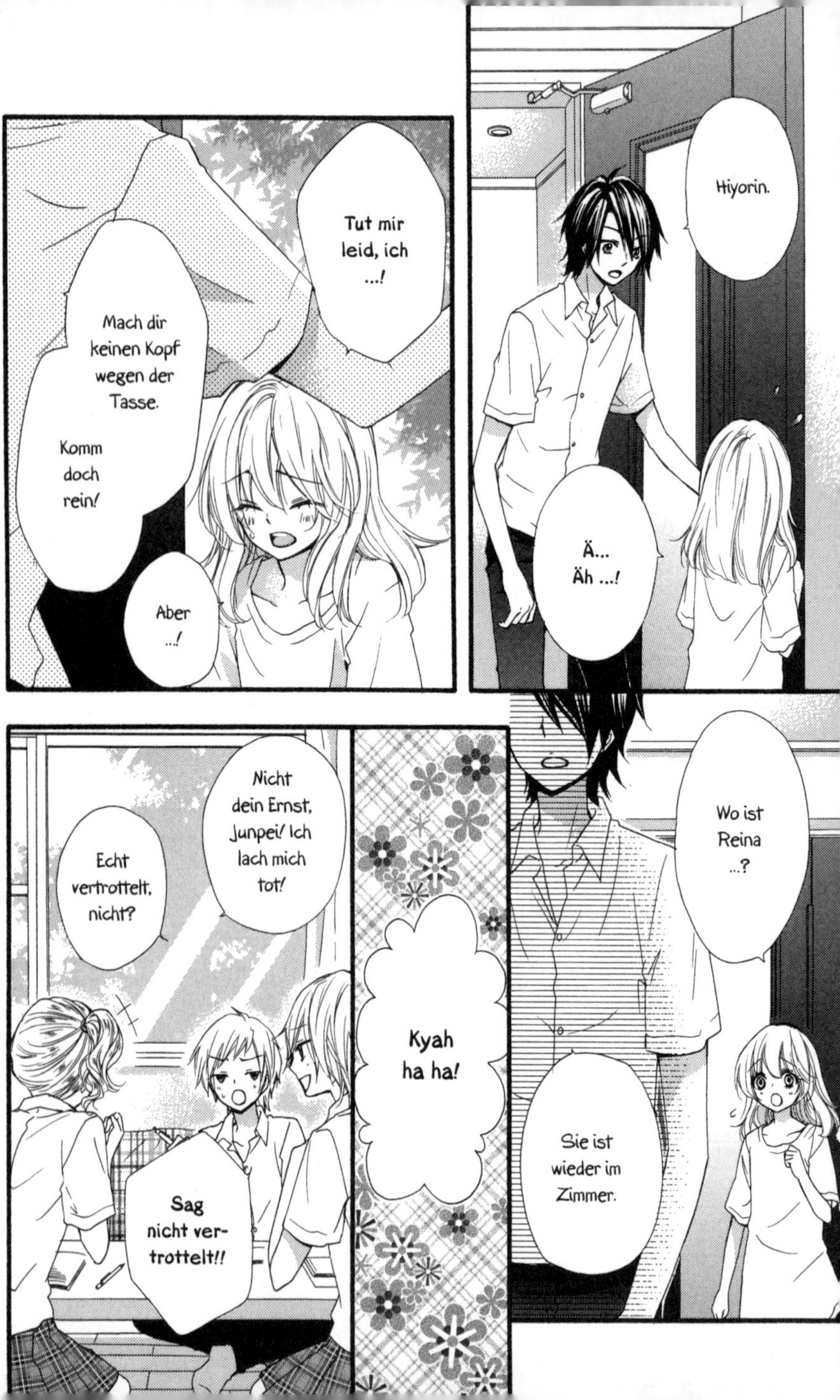
Hiyorin.
Ä... Äh ...!
Tut mir leid, ich ...!
Mach dir keinen Kopf wegen der Tasse.
Komm doch rein!
Aber ...!
Wo ist Reina ...?
Sie ist wieder im Zimmer.
Kyah ha ha!
Nicht dein Ernst, Junpei! Ich lach mich tot!
Echt vertrottelt, nicht?
Sag nicht ver-trottelt!!

1

Seit Langem mal wieder ein Randkommentar.

(In den Bänden vier und fünf konnte ich ja keine schreiben.) Es ist schon so lang her, dass ich gar nicht mehr weiß, wie ich das hier angehen soll.

Bei mir ist nichts Besonderes passiert, womit ich euch auf den neusten Stand bringen könnte. Ich zeichne jeden Tag ganz unspektakulär Manga. Seit Neuestem finde ich Etsuko Yakushimaru* ganz toll. Ihre Stimme und Art zu singen sind so süß. Balsam für meine Seele. ✿ Ihre Solos sind auch toll, aber in Sotaiseiriron** mag ich sie auch! Sie hat mein Herz erobert!

Während ich Hiyokoi zeichne, höre ich öfter was von Sängerinnen wie Kaera, Hanako Oku oder Perfume. Unabhängig vom Genre. Ich mag süße Songs. Schreibt mir, wenn ihr einen empfehlen könnt!

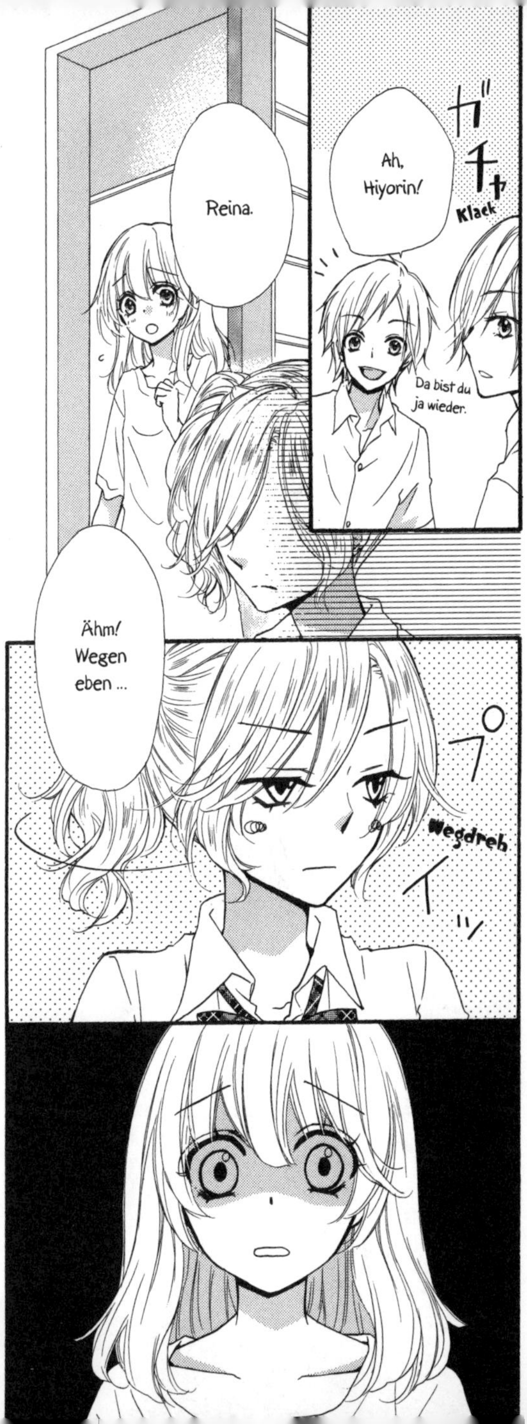

*jap. Sängerin

**jap. Band, bedeutet »Relativitätstheorie«

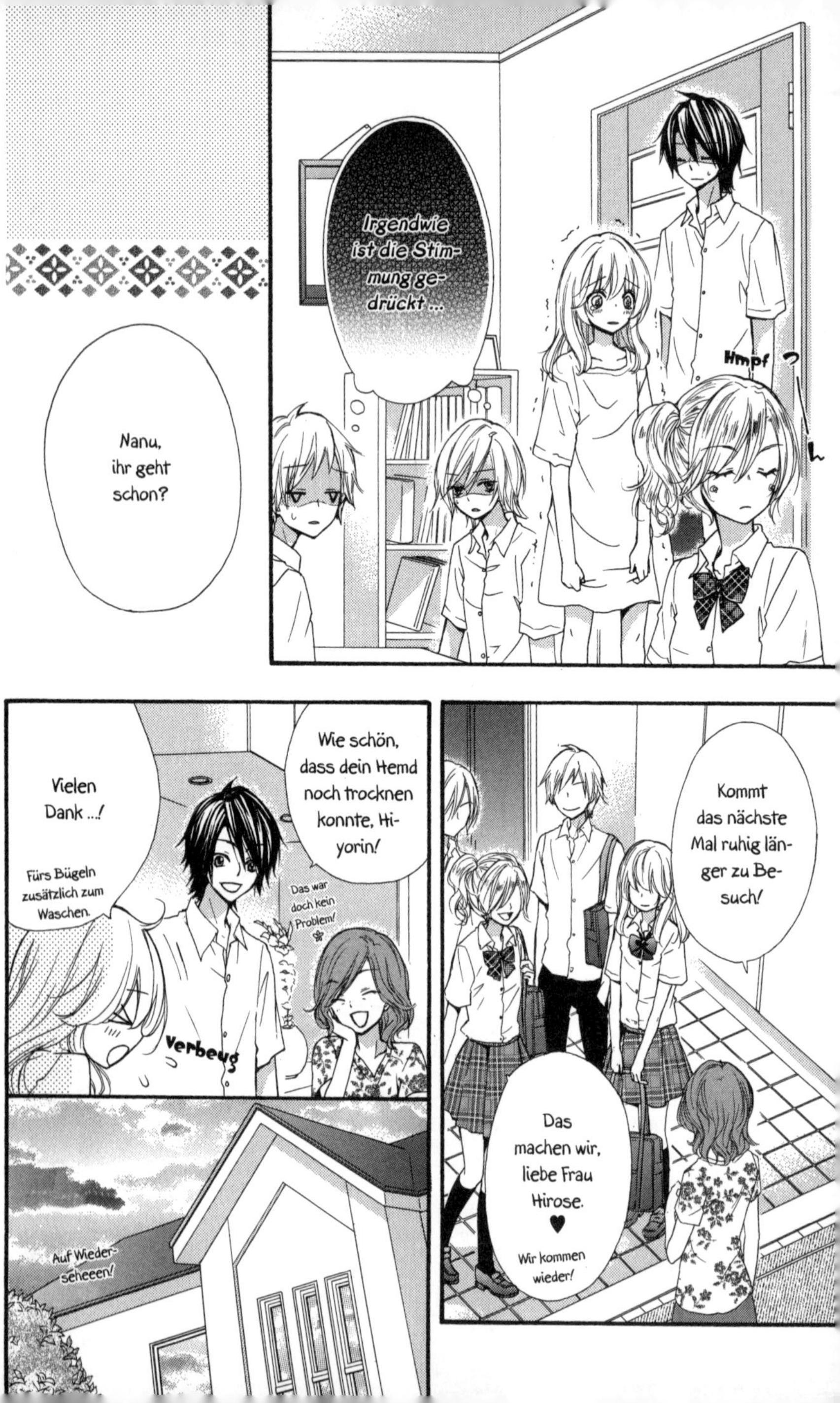
Irgendwie ist die Stimmung gedrückt ...
Hmpf
Nanu, ihr geht schon?
Kommt das nächste Mal ruhig länger zu Besuch!
Das machen wir, liebe Frau Hirose. ♥
Wir kommen wieder!
Wie schön, dass dein Hemd noch trocknen konnte, Hiyorin!
Das war doch kein Problem!
Vielen Dank ...!
Fürs Bügeln zusätzlich zum Waschen.
Verbeug
Auf Wiederseheeen!

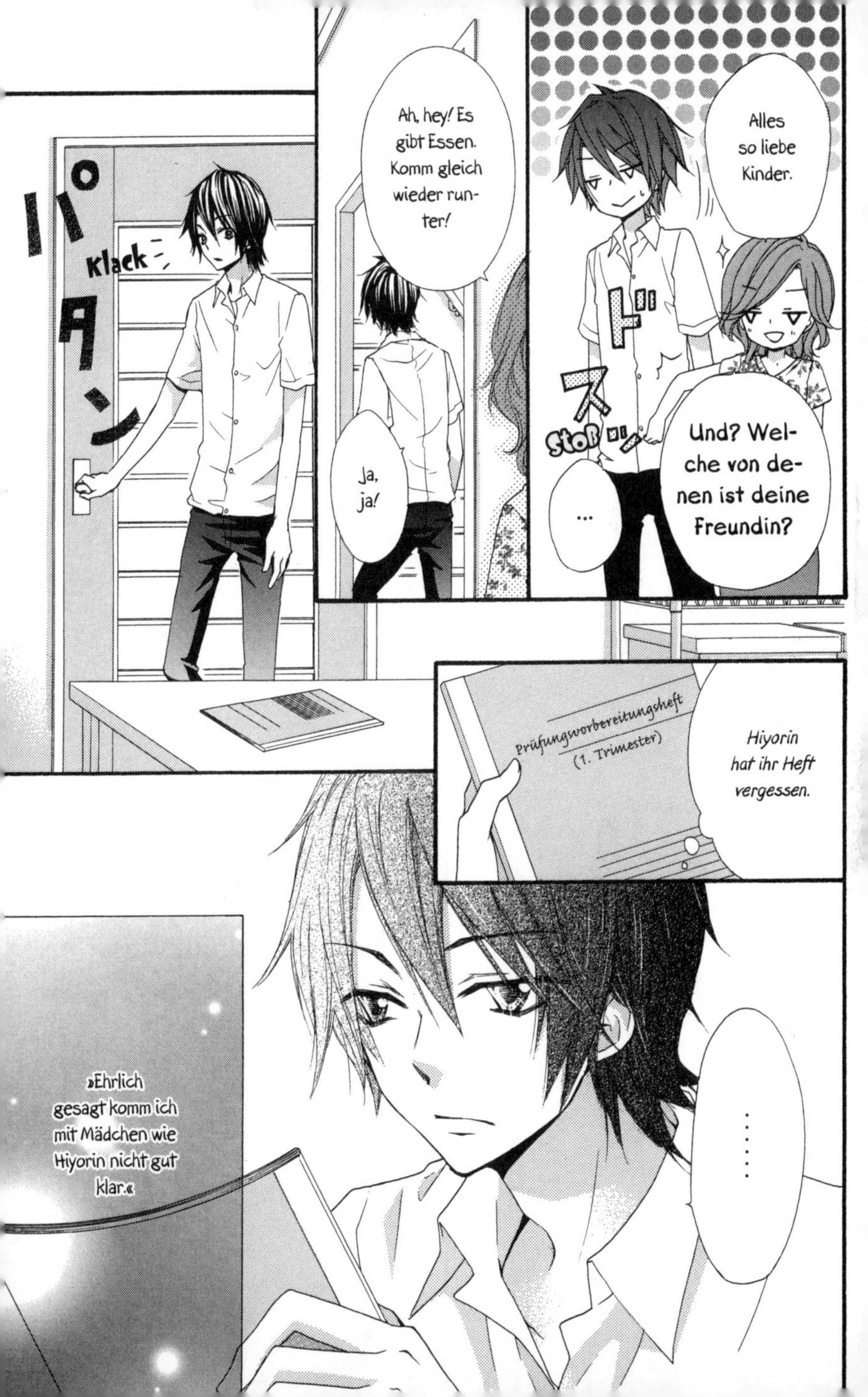
Alles so liebe Kinder.
Und? Welche von denen ist deine Freundin?
ドス
Stoß
...
Ah, hey! Es gibt Essen. Komm gleich wieder runter!
Ja, ja!
パタン
Klack
Prüfungsvorbereitungsheft (1. Trimester)
Hiyorin hat ihr Heft vergessen.
......
»Ehrlich gesagt komm ich mit Mädchen wie Hiyorin nicht gut klar.«

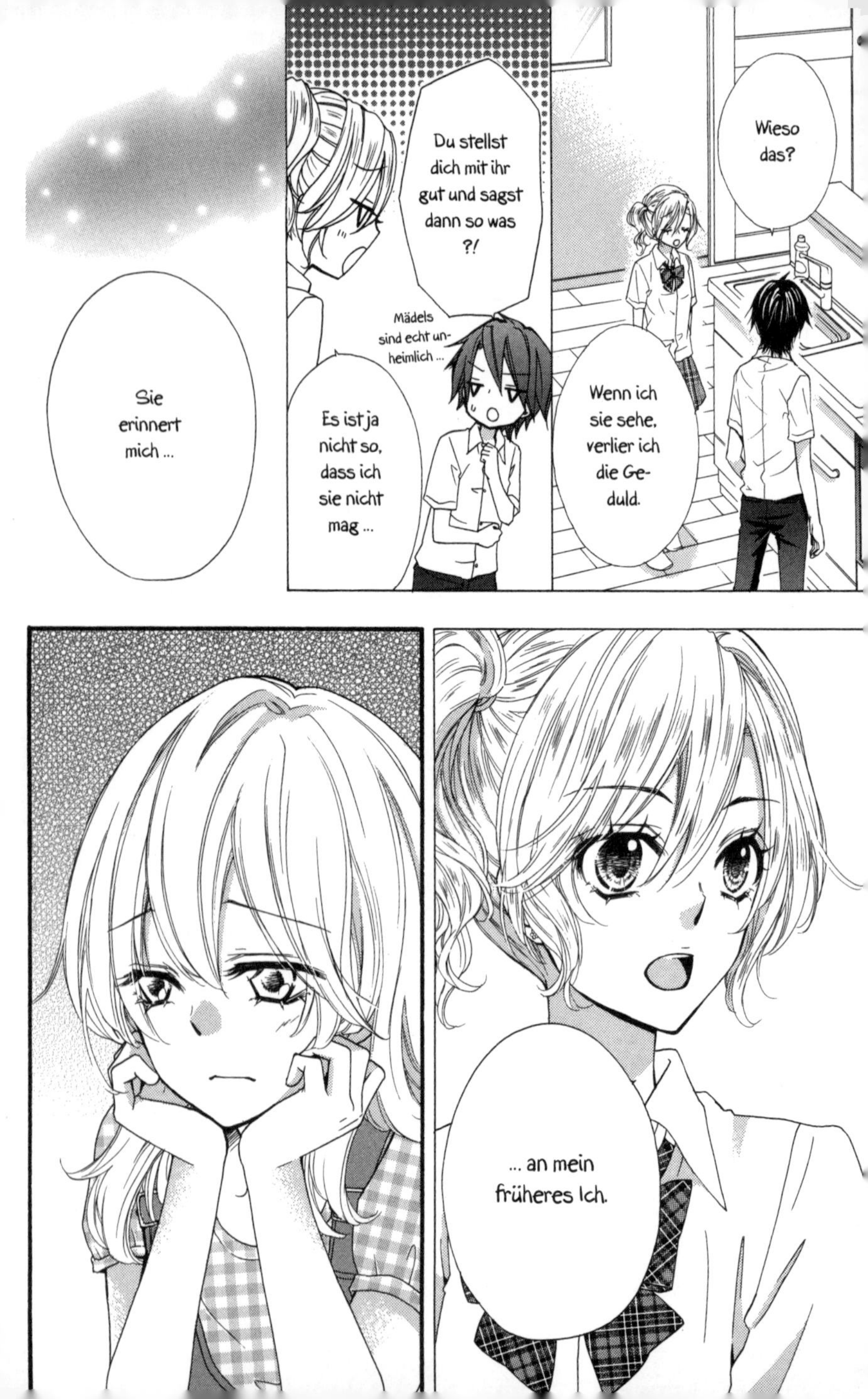
Wieso das?
Wenn ich sie sehe, verlier ich die Geduld.
Du stellst dich mit ihr gut und sagst dann so was ?!
Mädels sind echt unheimlich ...
Es ist ja nicht so, dass ich sie nicht mag ...
Sie erinnert mich ...
... an mein früheres Ich.

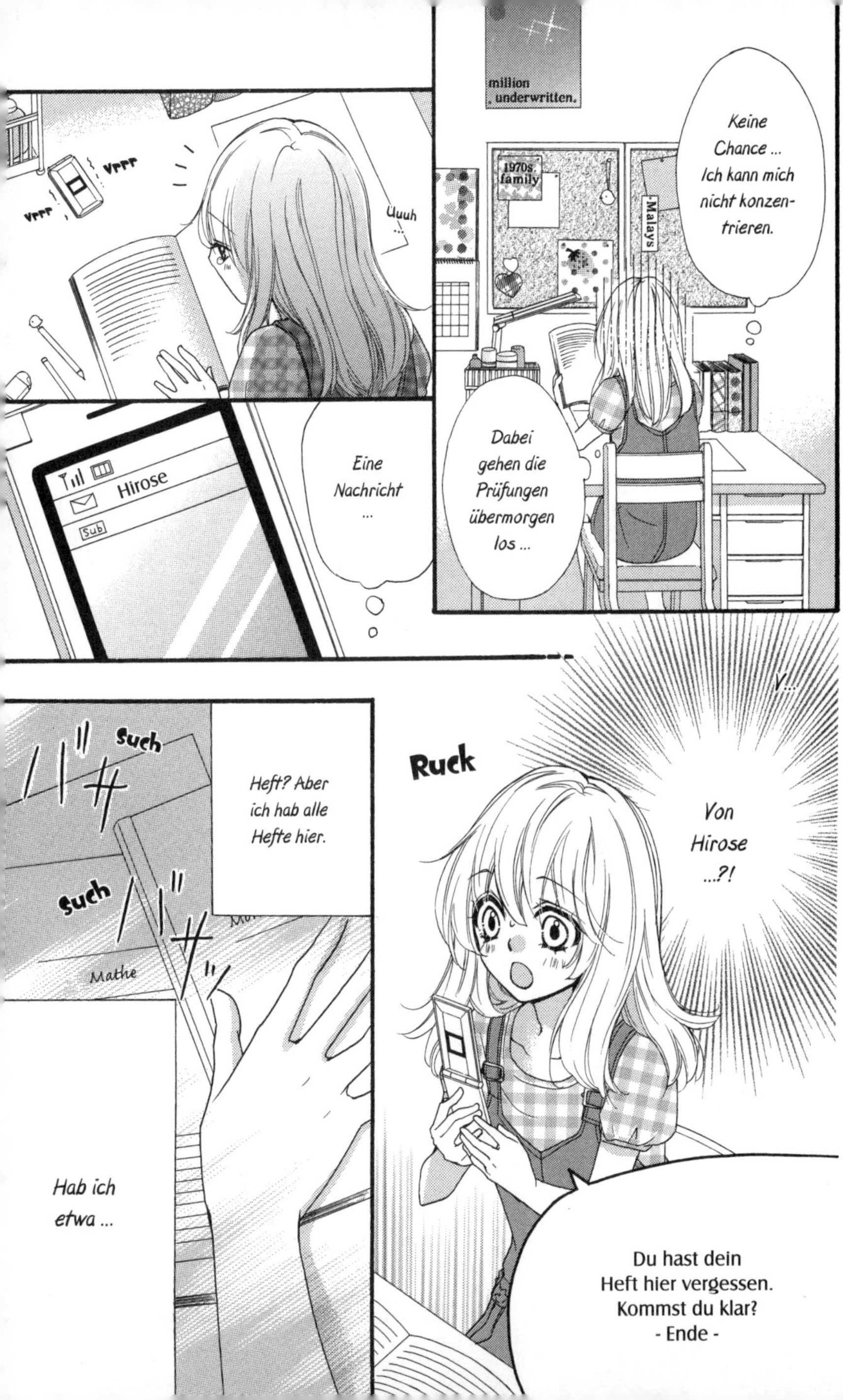
million underwritten.
1970s family
Malays
Keine Chance ... Ich kann mich nicht konzentrieren.
Dabei gehen die Prüfungen übermorgen los ...
Vrrr
Vrrr
Üuuh ...
Hirose
Sub
Eine Nachricht ...
V...
Ruck
Von Hirose ...?!
Du hast dein Heft hier vergessen. Kommst du klar?
- Ende -
Heft? Aber ich hab alle Hefte hier.
Such
Such
Mathe
Hab ich etwa ...

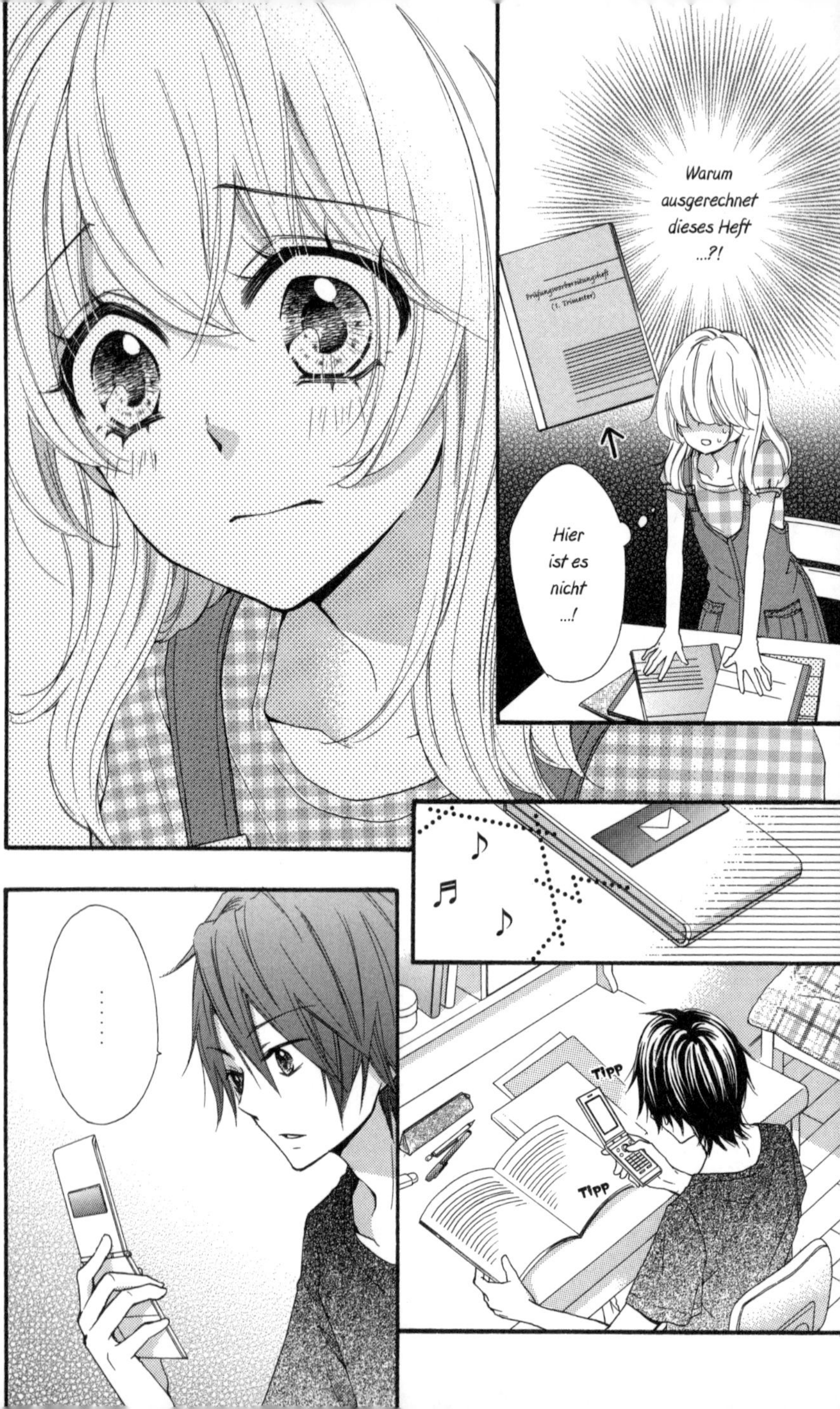
Warum ausgerechnet dieses Heft ...?!
Hier ist es nicht ...!
Tipp
Tipp
......

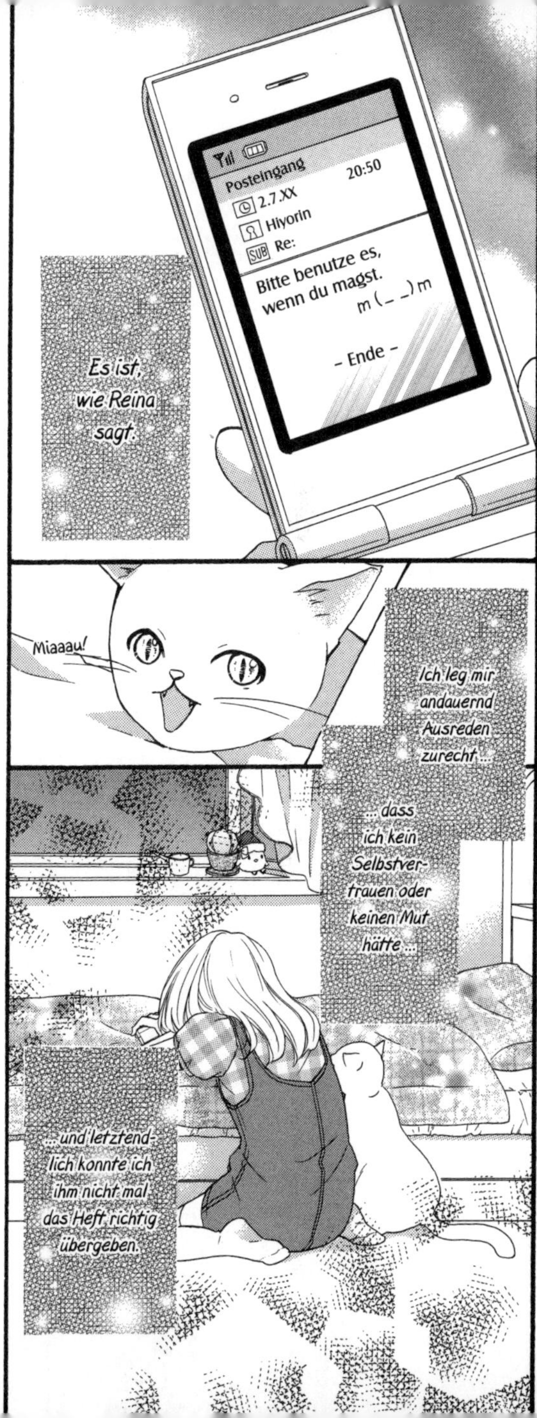
Posteingang
20:50
2.7.XX
Hiyorin
Re:
Bitte benutze es,
wenn du magst.
m(_ _)m
- Ende -
Es ist, wie Reina sagt.
Miaaau!
Ich leg mir andauernd Ausreden zurecht ...
... dass ich kein Selbstver-trauen oder keinen Mut hätte ...
... und letztend-lich konnte ich ihm nicht mal das Heft richtig übergeben.

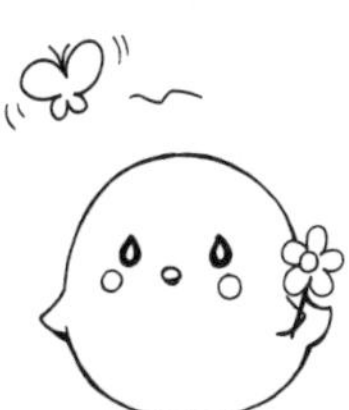

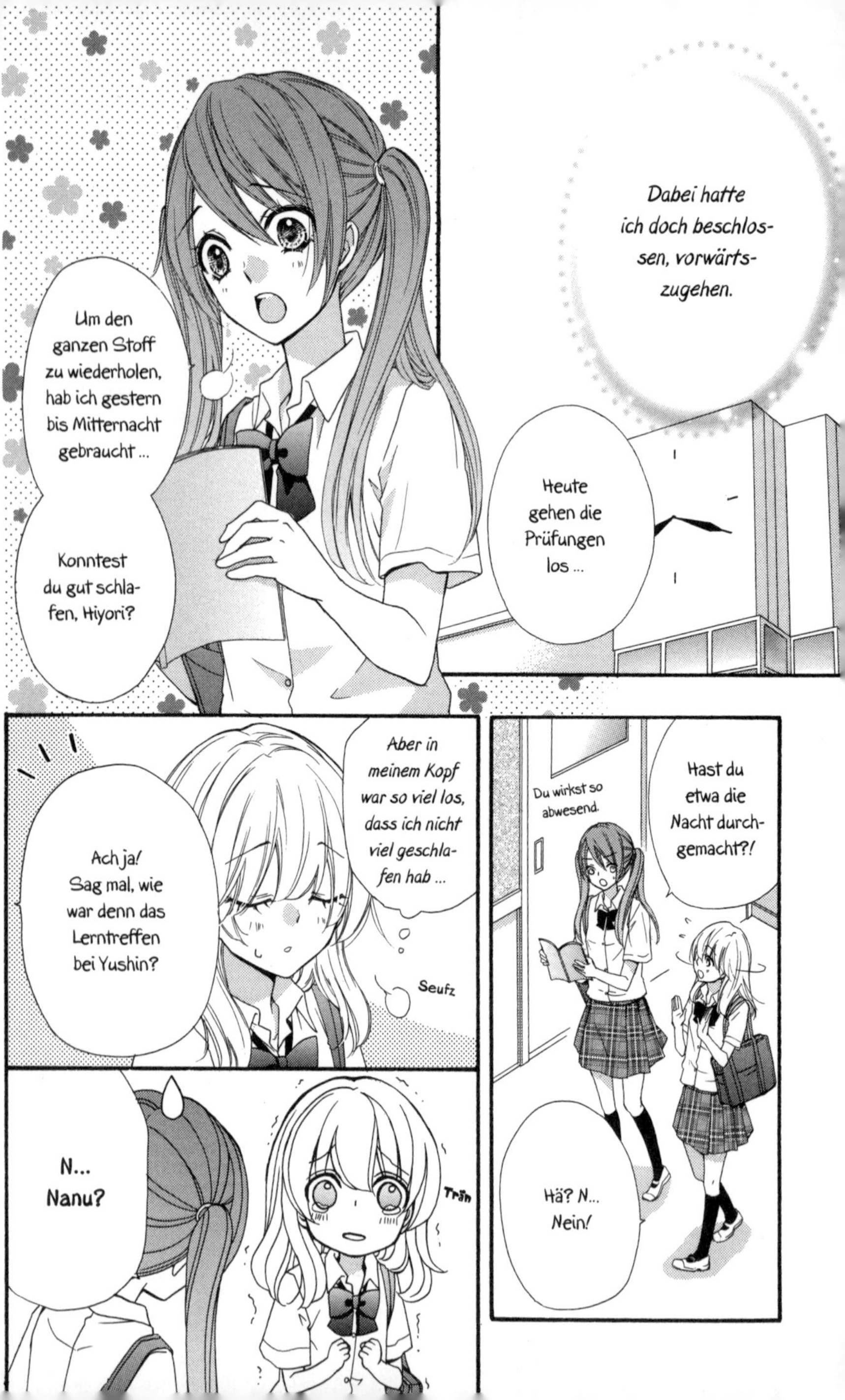
Dabei hatte ich doch beschlossen, vorwärtszugehen.
Heute gehen die Prüfungen los ...
Um den ganzen Stoff zu wiederholen, hab ich gestern bis Mitternacht gebraucht ...
Konntest du gut schlafen, Hiyori?
Hast du etwa die Nacht durchgemacht?!
Du wirkst so abwesend.
Hä? N... Nein!
Aber in meinem Kopf war so viel los, dass ich nicht viel geschlafen hab ...
Seufz
Ach ja! Sag mal, wie war denn das Lerntreffen bei Yushin?
Trän
N... Nanu?

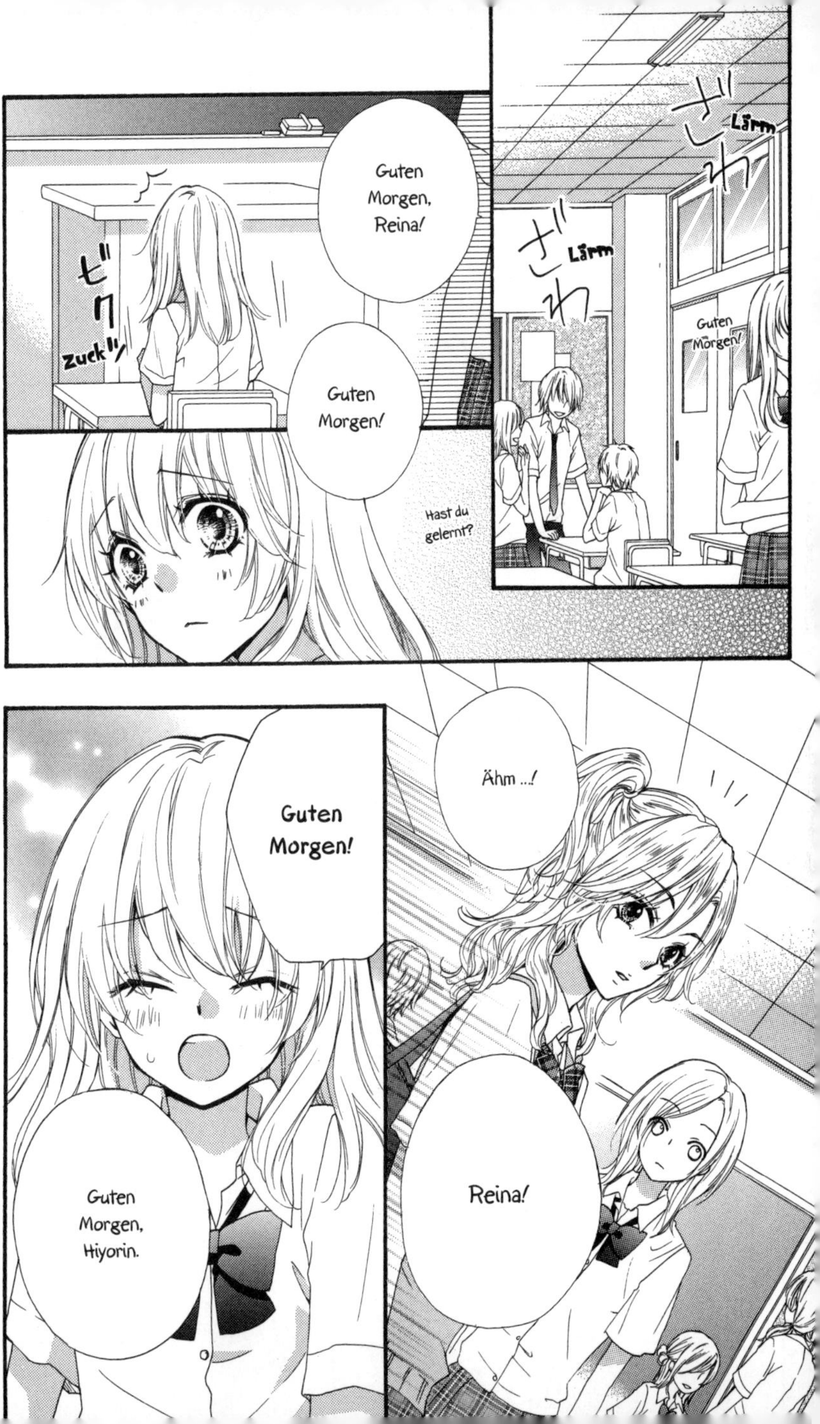
ざわ Lärm
ざわ Lärm
Guten Morgen!
Hast du gelernt?
Guten Morgen, Reina!
ビクッ Zuck!!
Guten Morgen!
Ähm ...!
Reina!
Guten Morgen!
Guten Morgen, Hiyorin.

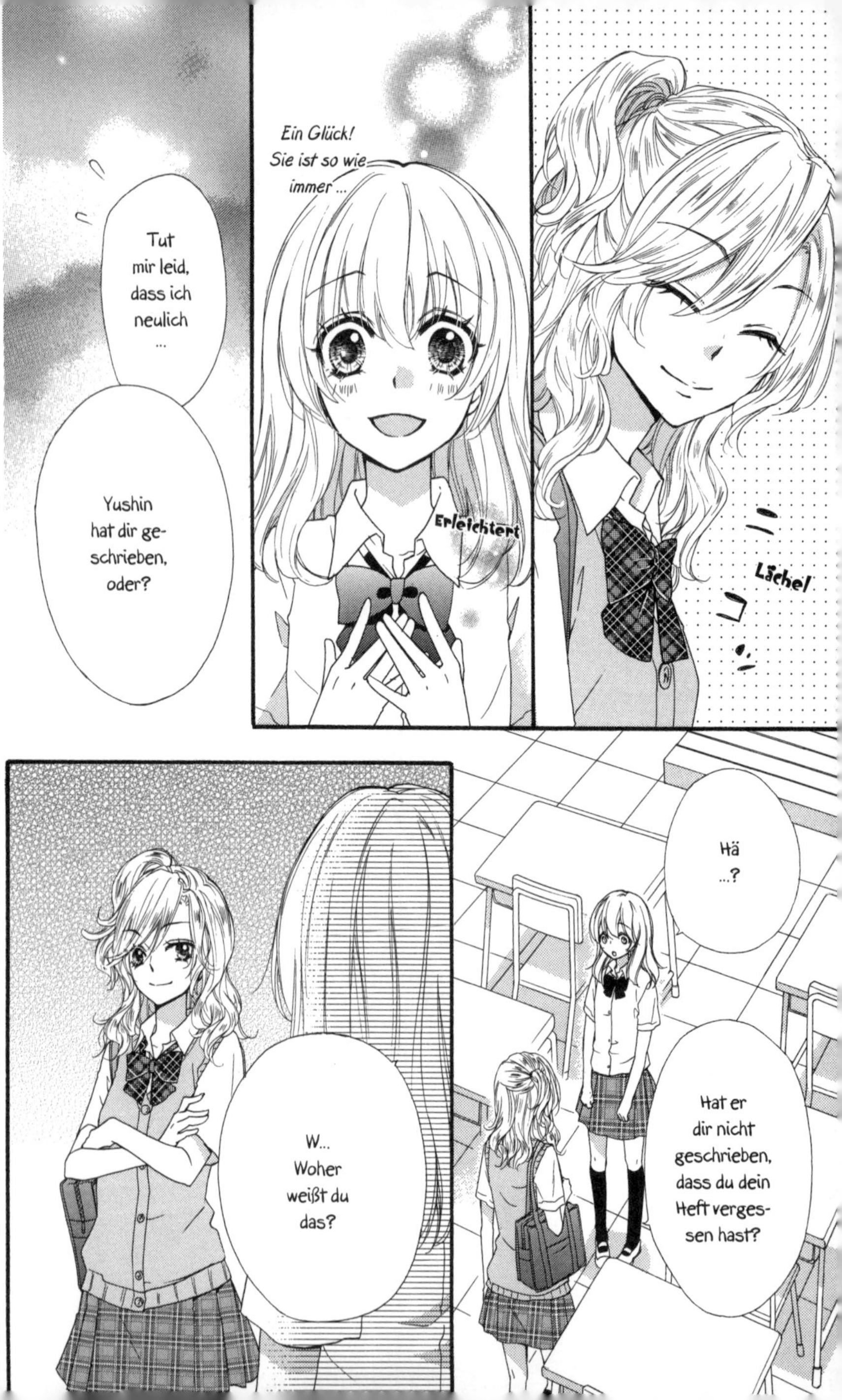
Lächel
Ein Glück! Sie ist so wie immer ...
Erleichtert
Tut mir leid, dass ich neulich ...
Yushin hat dir geschrieben, oder?
Hä ...?
Hat er dir nicht geschrieben, dass du dein Heft vergessen hast?
W... Woher weißt du das?

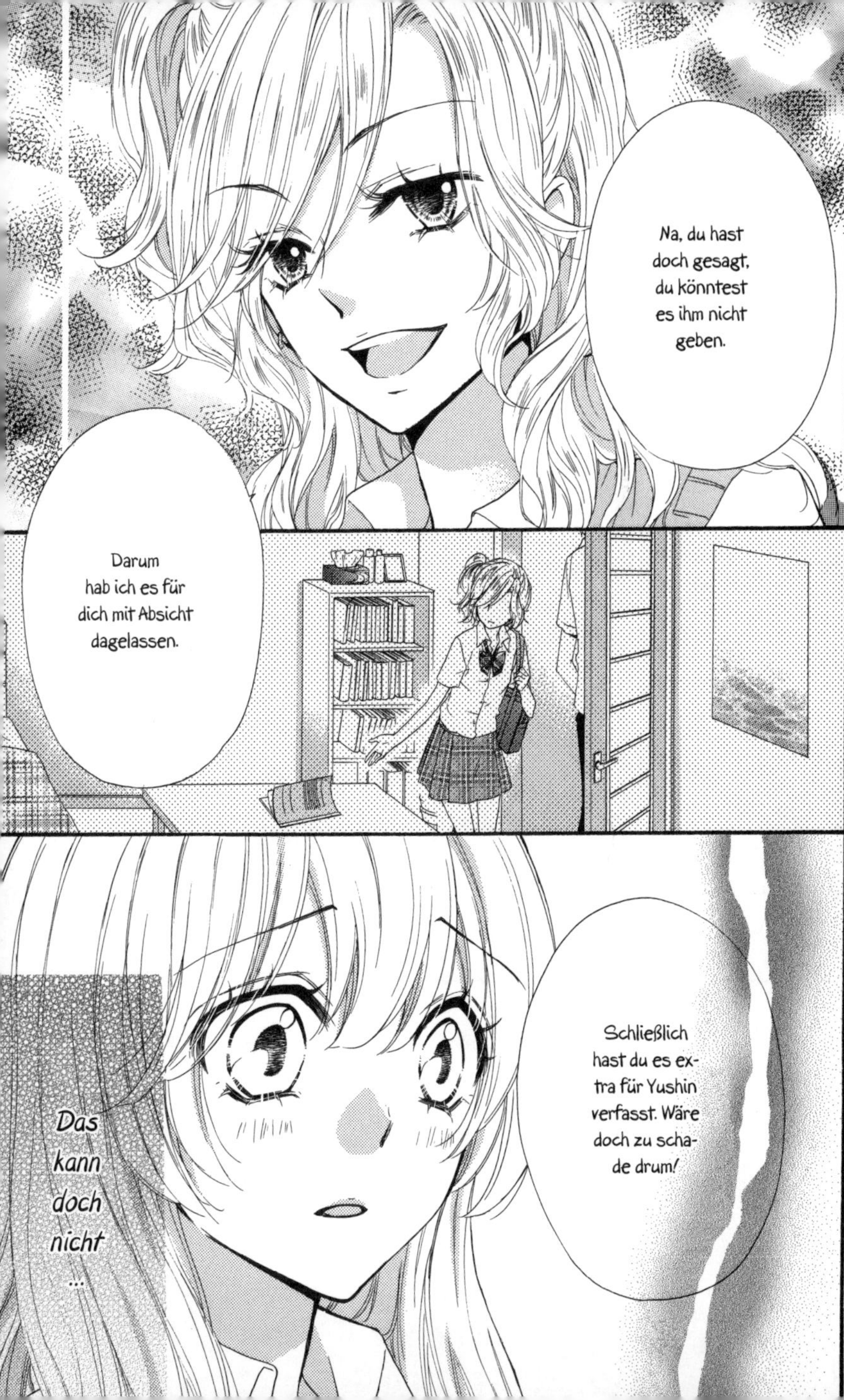

Na, du hast doch gesagt, du könntest es ihm nicht geben.
Darum hab ich es für dich mit Absicht dagelassen.
Schließlich hast du es extra für Yushin verfasst. Wäre doch zu schade drum!
Das kann doch nicht ...

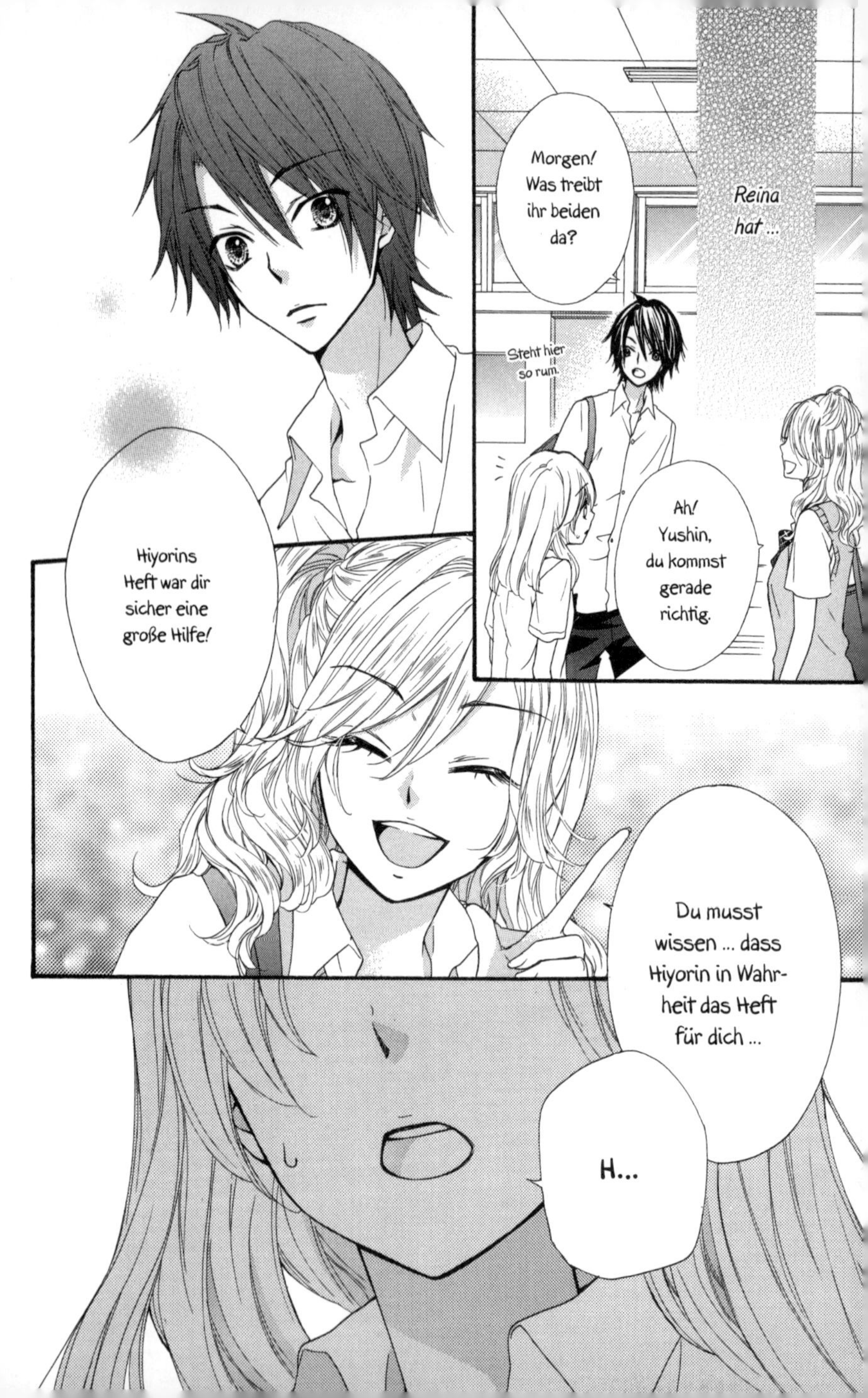
Reina hat ...
Morgen! Was treibt ihr beiden da?
Steht hier so rum.
Ah! Yushin, du kommst gerade richtig.
Hiyorins Heft war dir sicher eine große Hilfe!
Du musst wissen ... dass Hiyorin in Wahrheit das Heft für dich ...
H...

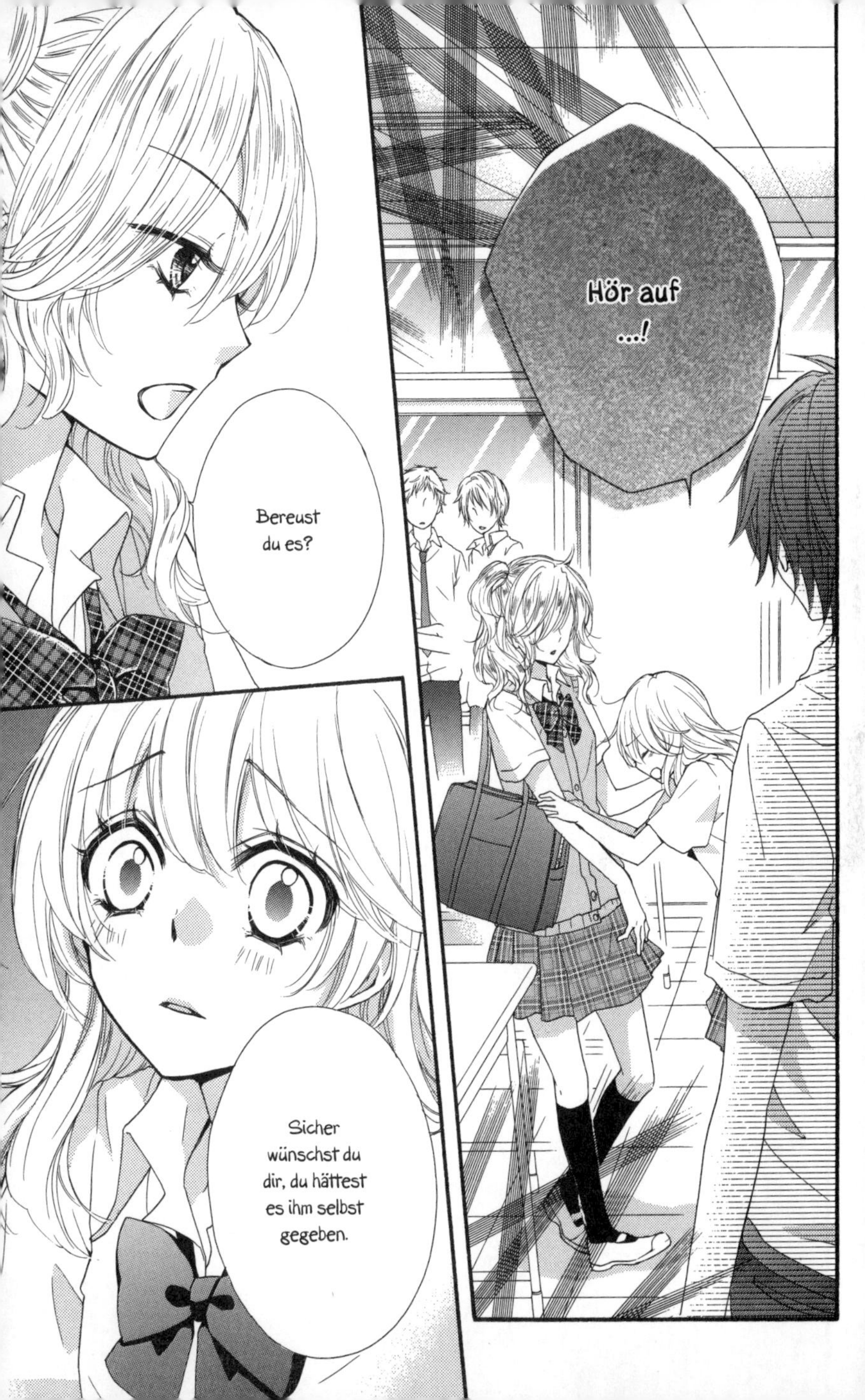
Bereust du es?
Sicher wünschst du dir, du hättest es ihm selbst gegeben.
Hör auf ...!

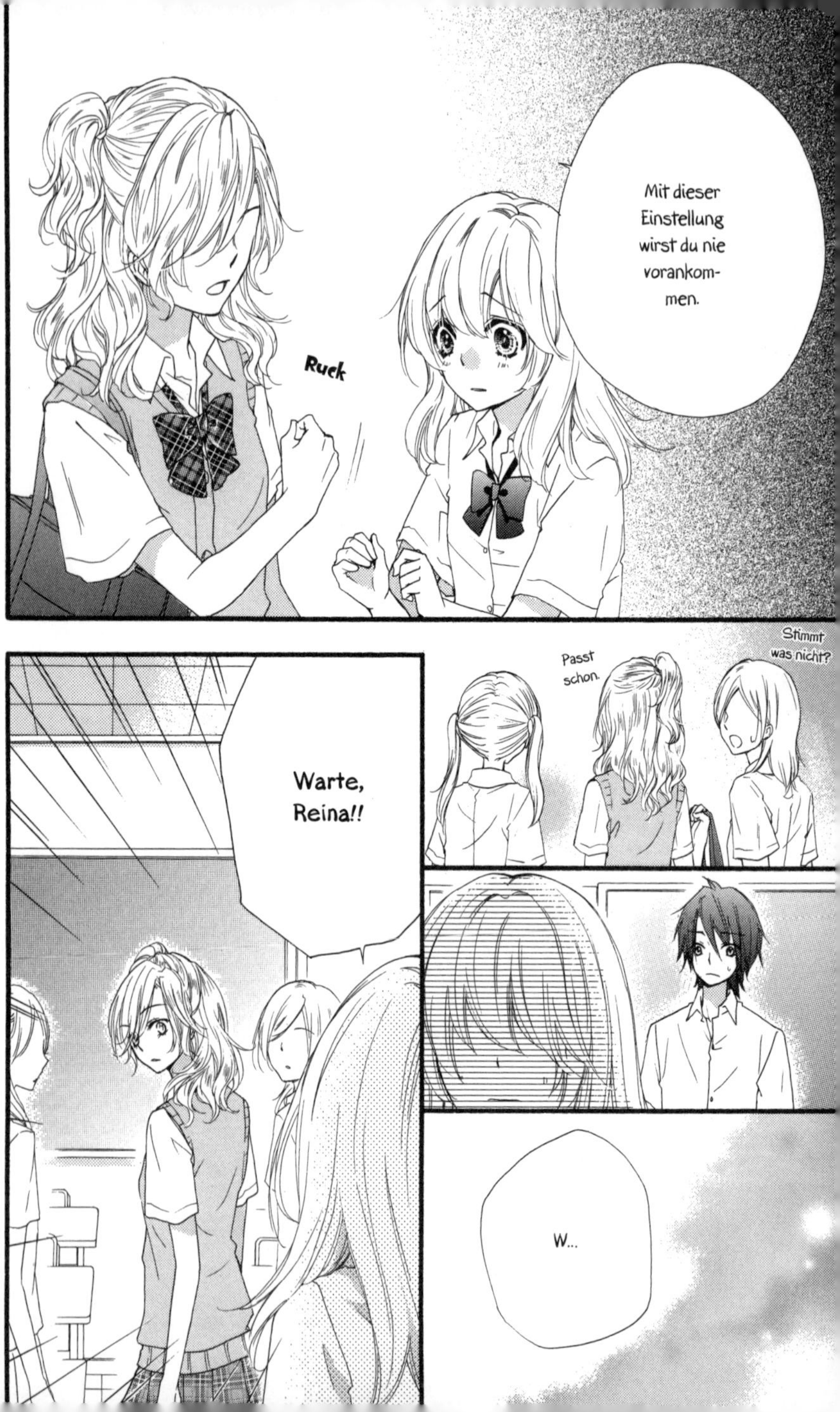
Mit dieser Einstellung wirst du nie vorankommen.
Ruck
Stimmt was nicht?
Passt schon.
Warte, Reina!!
W...

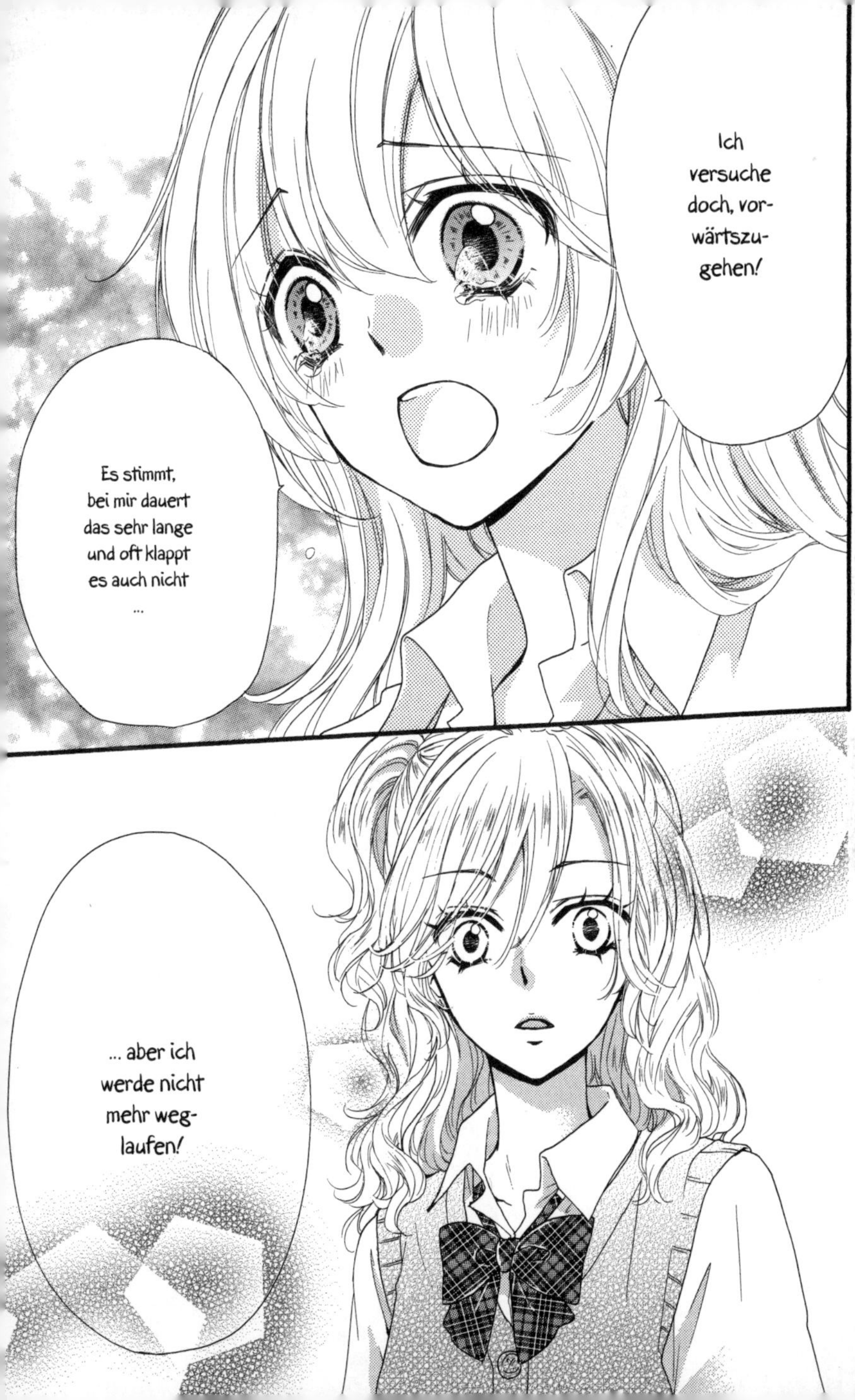
Ich versuche doch, vorwärtszugehen!
Es stimmt, bei mir dauert das sehr lange und oft klappt es auch nicht ...
... aber ich werde nicht mehr weglaufen!

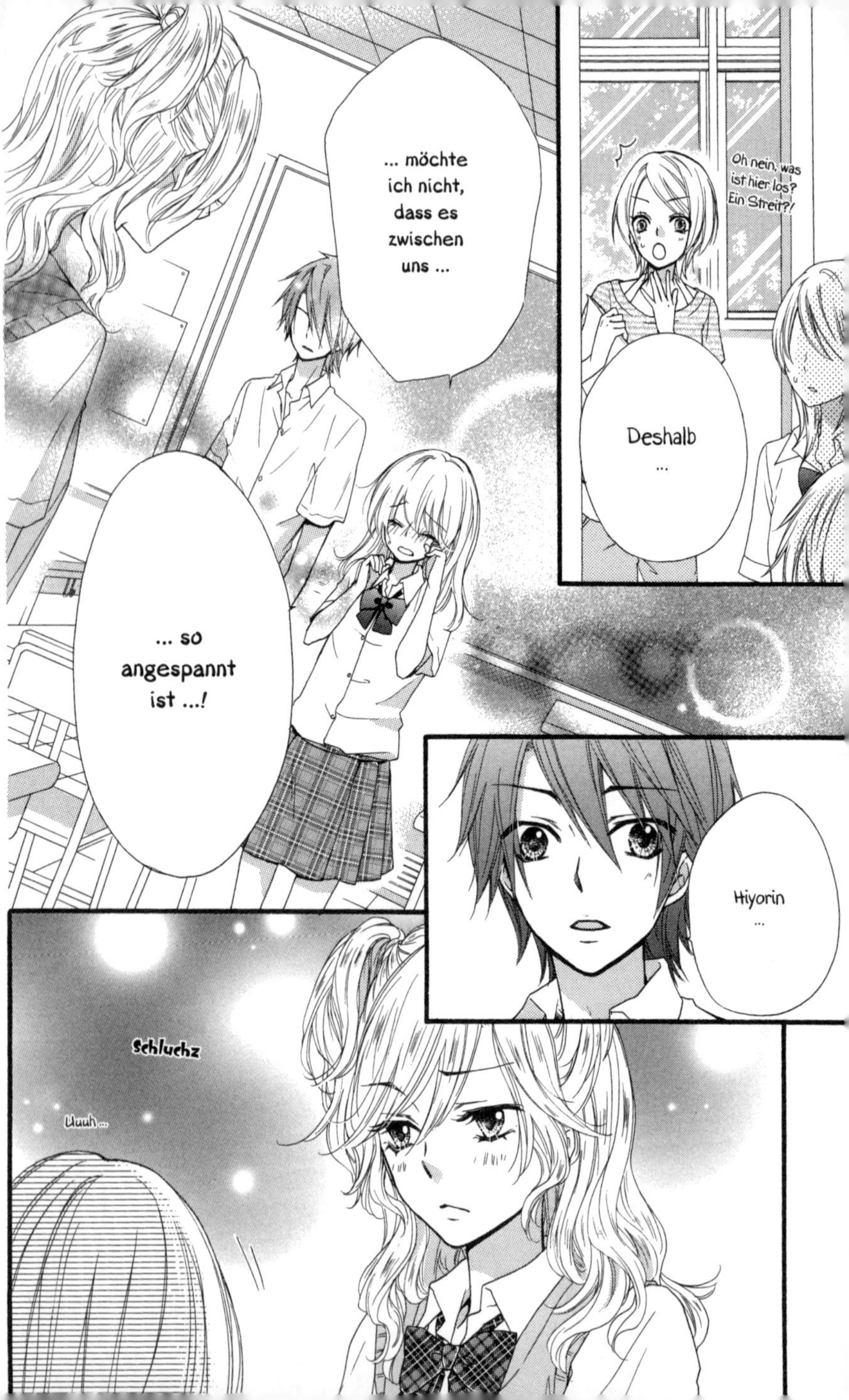
Oh nein, was ist hier los? Ein Streit?!
Deshalb ...
... möchte ich nicht, dass es zwischen uns ...
... so angespannt ist ...!
Hiyorin ...
Schluchz
Uuuh ...

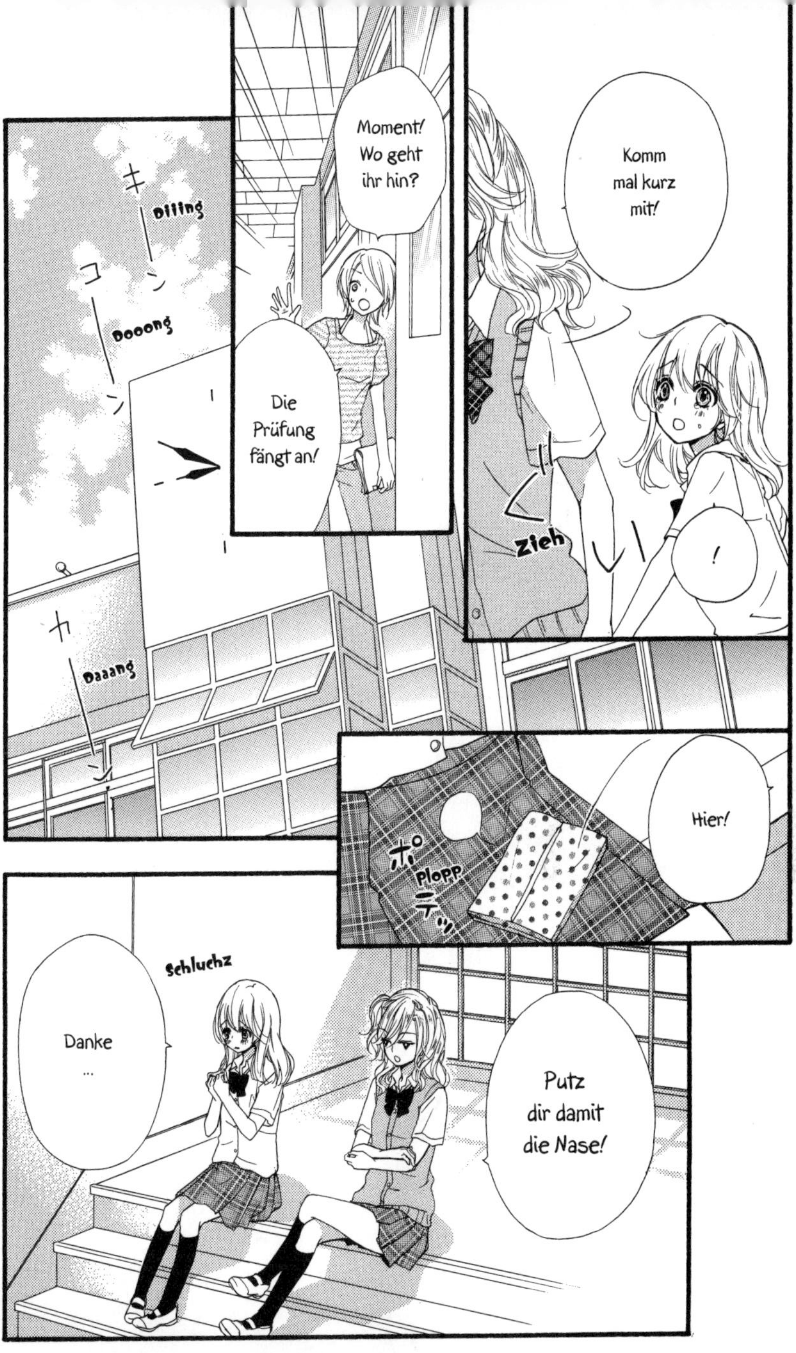
Komm mal kurz mit!
Zieh
!
Moment! Wo geht ihr hin?
Die Prüfung fängt an!
Diiing
Dooong
Daaang
Hier!
Plopp
Putz dir damit die Nase!
Schluchz
Danke ...

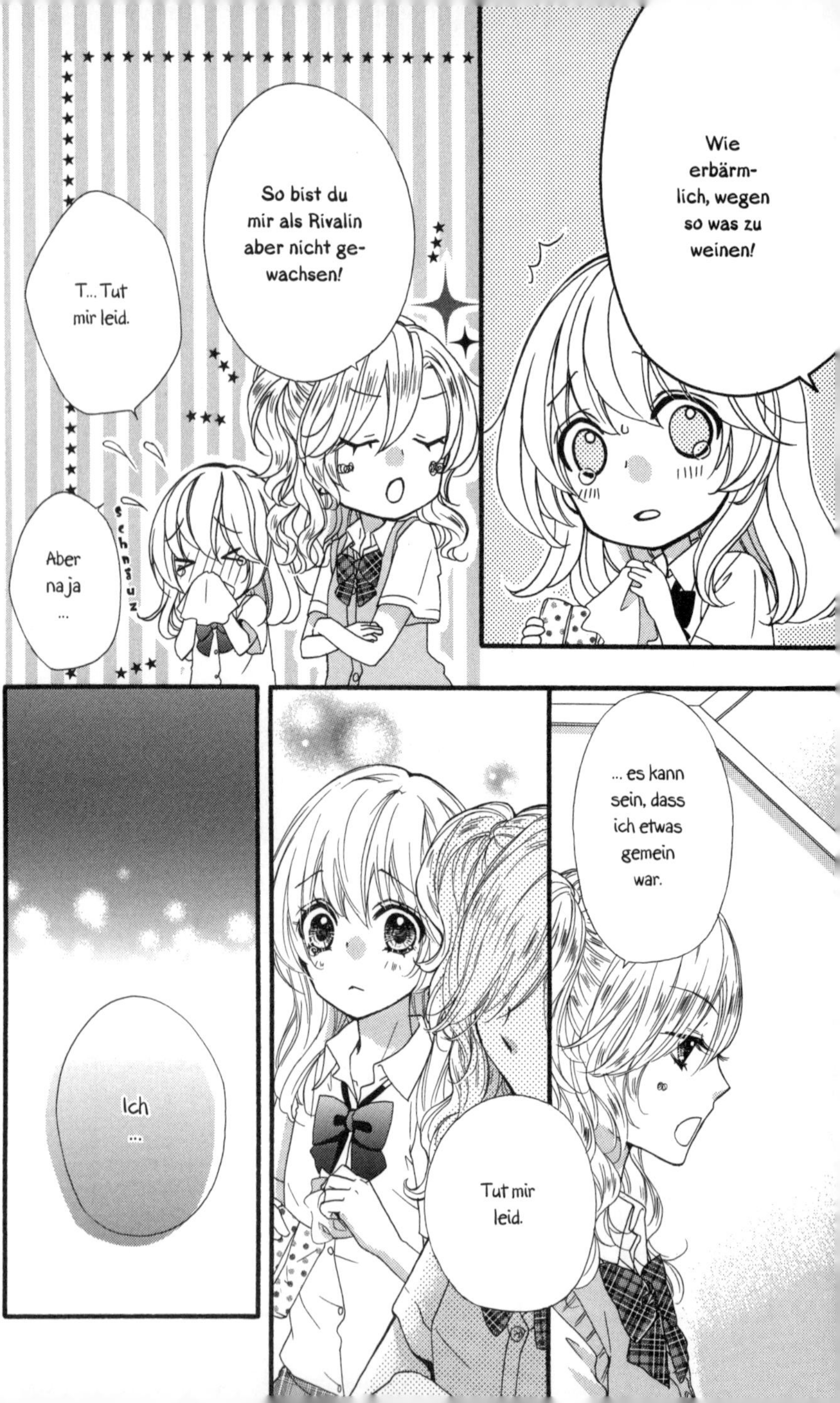
Wie erbärm-
lich, wegen
so was zu
weinen!
So bist du
mir als Rivalin
aber nicht ge-
wachsen!
T... Tut
mir leid.
Aber
na ja
...
... es kann
sein, dass
ich etwas
gemein
war.
Tut mir
leid.
Ich
...

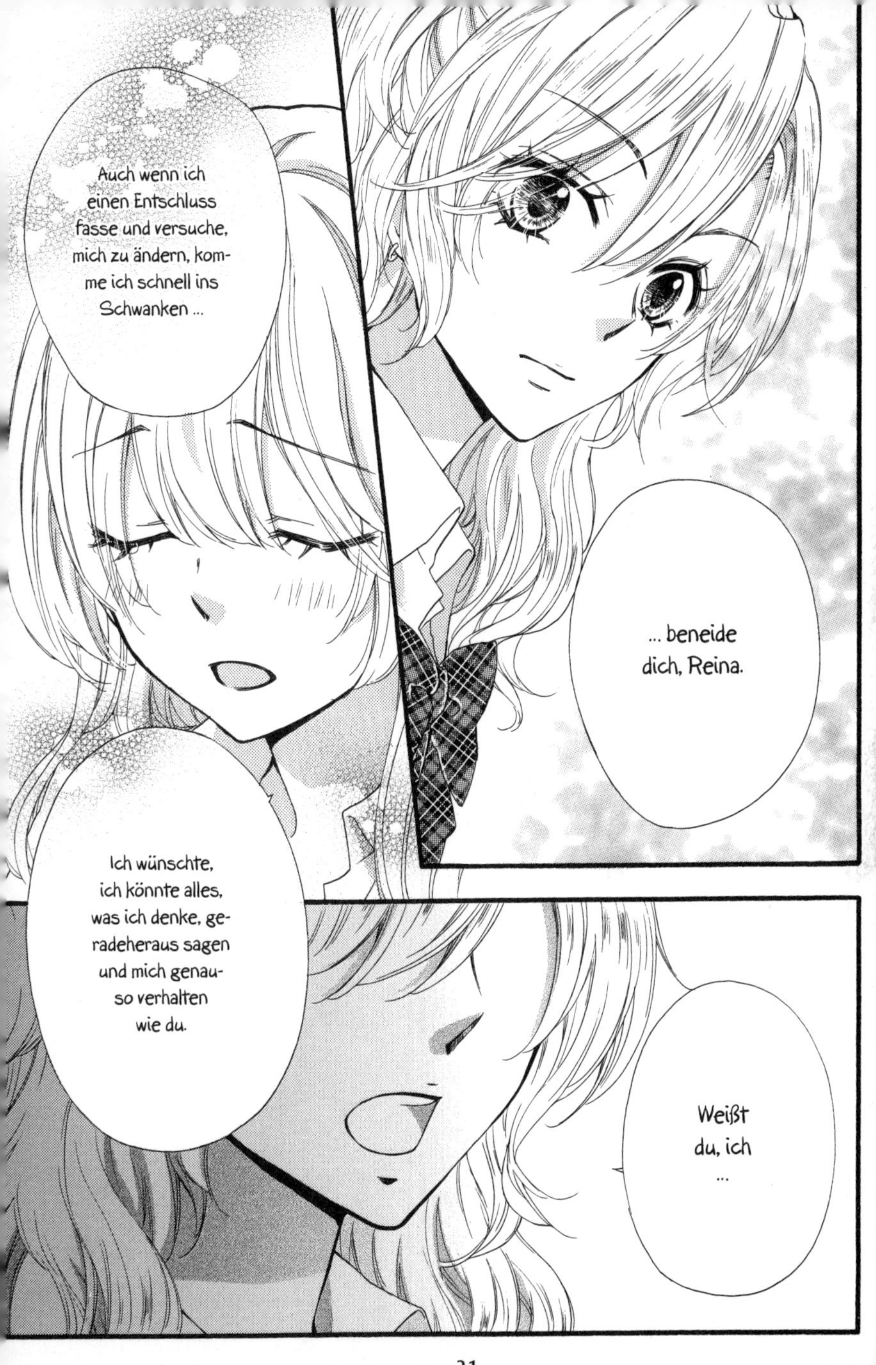
... beneide dich, Reina.
Auch wenn ich einen Entschluss fasse und versuche, mich zu ändern, komme ich schnell ins Schwanken ...
Weißt du, ich ...
Ich wünschte, ich könnte alles, was ich denke, geradeheraus sagen und mich genauso verhalten wie du.

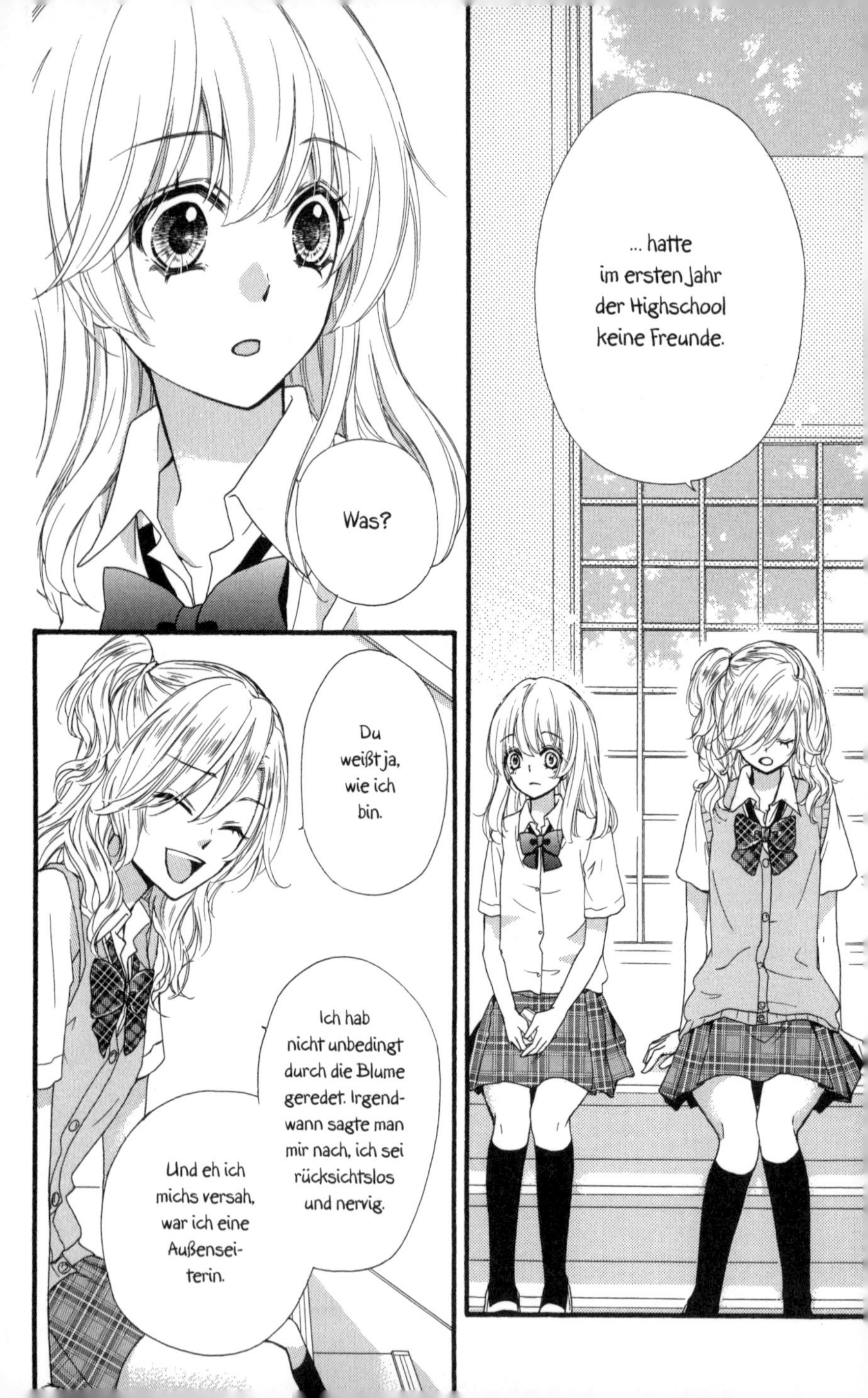
… hatte im ersten Jahr der Highschool keine Freunde.
Was?
Du weißt ja, wie ich bin.
Ich hab nicht unbedingt durch die Blume geredet. Irgend-wann sagte man mir nach, ich sei rücksichtslos und nervig.
Und eh ich michs versah, war ich eine Außensei-terin.

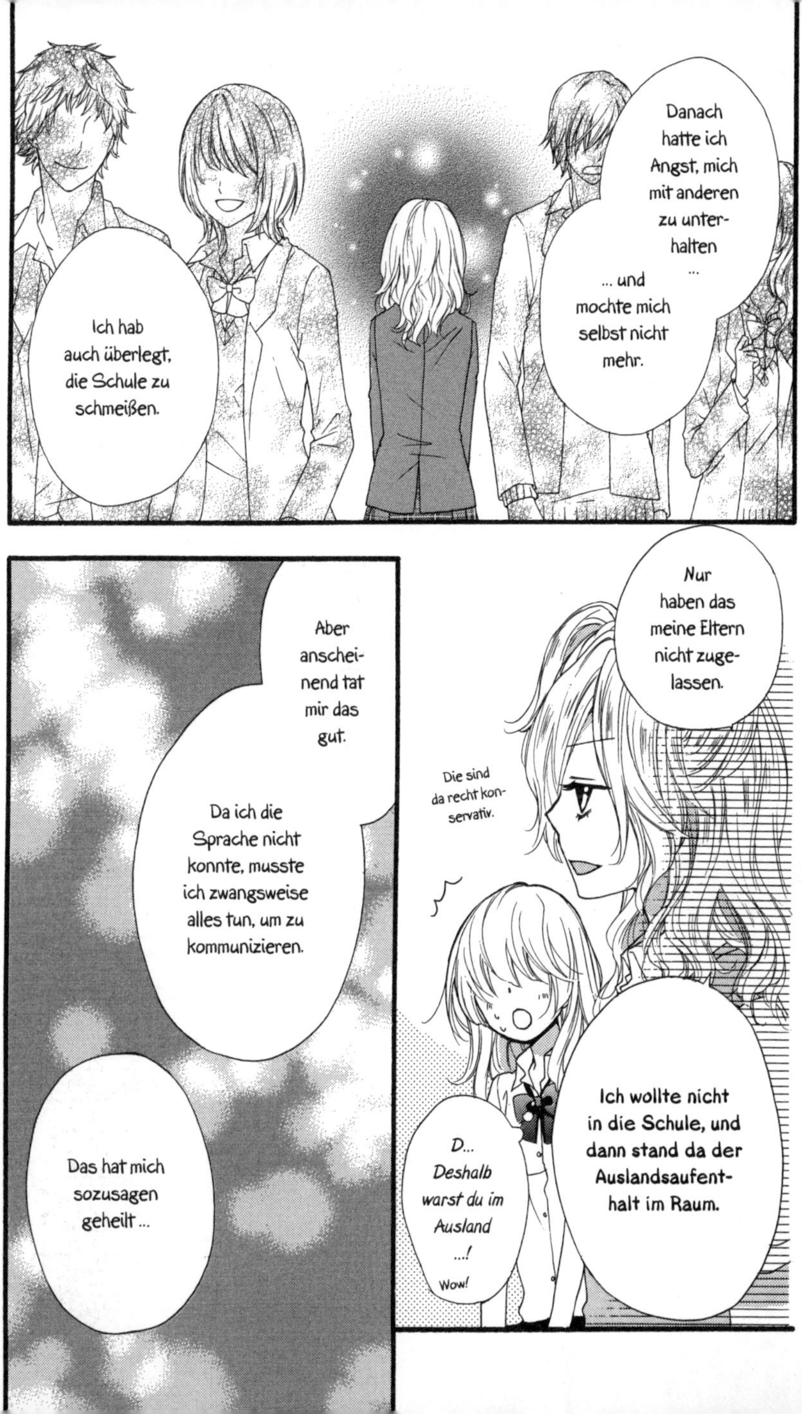
Danach hatte ich Angst, mich mit anderen zu unterhalten ...
... und mochte mich selbst nicht mehr.
Ich hab auch überlegt, die Schule zu schmeißen.
Nur haben das meine Eltern nicht zugelassen.
Die sind da recht konservativ.
Ich wollte nicht in die Schule, und dann stand da der Auslandsaufenthalt im Raum.
D... Deshalb warst du im Ausland ...!
Wow!
Aber anscheinend tat mir das gut.
Da ich die Sprache nicht konnte, musste ich zwangsweise alles tun, um zu kommunizieren.
Das hat mich sozusagen geheilt ...

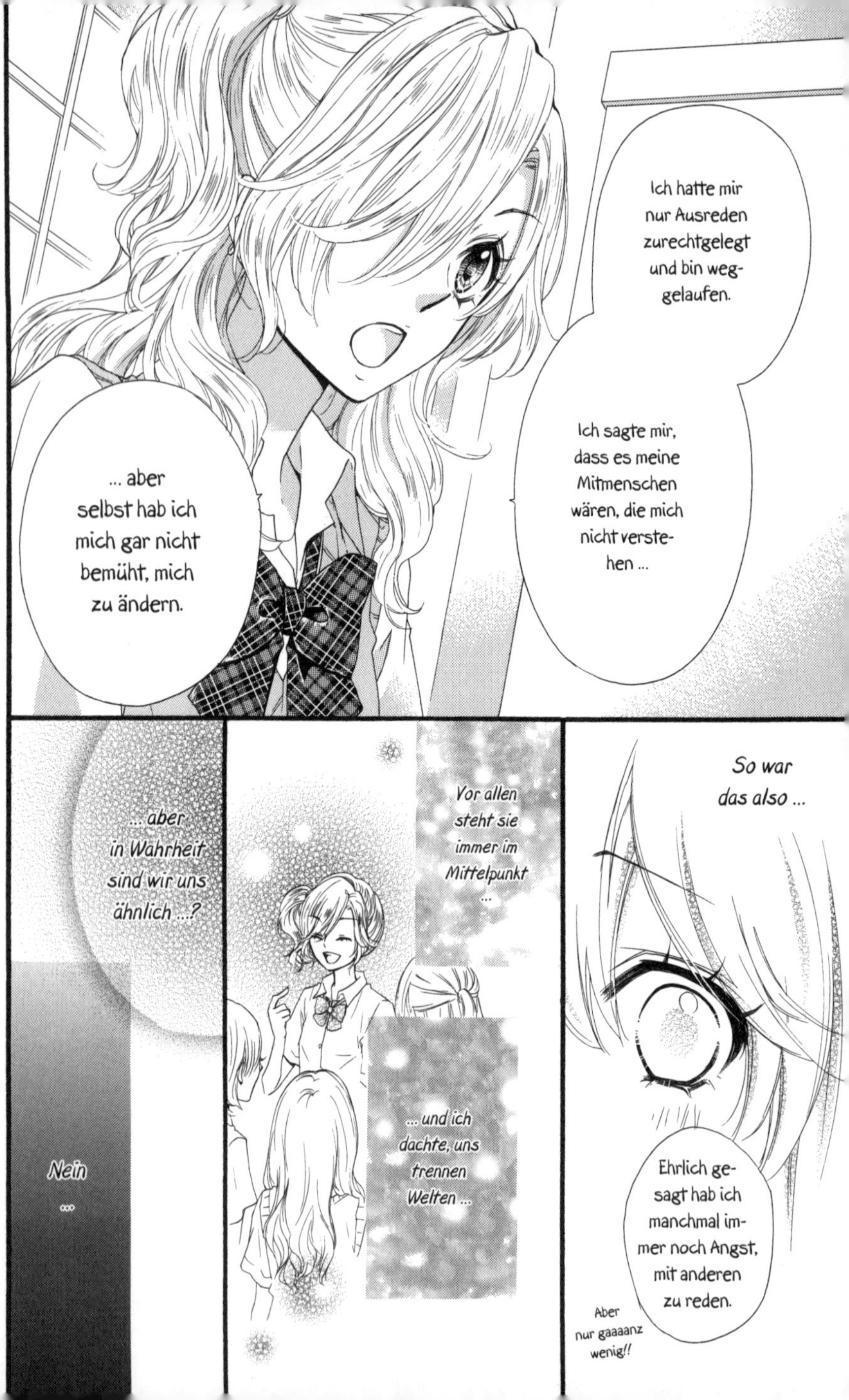
Ich hatte mir nur Ausreden zurechtgelegt und bin weggelaufen.
Ich sagte mir, dass es meine Mitmenschen wären, die mich nicht verstehen ...
... aber selbst hab ich mich gar nicht bemüht, mich zu ändern.
So war das also ...
Ehrlich gesagt hab ich manchmal immer noch Angst, mit anderen zu reden.
Aber nur gaaaanz wenig!!
Vor allen steht sie immer im Mittelpunkt ...
... und ich dachte, uns trennen Welten ...
... aber in Wahrheit sind wir uns ähnlich ...?
Nein ...

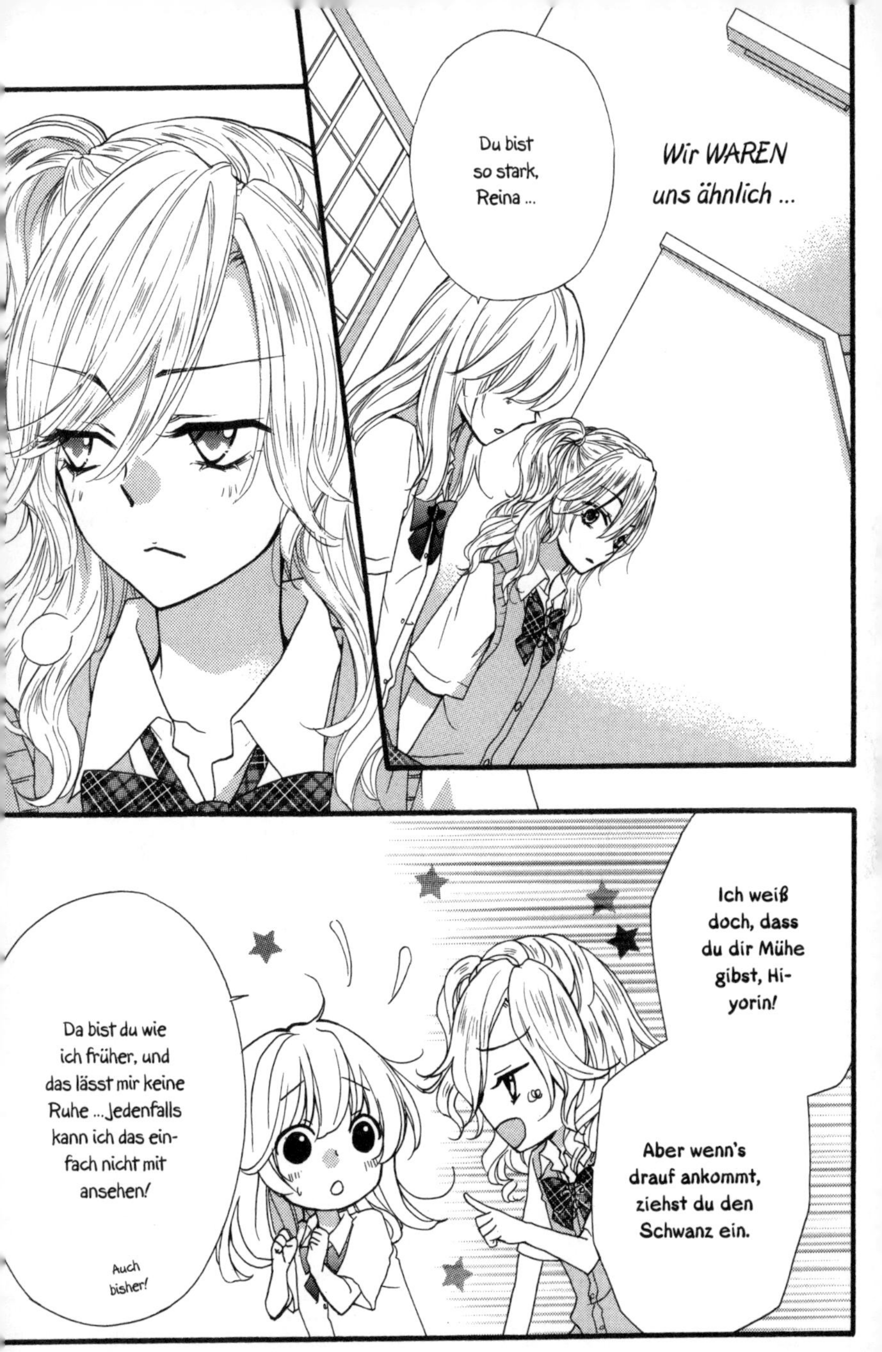
Wir WAREN uns ähnlich ...
Du bist so stark, Reina ...
Ich weiß doch, dass du dir Mühe gibst, Hi-yorin!
Aber wenn's drauf ankommt, ziehst du den Schwanz ein.
Da bist du wie ich früher, und das lässt mir keine Ruhe ... Jedenfalls kann ich das ein-fach nicht mit ansehen!
Auch bisher!

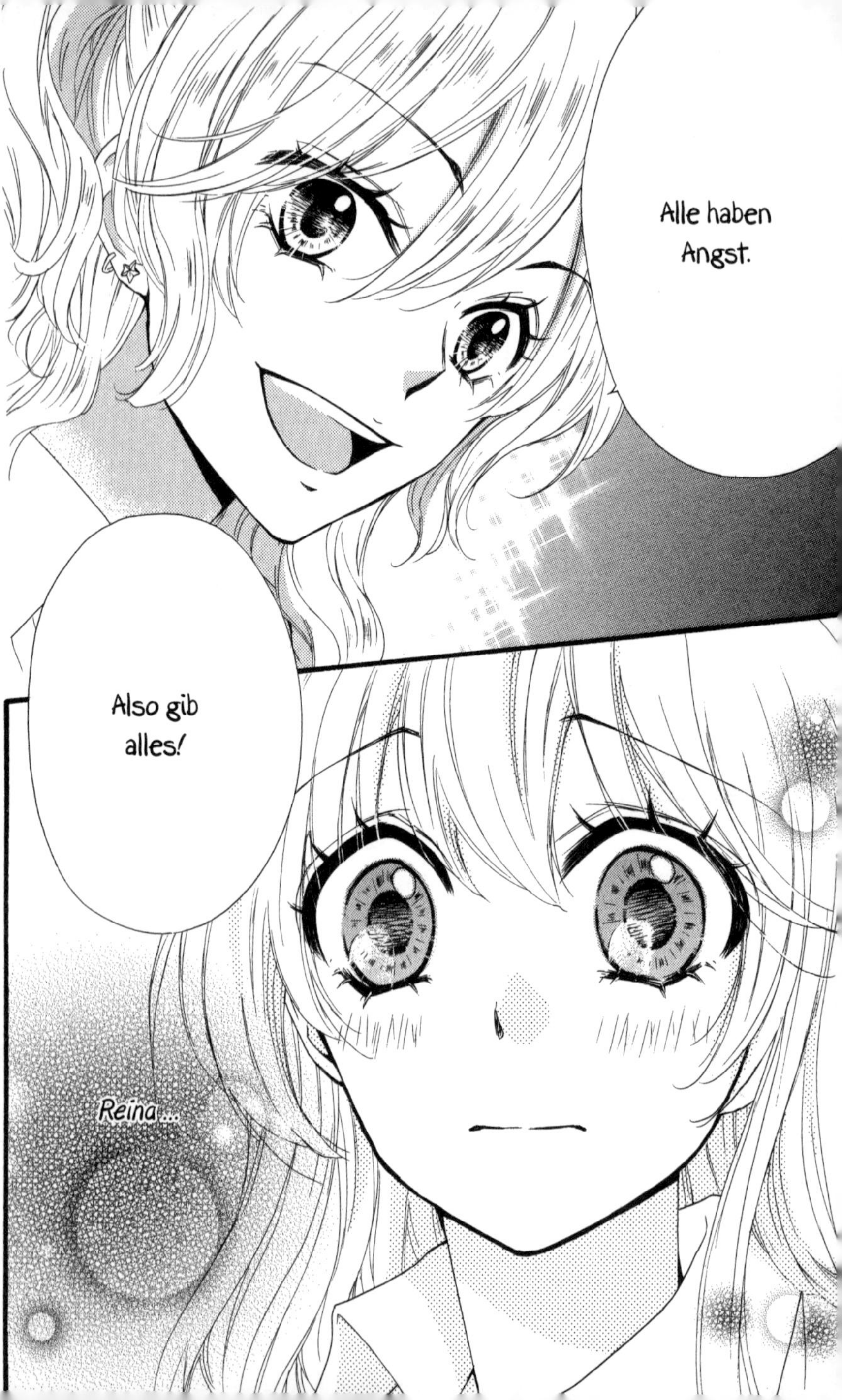
Alle haben Angst.
Also gib alles!
Reina ...

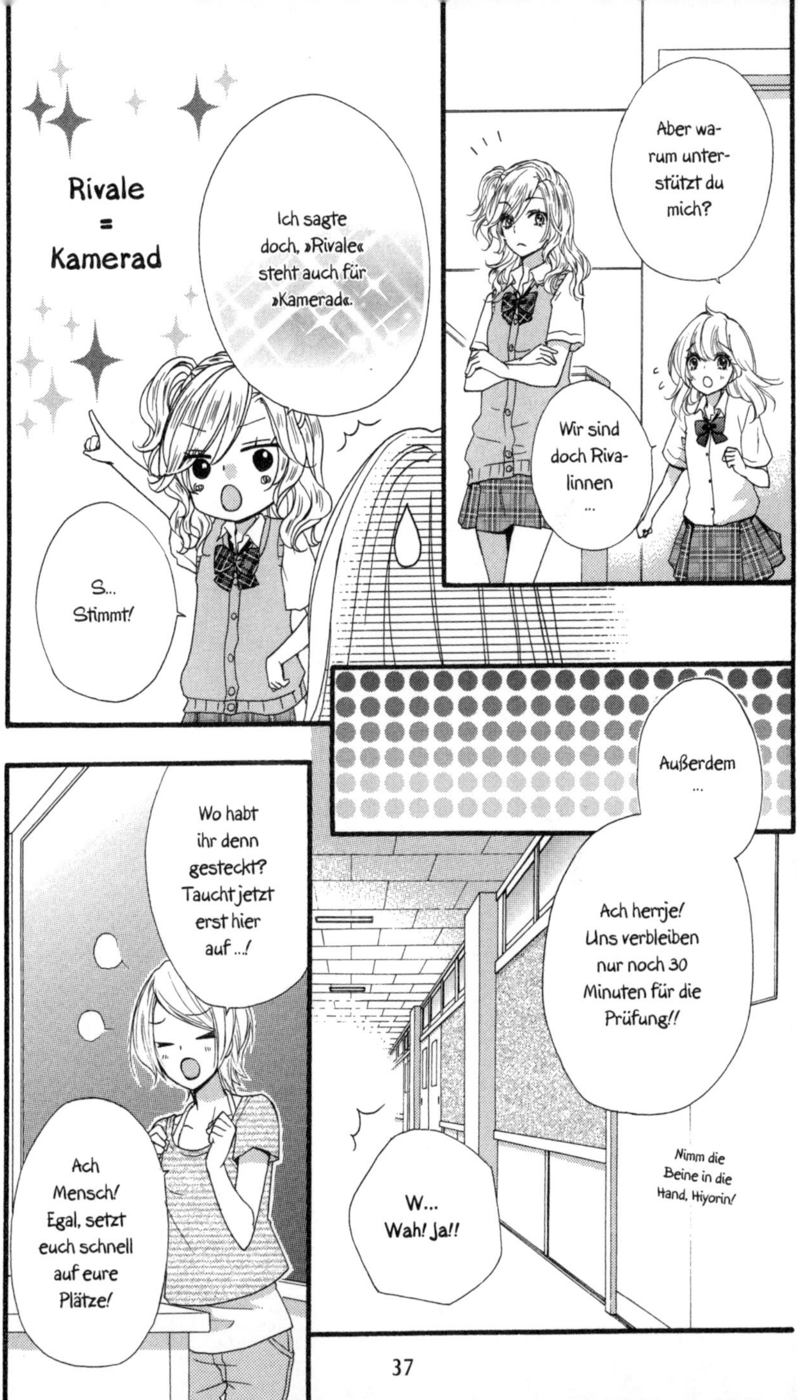
Aber warum unterstützt du mich?
Wir sind doch Rivalinnen ...
Ich sagte doch, »Rivale« steht auch für »Kamerad«.
Rivale = Kamerad
S... Stimmt!
Außerdem ...
Ach herrje! Uns verbleiben nur noch 30 Minuten für die Prüfung!!
Nimm die Beine in die Hand, Hiyorin!
W... Wah! Ja!!
Wo habt ihr denn gesteckt? Taucht jetzt erst hier auf ...!
Ach Mensch! Egal, setzt euch schnell auf eure Plätze!

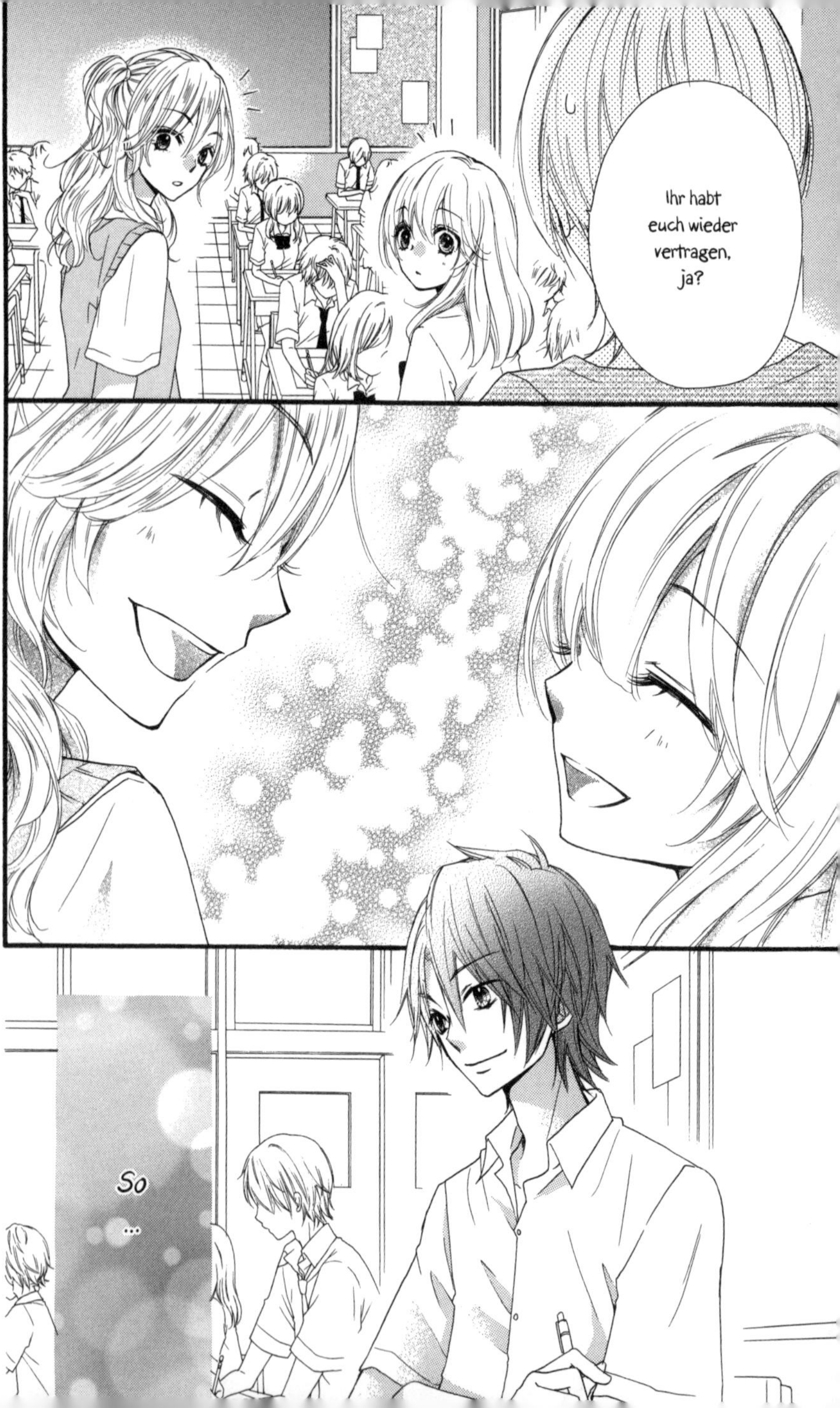
Ihr habt euch wieder vertragen, ja?
So ...

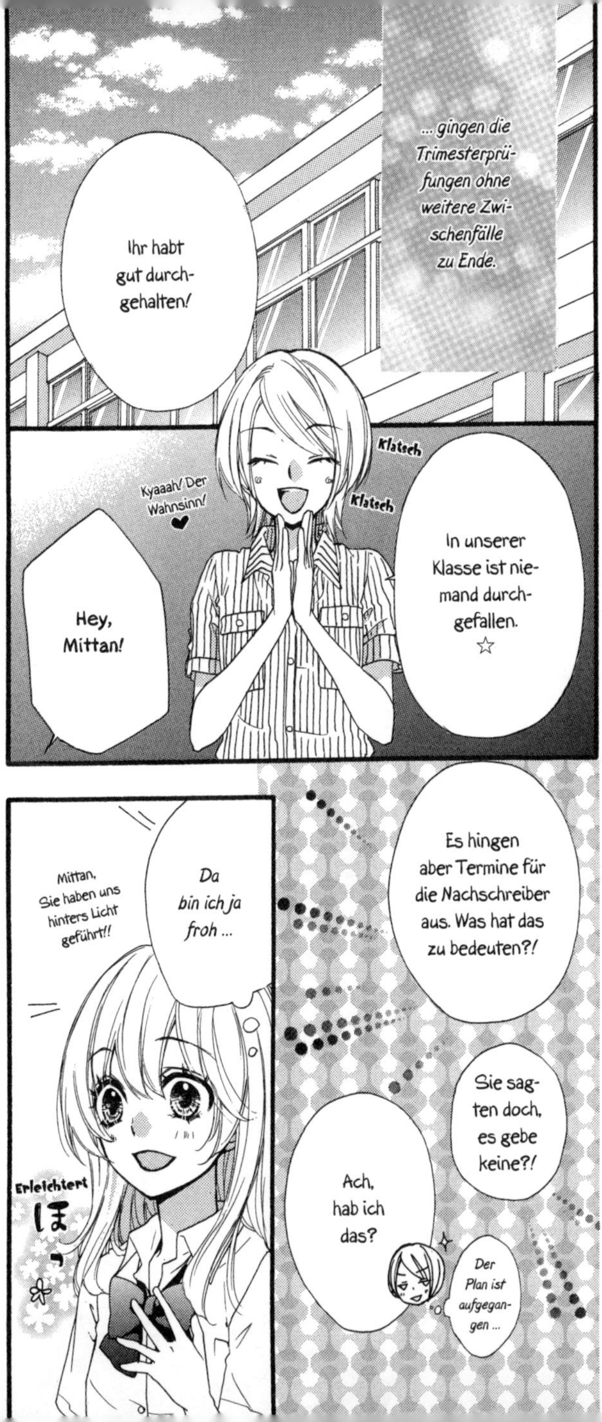
... gingen die Trimesterprüfungen ohne weitere Zwischenfälle zu Ende.
Ihr habt gut durchgehalten!
Klatsch
Klatsch
In unserer Klasse ist niemand durchgefallen. ☆
Kyaaah! Der Wahnsinn! ♥
Hey, Mittan!
Es hingen aber Termine für die Nachschreiber aus. Was hat das zu bedeuten?!
Sie sagten doch, es gebe keine?!
Ach, hab ich das?
Der Plan ist aufgegangen ...
Da bin ich ja froh ...
Mittan, Sie haben uns hinters Licht geführt!!
Erleichtert
ほ

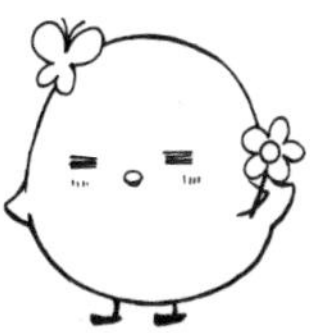

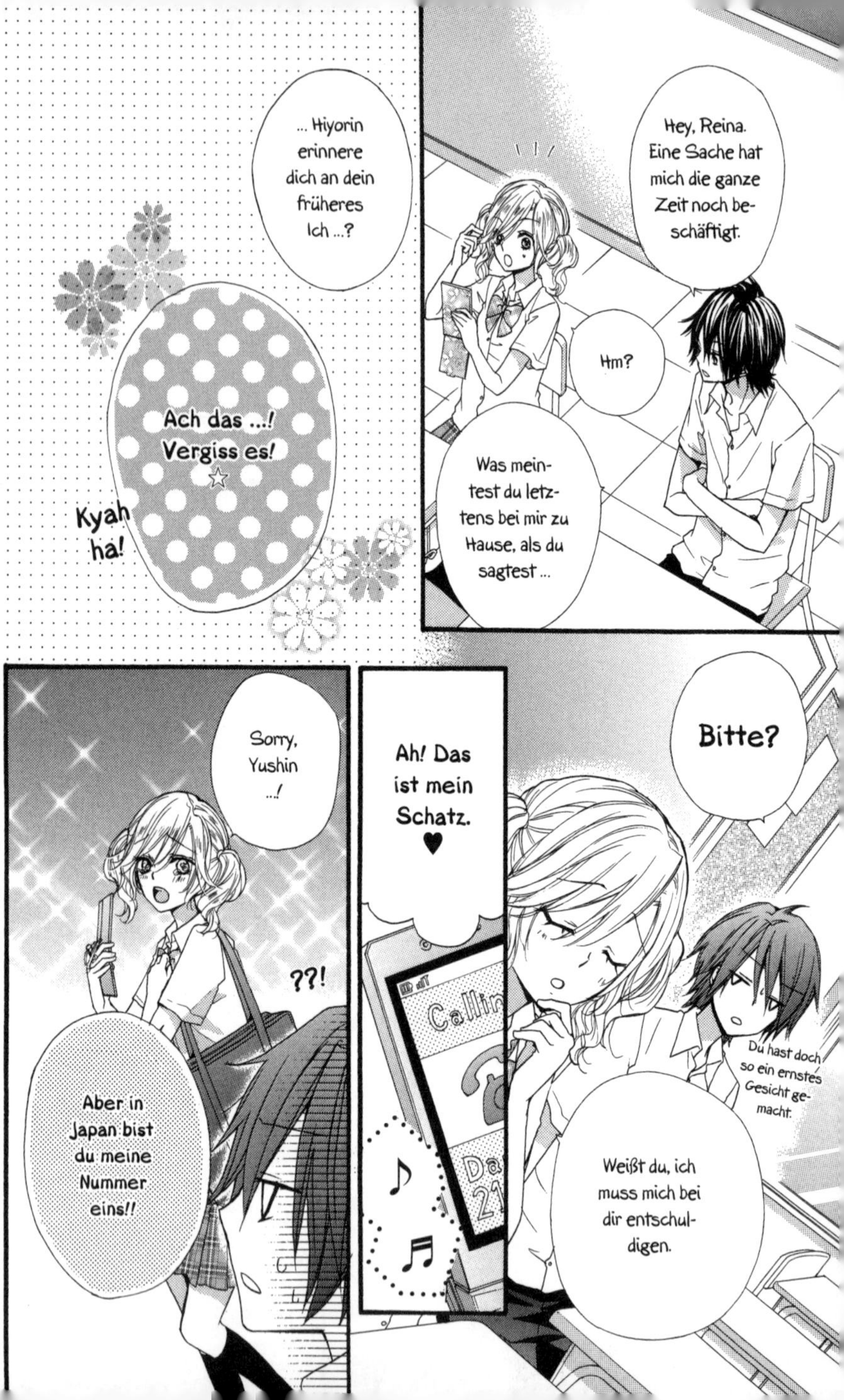
Hey, Reina. Eine Sache hat mich die ganze Zeit noch beschäftigt.
Hm?
Was meintest du letztens bei mir zu Hause, als du sagtest ...
... Hiyorin erinnere dich an dein früheres Ich ...?
Ach das ...! Vergiss es! ☆
Kyah há!
Bitte?
Du hast doch so ein ernstes Gesicht gemacht.
Weißt du, ich muss mich bei dir entschuldigen.
Ah! Das ist mein Schatz. ♥
Sorry, Yushin ...!
??!
Aber in Japan bist du meine Nummer eins!!

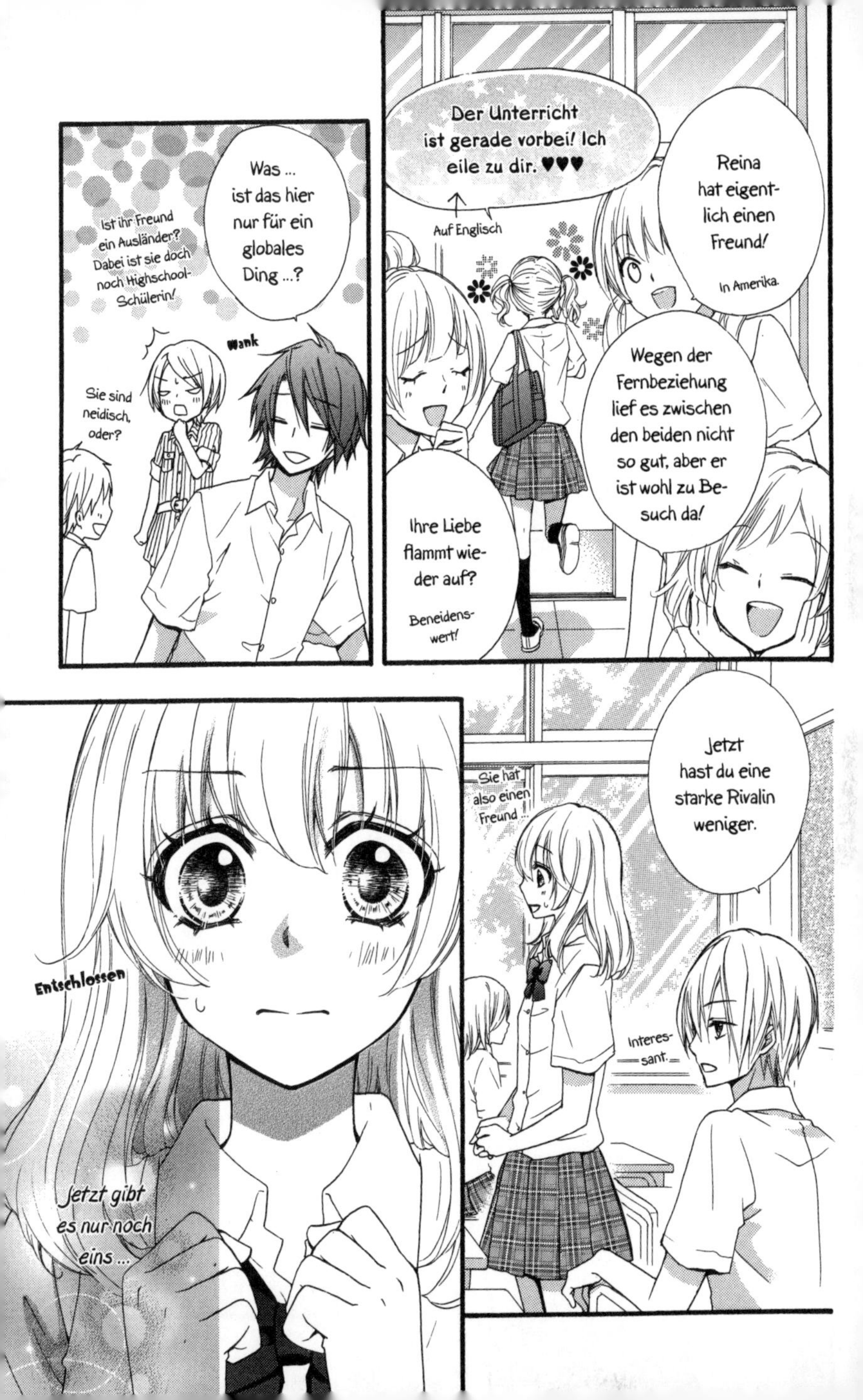
Reina hat eigentlich einen Freund!
In Amerika.
Der Unterricht ist gerade vorbei! Ich eile zu dir. ♥♥♥
Auf Englisch
Wegen der Fernbeziehung lief es zwischen den beiden nicht so gut, aber er ist wohl zu Besuch da!
Ihre Liebe flammt wieder auf?
Beneidenswert!
Was ... ist das hier nur für ein globales Ding ...?
Wank
Ist ihr Freund ein Ausländer? Dabei ist sie doch noch Highschool-Schülerin!
Sie sind neidisch, oder?
Jetzt hast du eine starke Rivalin weniger.
Sie hat also einen Freund ...
Interessant.
Entschlossen
Jetzt gibt es nur noch eins ...

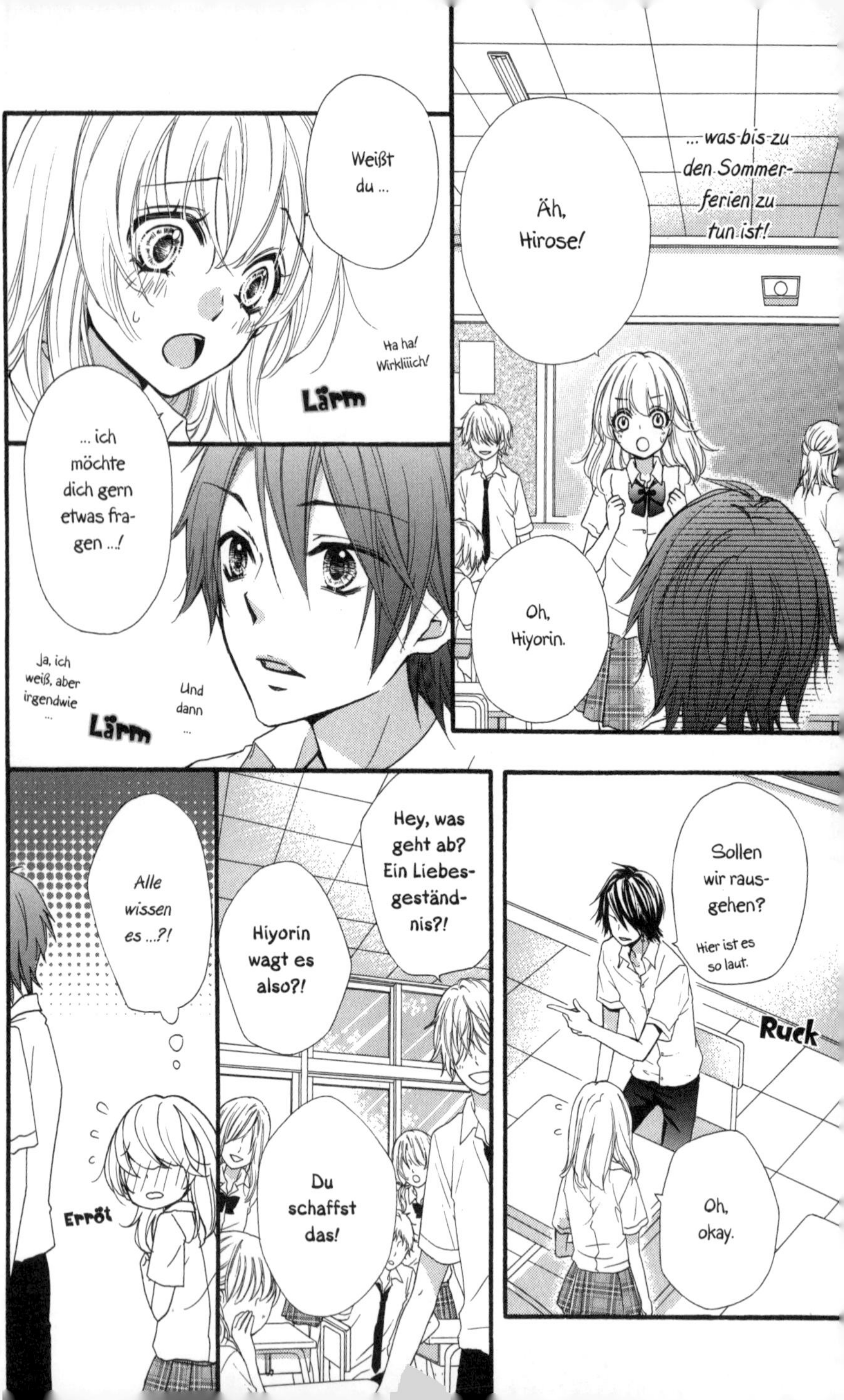
... was bis zu den Sommerferien zu tun ist!
Äh, Hirose!
Oh, Hiyorin.
Weißt du ...
Ha ha! Wirkliiich!
Lärm
... ich möchte dich gern etwas fragen ...!
Und dann ...
Ja, ich weiß, aber irgendwie ...
Lärm
Sollen wir rausgehen?
Hier ist es so laut.
Ruck
Oh, okay.
Hey, was geht ab? Ein Liebesgeständnis?!
Hiyorin wagt es also?!
Du schaffst das!
Alle wissen es ...?!
Errröt

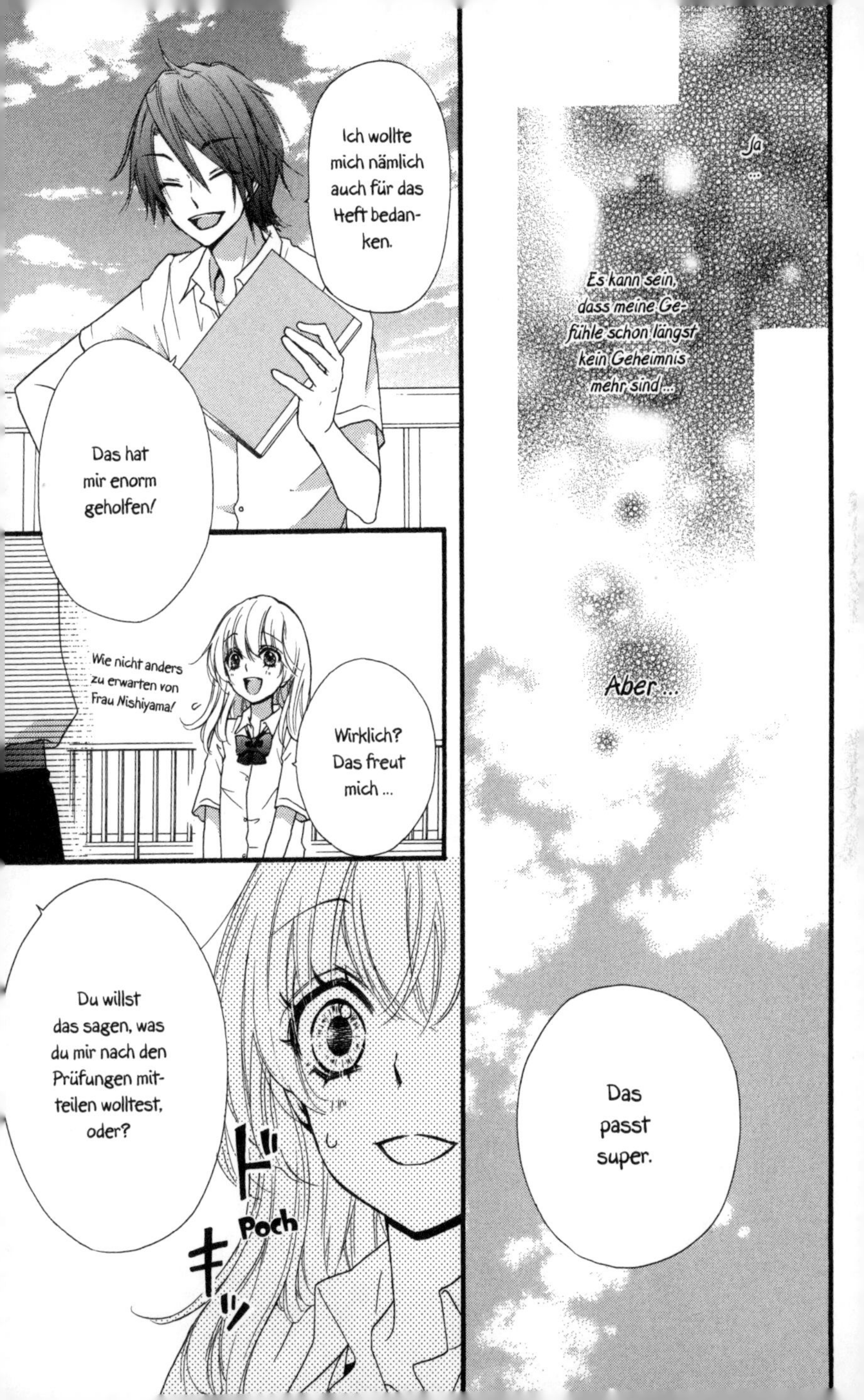
Ja ...
Es kann sein, dass meine Gefühle schon längst kein Geheimnis mehr sind ...
Aber ...
Das passt super.
Ich wollte mich nämlich auch für das Heft bedanken.
Das hat mir enorm geholfen!
Wie nicht anders zu erwarten von Frau Nishiyama!
Wirklich? Das freut mich ...
Du willst das sagen, was du mir nach den Prüfungen mitteilen wolltest, oder?
Poch

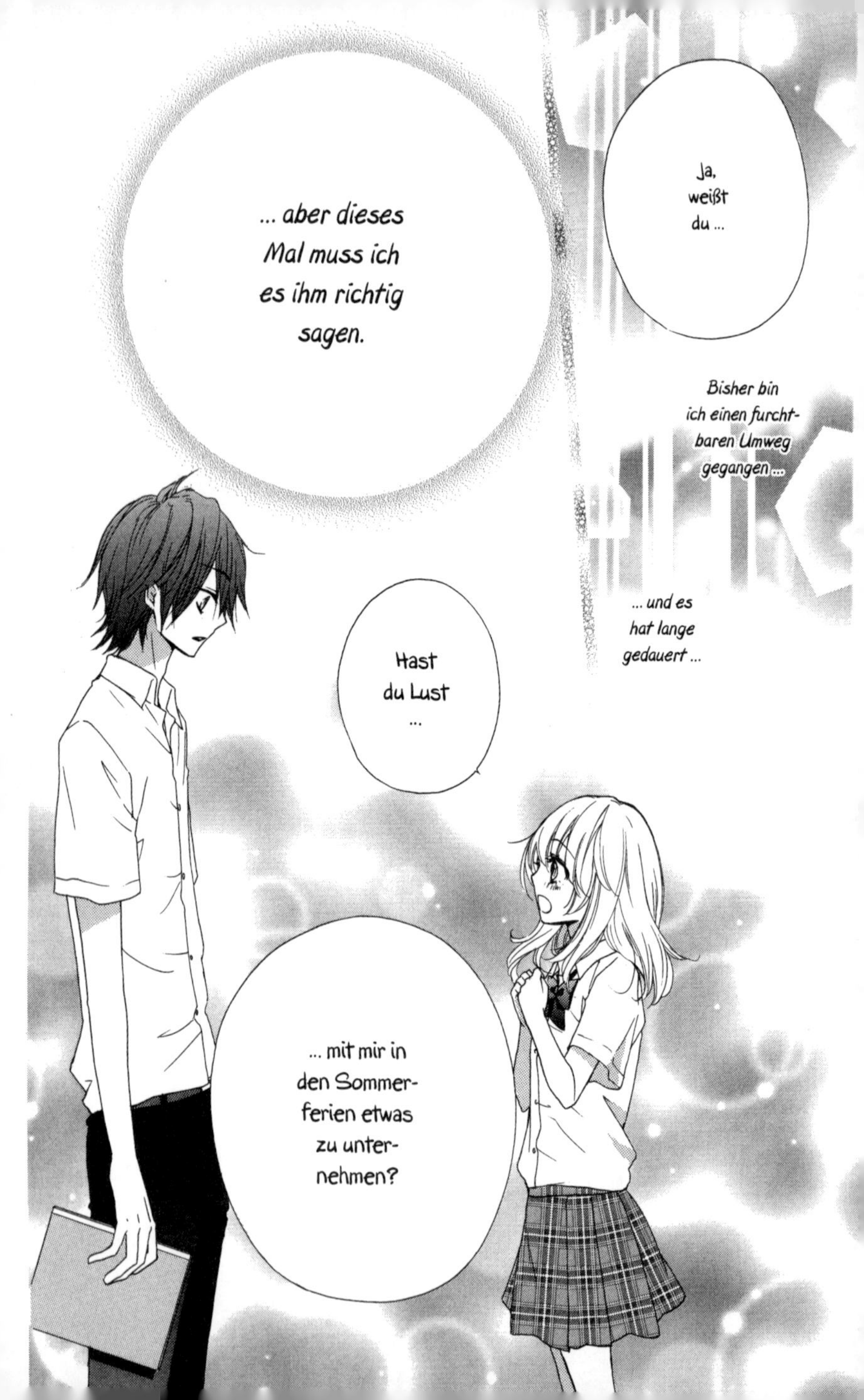
Ja, weißt du ...
Bisher bin ich einen furchtbaren Umweg gegangen ...
... und es hat lange gedauert ...
... aber dieses Mal muss ich es ihm richtig sagen.
Hast du Lust ...
... mit mir in den Sommerferien etwas zu unternehmen?

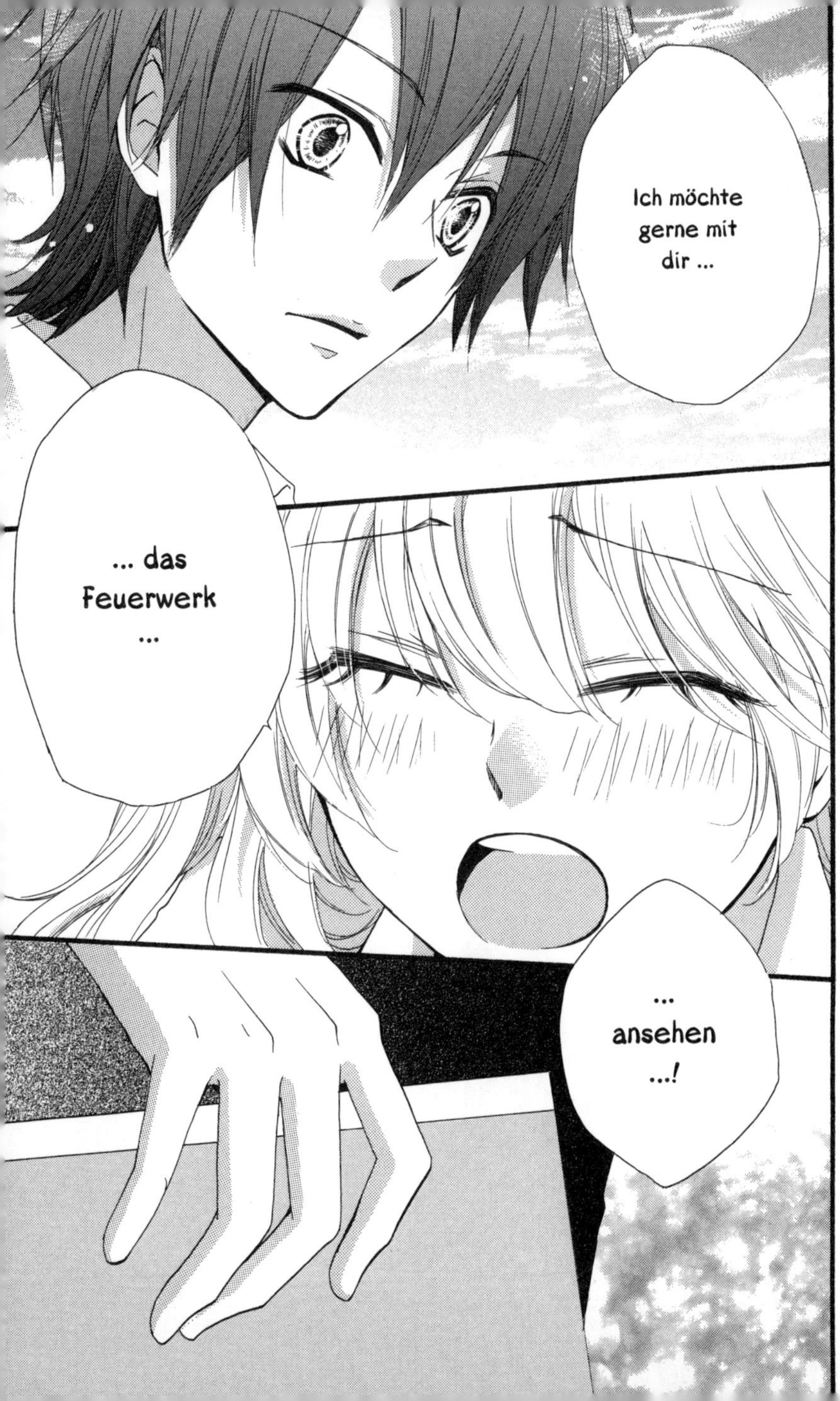
Ich möchte gerne mit dir ...
... das Feuerwerk ...
... ansehen ...!

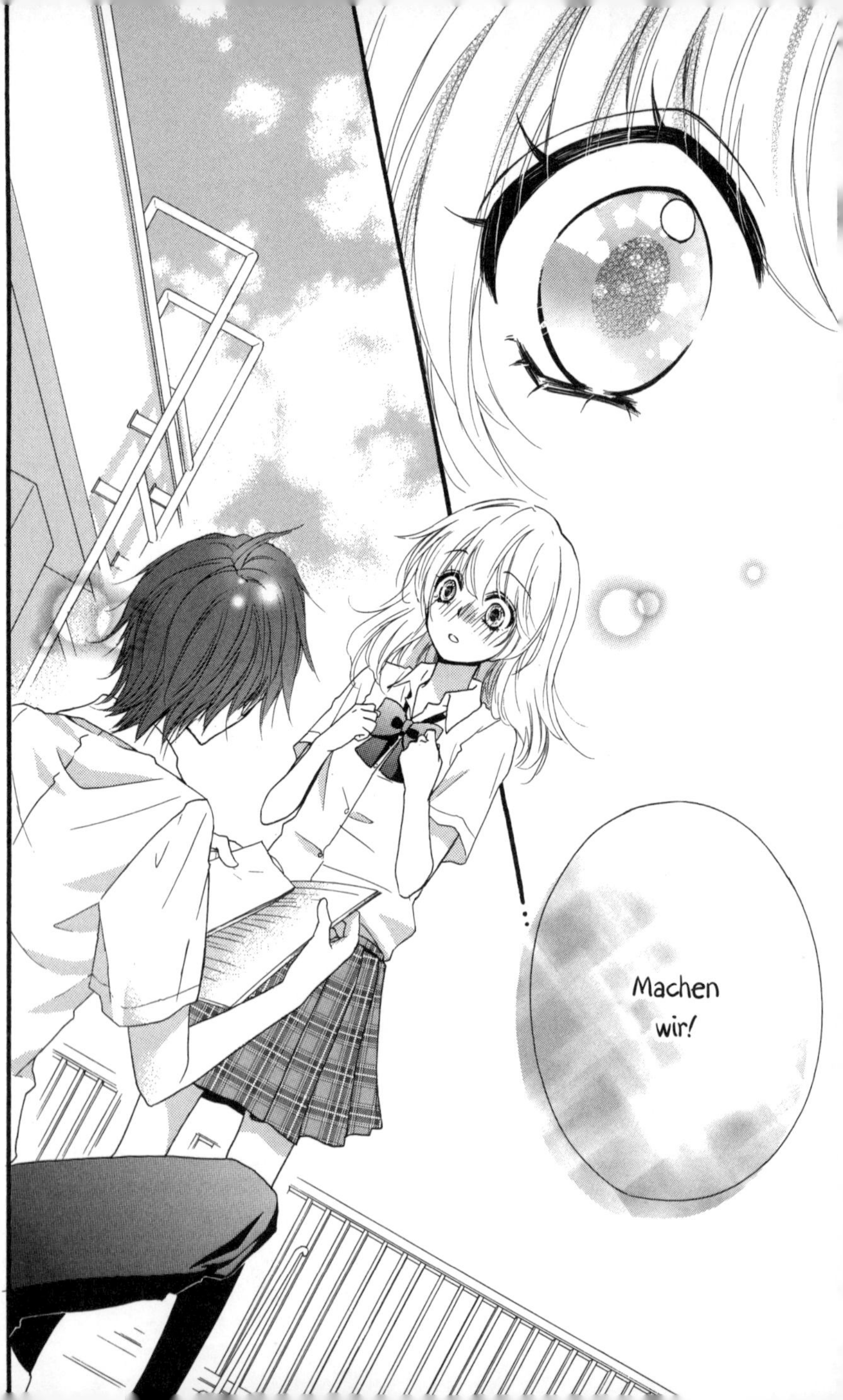
Machen wir!

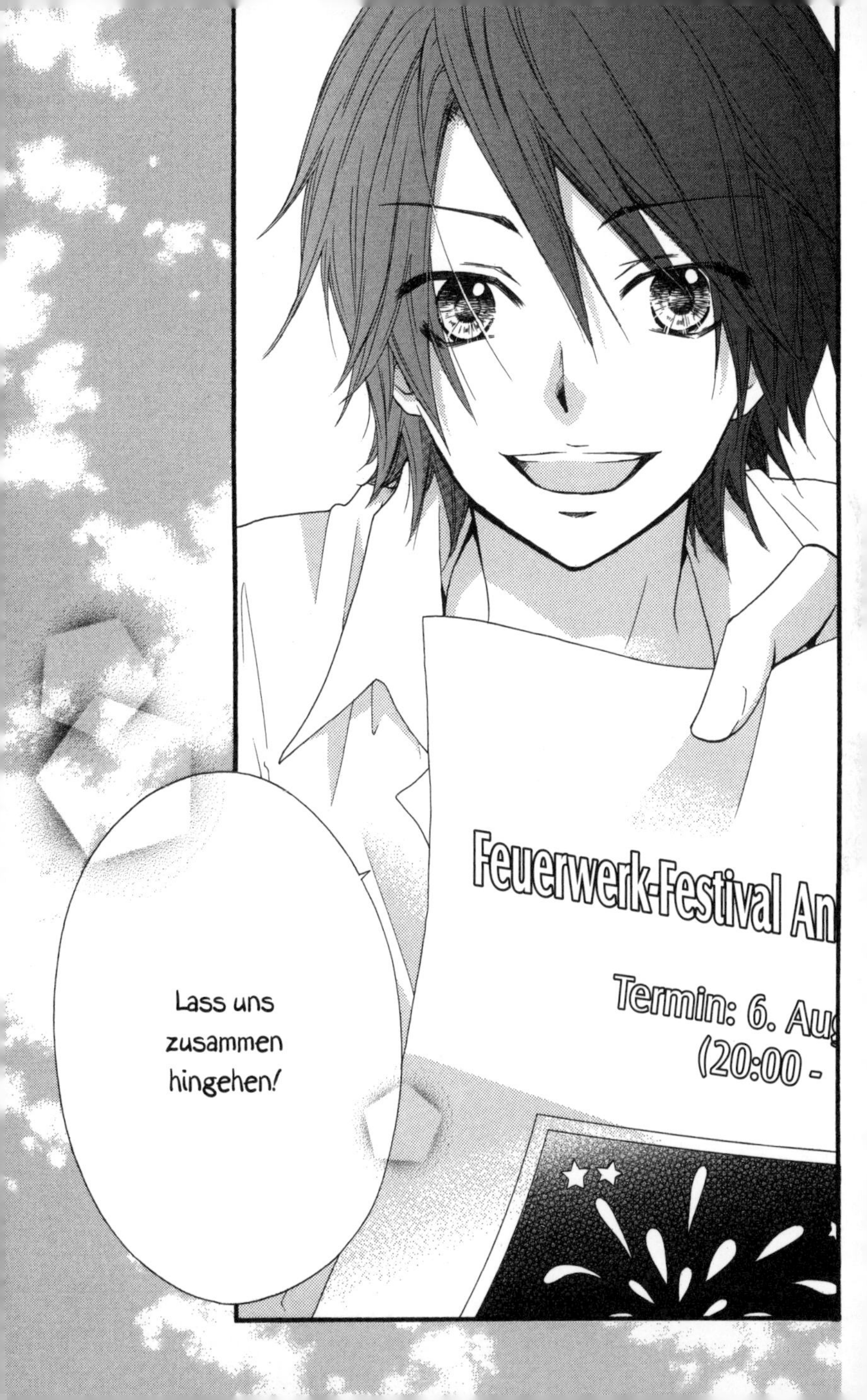
Feuerwerk-Festival An
Termin: 6. Aug
(20:00 -
Lass uns zusammen hingehen!

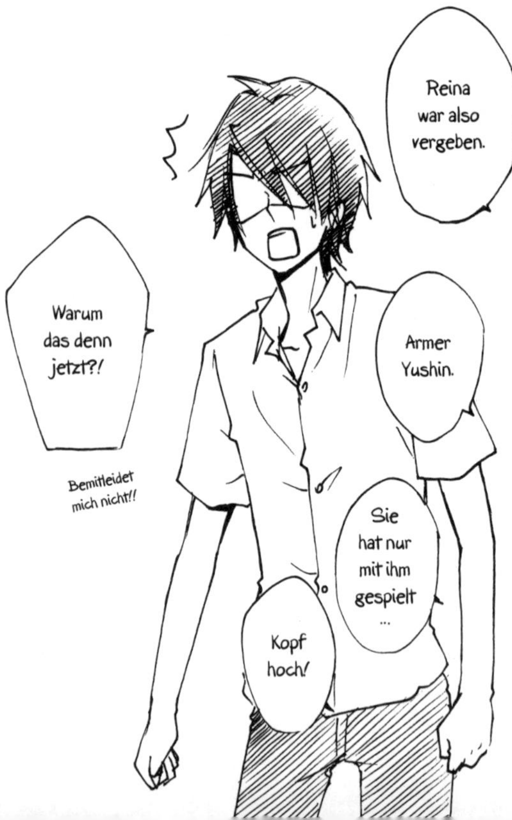
Reina war also vergeben.
Armer Yushin.
Sie hat nur mit ihm gespielt ...
Kopf hoch!
Warum das denn jetzt?!
Bemitleidet mich nicht!!

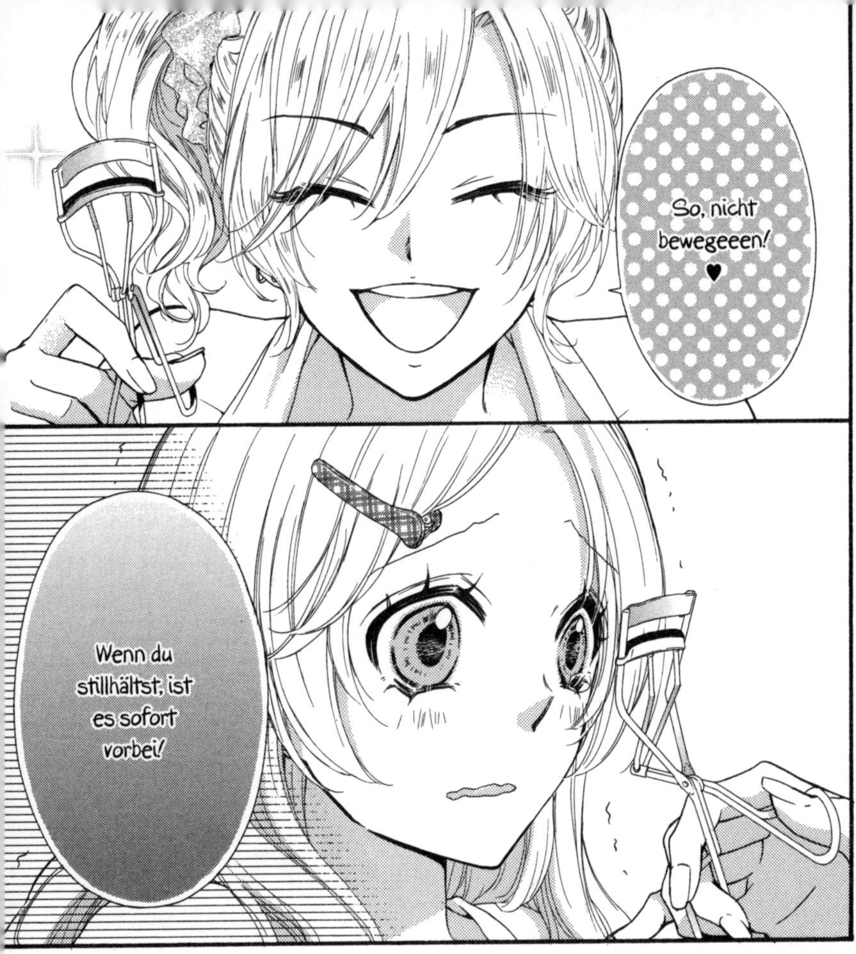
So, nicht bewegeeen! ♥
Wenn du stillhältst, ist es sofort vorbei!

Hiyokoi

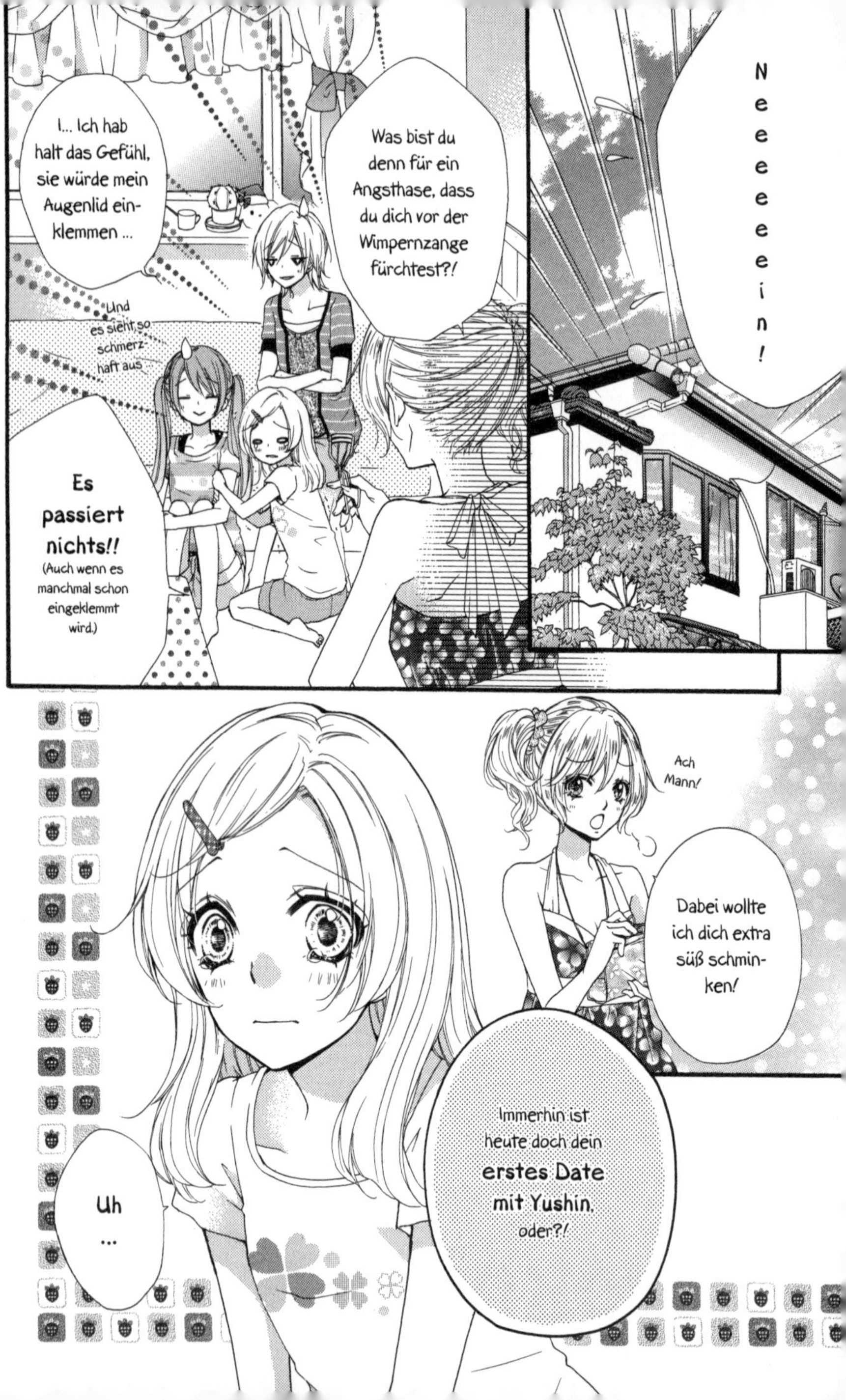
Neeeeeeein!
Was bist du denn für ein Angsthase, dass du dich vor der Wimpernzange fürchtest?!
I... Ich hab halt das Gefühl, sie würde mein Augenlid einklemmen ...
Und es sieht so schmerzhaft aus ...
Es passiert nichts!! (Auch wenn es manchmal schon eingeklemmt wird.)
Ach Mann!
Dabei wollte ich dich extra süß schminken!
Immerhin ist heute doch dein erstes Date mit Yushin, oder?!
Uh ...

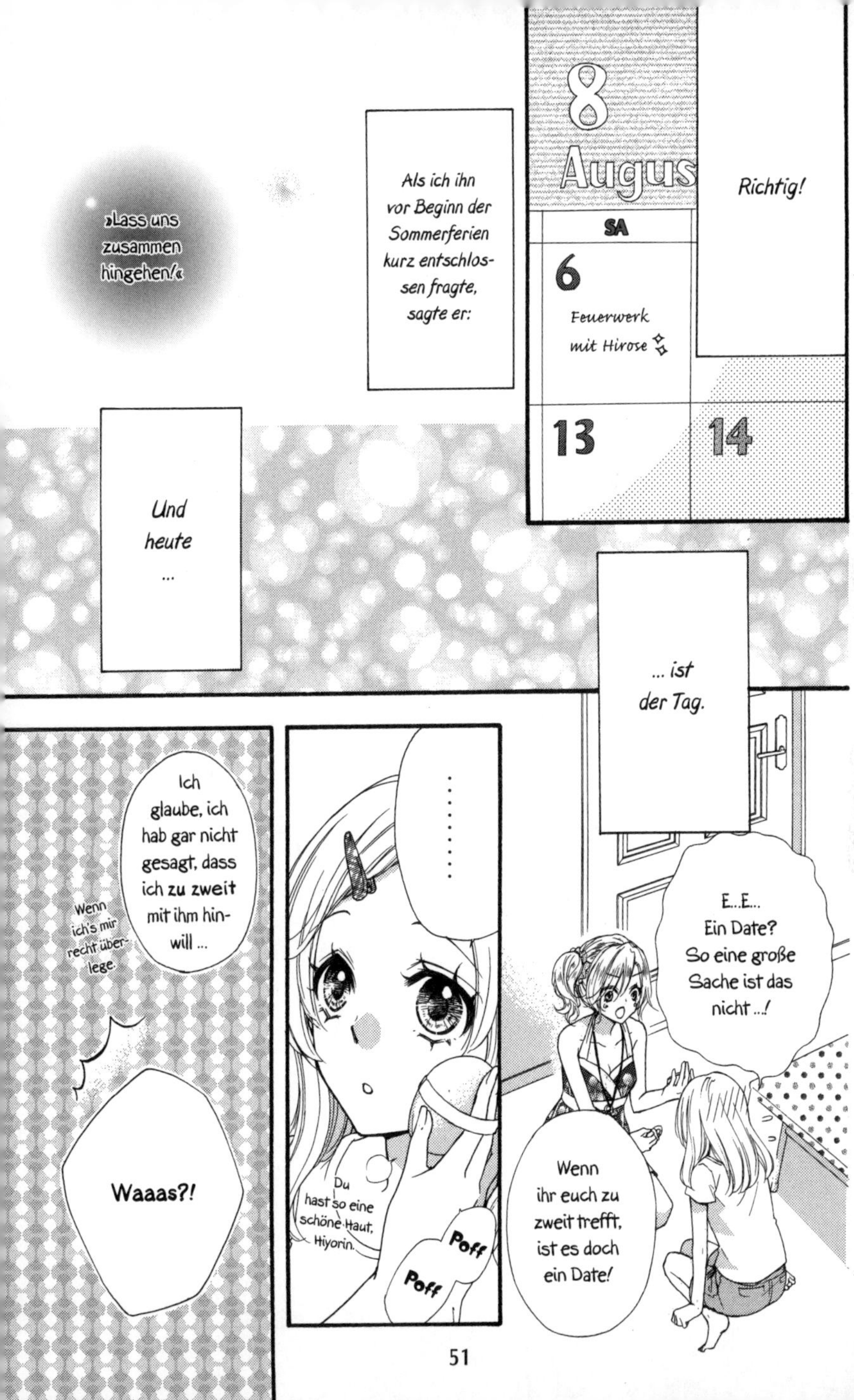

»Lass uns zusammen hingehen!«
Als ich ihn vor Beginn der Sommerferien kurz entschlossen fragte, sagte er:
8 August
SA
6
Feuerwerk mit Hirose
13
14
Richtig!
Und heute ...
... ist der Tag.
Ich glaube, ich hab gar nicht gesagt, dass ich zu zweit mit ihm hin-will ...
Wenn ich's mir recht über-lege.
Waaas?!
....
Du hast so eine schöne Haut, Hiyorin.
Poff
Poff
E... E... Ein Date? So eine große Sache ist das nicht ...!
Wenn ihr euch zu zweit trefft, ist es doch ein Date!

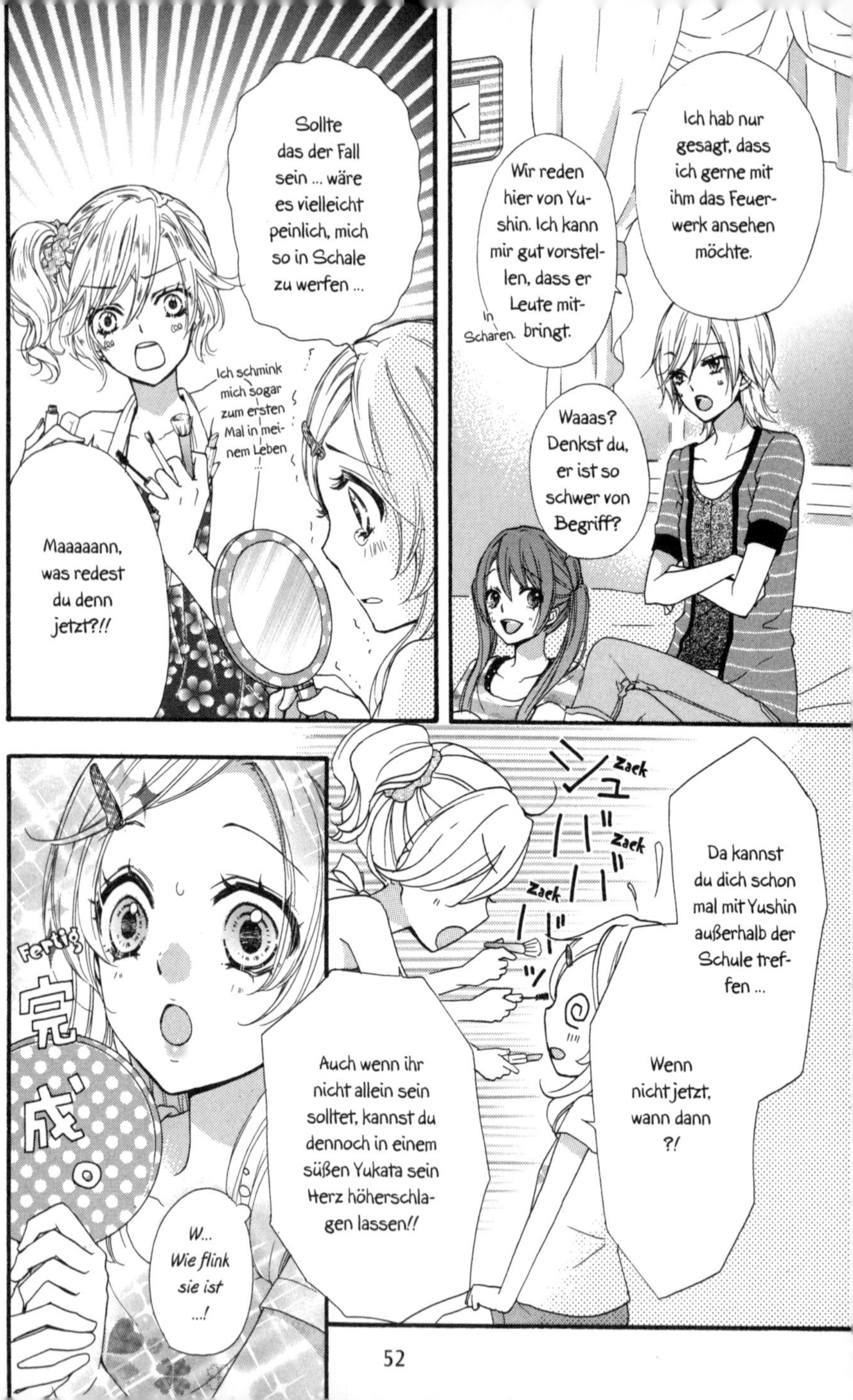
Ich hab nur gesagt, dass ich gerne mit ihm das Feuerwerk ansehen möchte.
Wir reden hier von Yushin. Ich kann mir gut vorstellen, dass er Leute mitbringt.
In Scharen.
Waaas? Denkst du, er ist so schwer von Begriff?
Sollte das der Fall sein ... wäre es vielleicht peinlich, mich so in Schale zu werfen ...
Ich schmink mich sogar zum ersten Mal in meinem Leben ...
Maaaaann, was redest du denn jetzt?!!
Zack
Zack
Zack
Da kannst du dich schon mal mit Yushin außerhalb der Schule treffen ...
Wenn nicht jetzt, wann dann?!
Auch wenn ihr nicht allein sein solltet, kannst du dennoch in einem süßen Yukata sein Herz höherschlagen lassen!!
Fertig
完成。
W... Wie flink sie ist ...!

2

Durch Etsuko Yakushimaru bin ich auf Mawaru Penguindrum gekommen (ein Mitternachtsanime). Darauf freue ich mich jede Woche.

Die Pinguine sind so süß. In letzter Zeit sorgen sie für mein Wohlbefinden! Die Pinguine lenken mich teilweise so ab, dass ich den Inhalt nicht mitkriege und deshalb das Aufgenommene noch mal anschauen muss. (Lach) Frau Yakushimaru singt das Opening und das ist ziemlich cool!

Dieses Elektroartige hat es mir angetan.

Apropos Anime, ich habe auch Usagi* Drop gesehen. Rin ist so süß …! Es macht mich traurig, dass er zu Ende gegangen ist.

Hasen und Pinguine … Es kann sein, dass ich auf kleine Tiere stehe … (Auch wenn der Hase im Anime ein Kuscheltier ist.) Auch Küken mag ich.

Ist doch klar.

*»Hase«

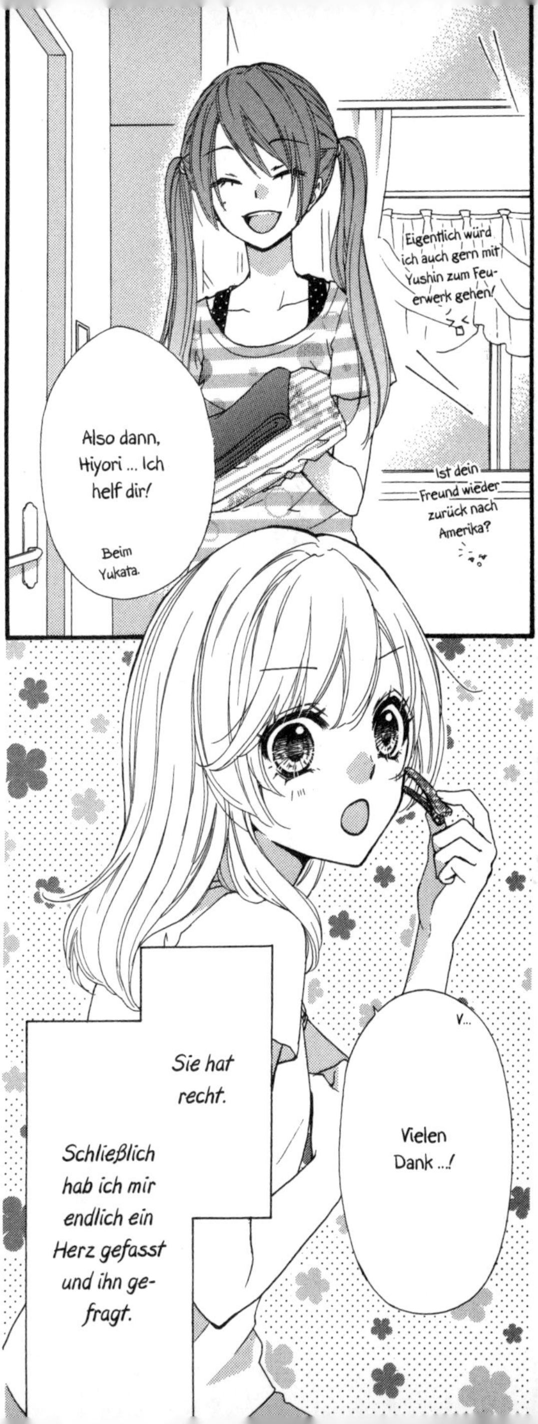

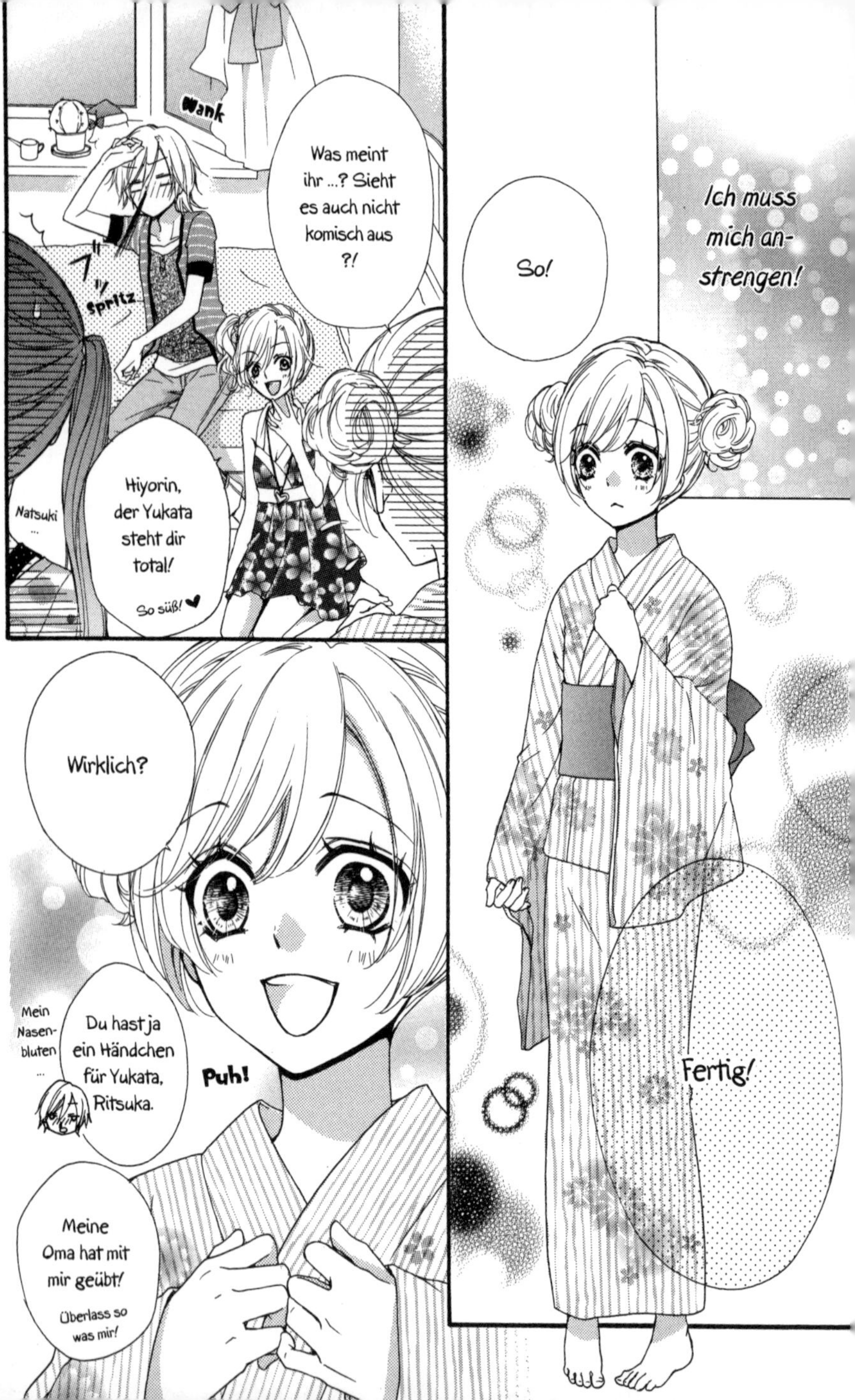
Ich muss mich an-strengen!
So!
Fertig!
Was meint ihr ...? Sieht es auch nicht komisch aus ?!
Wank
Spritz
Hiyorin, der Yukata steht dir total!
So süß!
Natsuki ...
Wirklich?
Du hast ja ein Händchen für Yukata, Ritsuka.
Puh!
Mein Nasen-bluten ...
Meine Oma hat mit mir geübt!
Überlass so was mir!

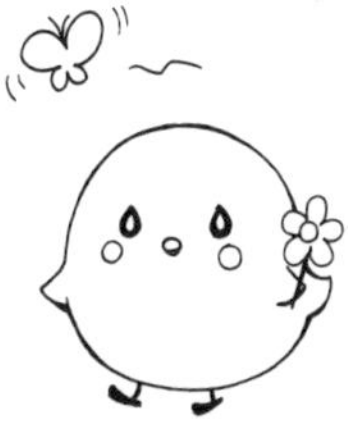

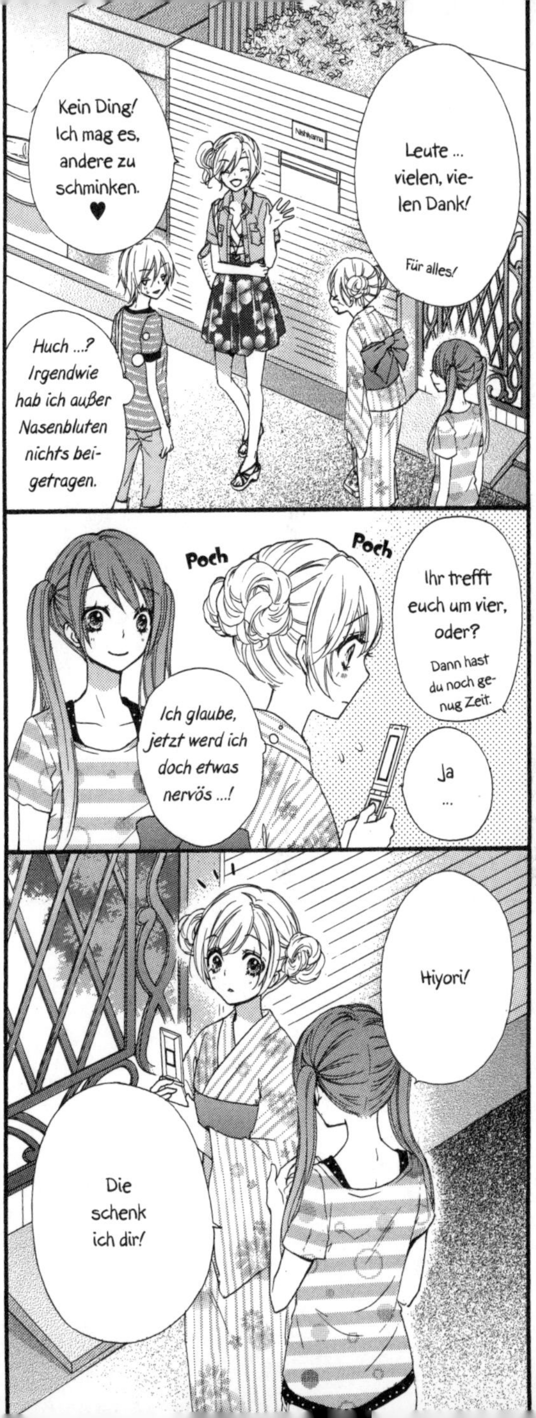
Nishiyama
Leute ... vielen, vie-len Dank!
Für alles!
Kein Ding! Ich mag es, andere zu schminken. ♥
Huch ...? Irgendwie hab ich außer Nasenbluten nichts bei-getragen.
Poch
Poch
Ihr trefft euch um vier, oder?
Dann hast du noch ge-nug Zeit.
Ja ...
Ich glaube, jetzt werd ich doch etwas nervös ...!
Hiyori!
Die schenk ich dir!

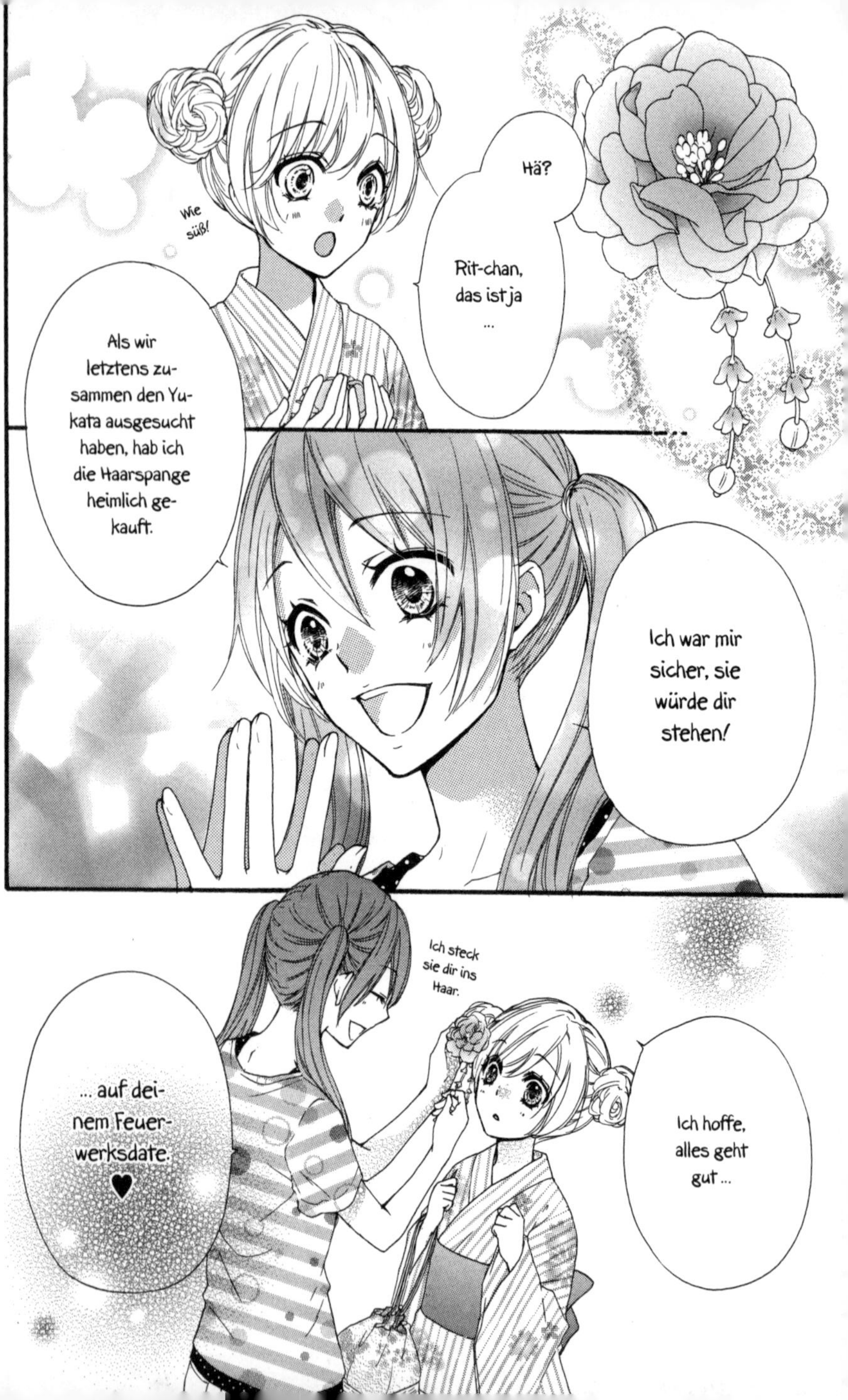

Hä?
Rit-chan, das ist ja …
Wie süß!
Als wir letztens zusammen den Yukata ausgesucht haben, hab ich die Haarspange heimlich gekauft.
Ich war mir sicher, sie würde dir stehen!
Ich steck sie dir ins Haar.
Ich hoffe, alles geht gut …
… auf deinem Feuerwerksdate. ♥

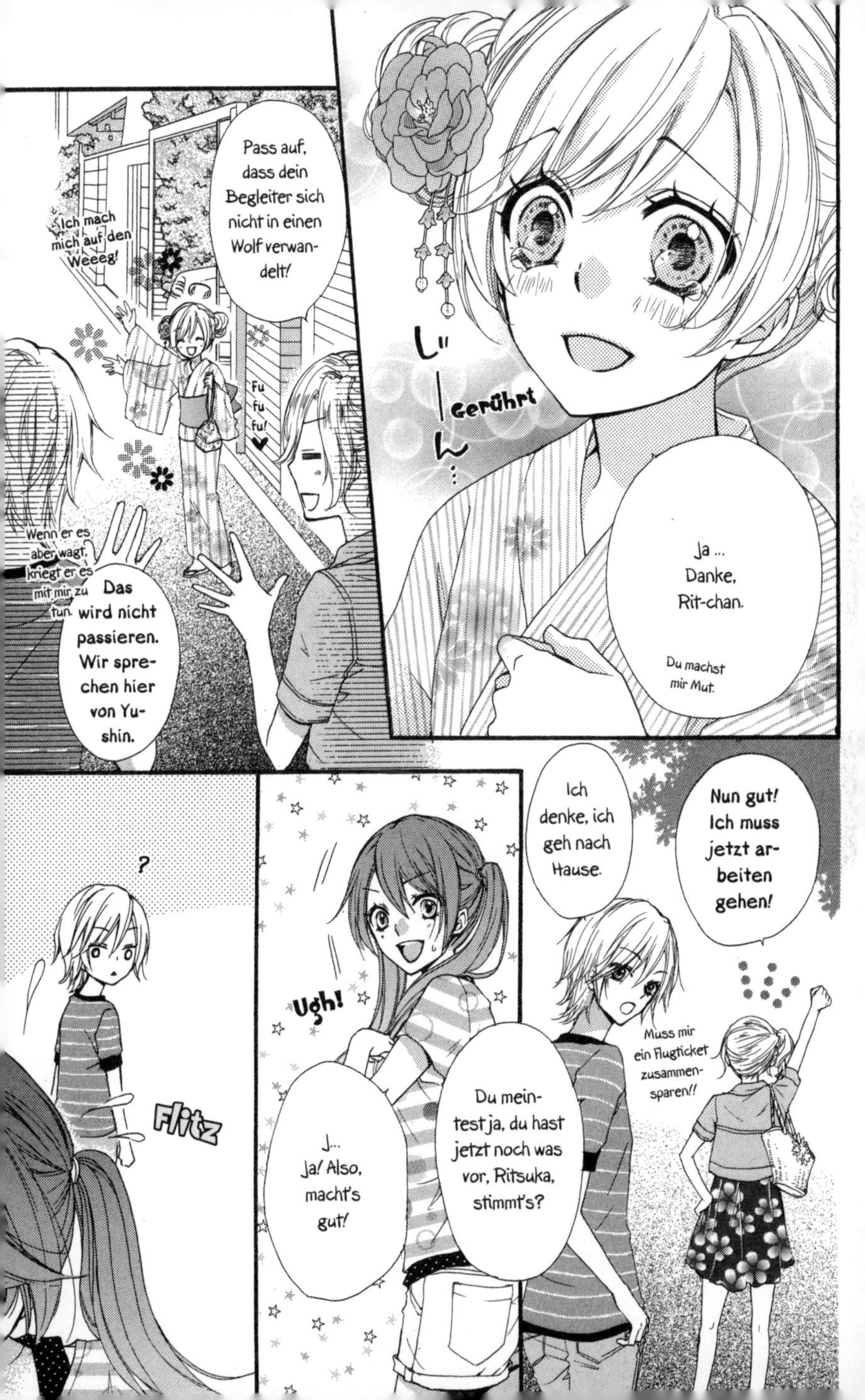
じーん…
Gerührt
Ja ... Danke, Rit-chan.
Du machst mir Mut.
Pass auf, dass dein Begleiter sich nicht in einen Wolf verwandelt!
Ich mach mich auf den Weeeg!
Fu fu fu!
Wenn er es aber wagt, kriegt er es mit mir zu tun.
Das wird nicht passieren. Wir sprechen hier von Yushin.
Nun gut! Ich muss jetzt arbeiten gehen!
Muss mir ein Flugticket zusammensparen!!
Ich denke, ich geh nach Hause.
Du meintest ja, du hast jetzt noch was vor, Ritsuka, stimmt's?
Ugh!
J... Ja! Also, macht's gut!
?
Flitz

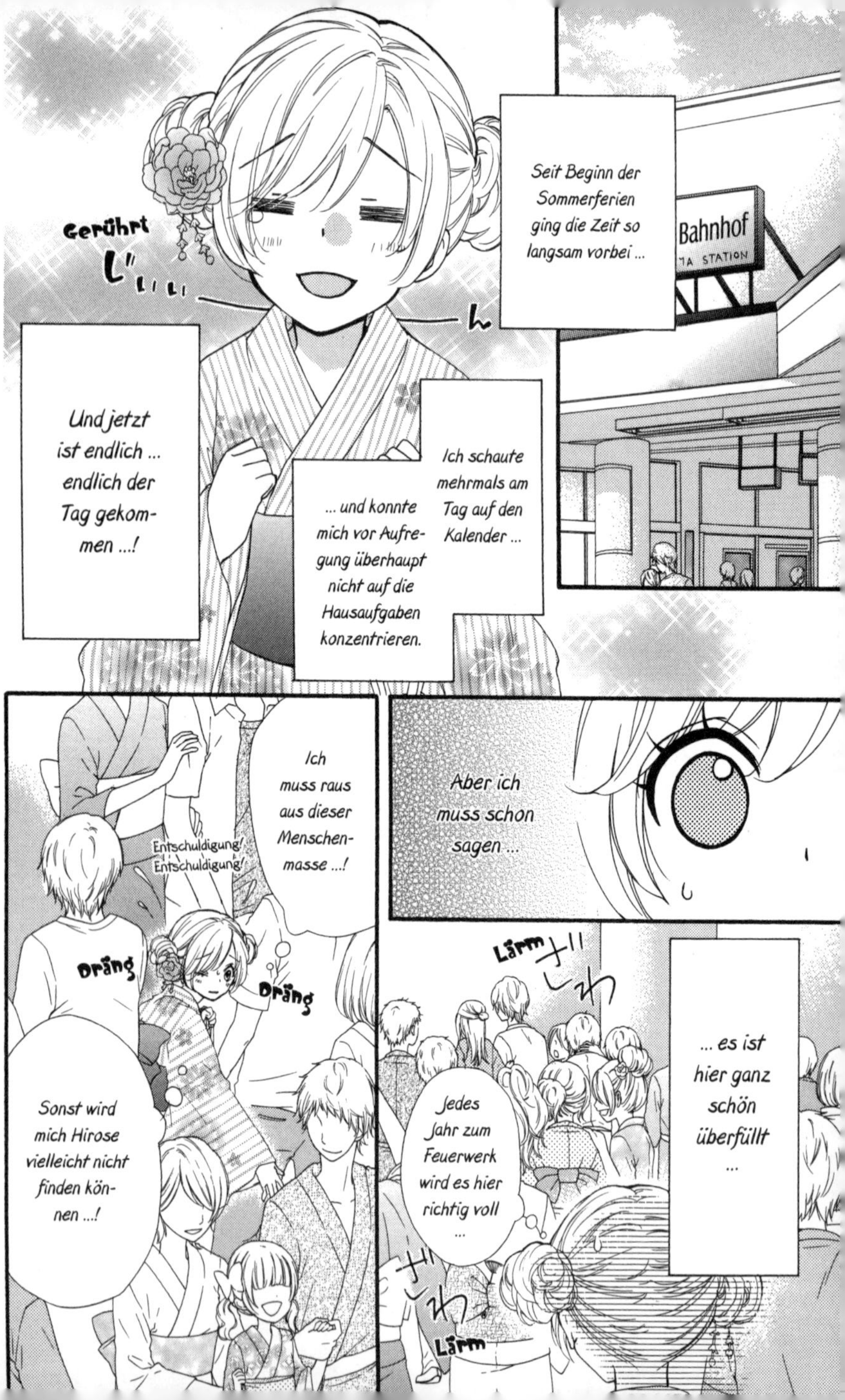

Seit Beginn der Sommerferien ging die Zeit so langsam vorbei ...
Bahnhof
STATION
Ich schaute mehrmals am Tag auf den Kalender ...
... und konnte mich vor Aufregung überhaupt nicht auf die Hausaufgaben konzentrieren.
Gerührt
Und jetzt ist endlich ... endlich der Tag gekommen ...!
Aber ich muss schon sagen ...
... es ist hier ganz schön überfüllt ...
Lärm
Jedes Jahr zum Feuerwerk wird es hier richtig voll ...
Lärm
Ich muss raus aus dieser Menschenmasse ...!
Entschuldigung! Entschuldigung!
Dräng
Dräng
Sonst wird mich Hirose vielleicht nicht finden können ...!

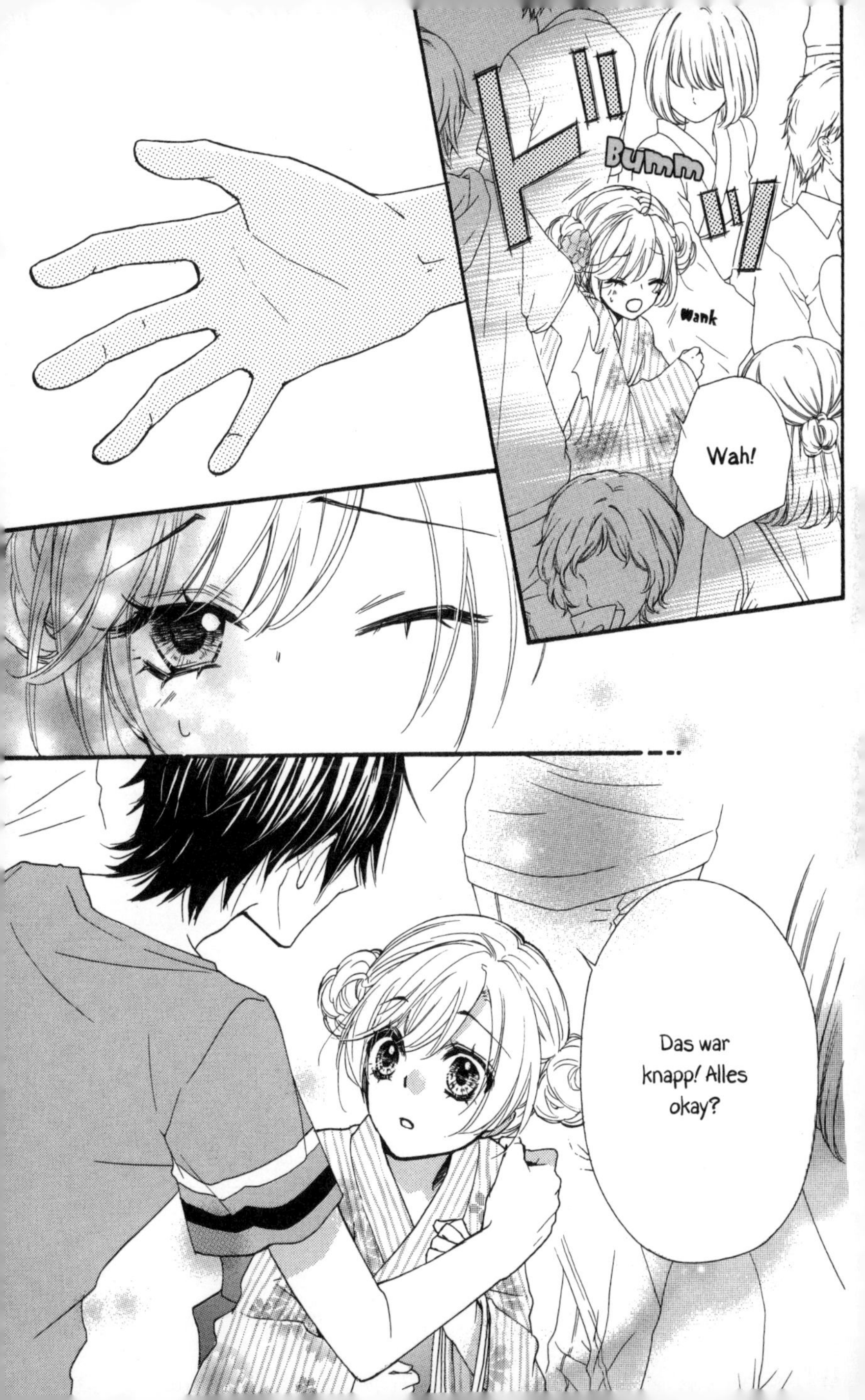
Bumm
Wank
Wah!
Das war knapp! Alles okay?

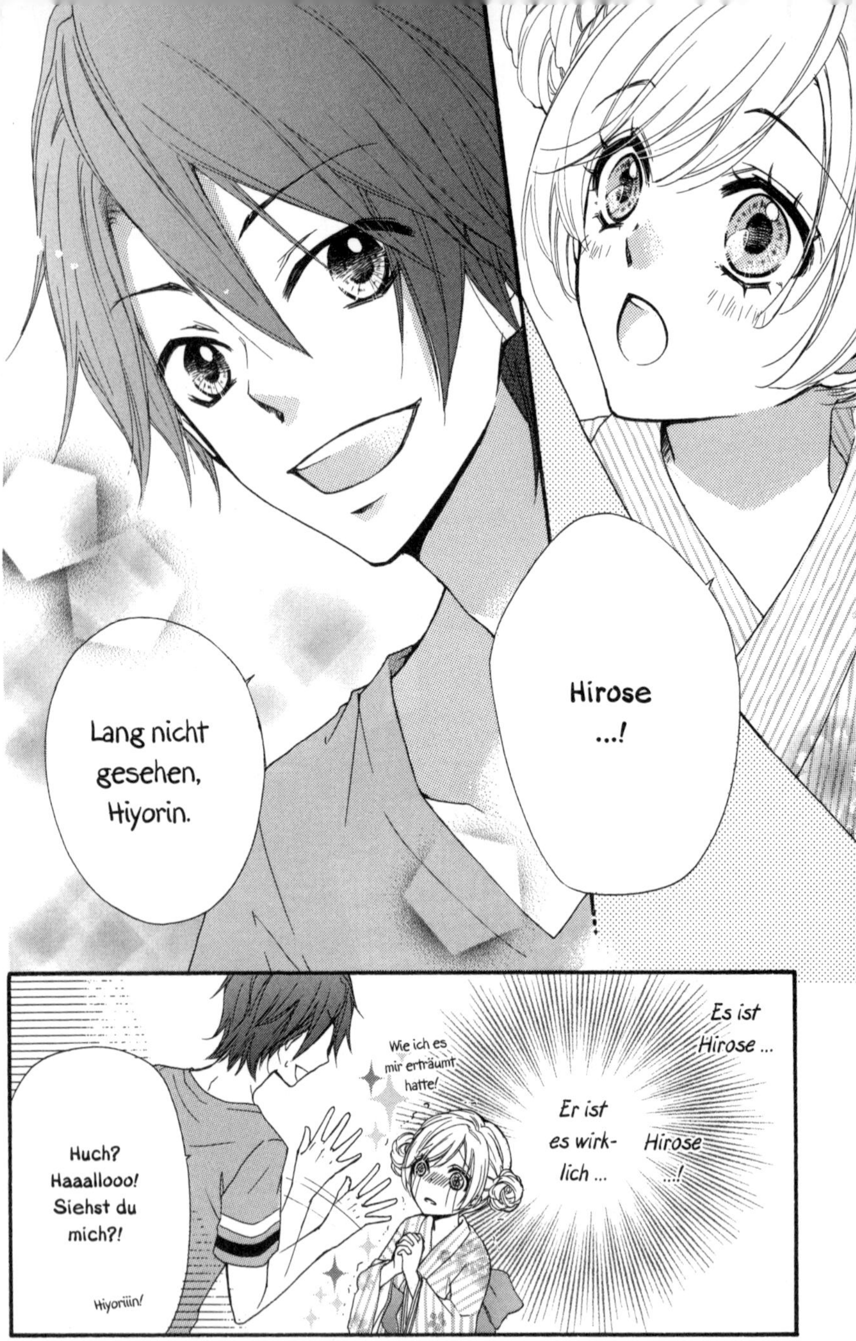
Hirose ...!
Lang nicht gesehen, Hiyorin.
Es ist Hirose ...
Er ist es wirk-lich ...
Hirose ...!
Wie ich es mir erträumt hatte!
Huch? Haaallooo! Siehst du mich?!
Hiyoriiin!

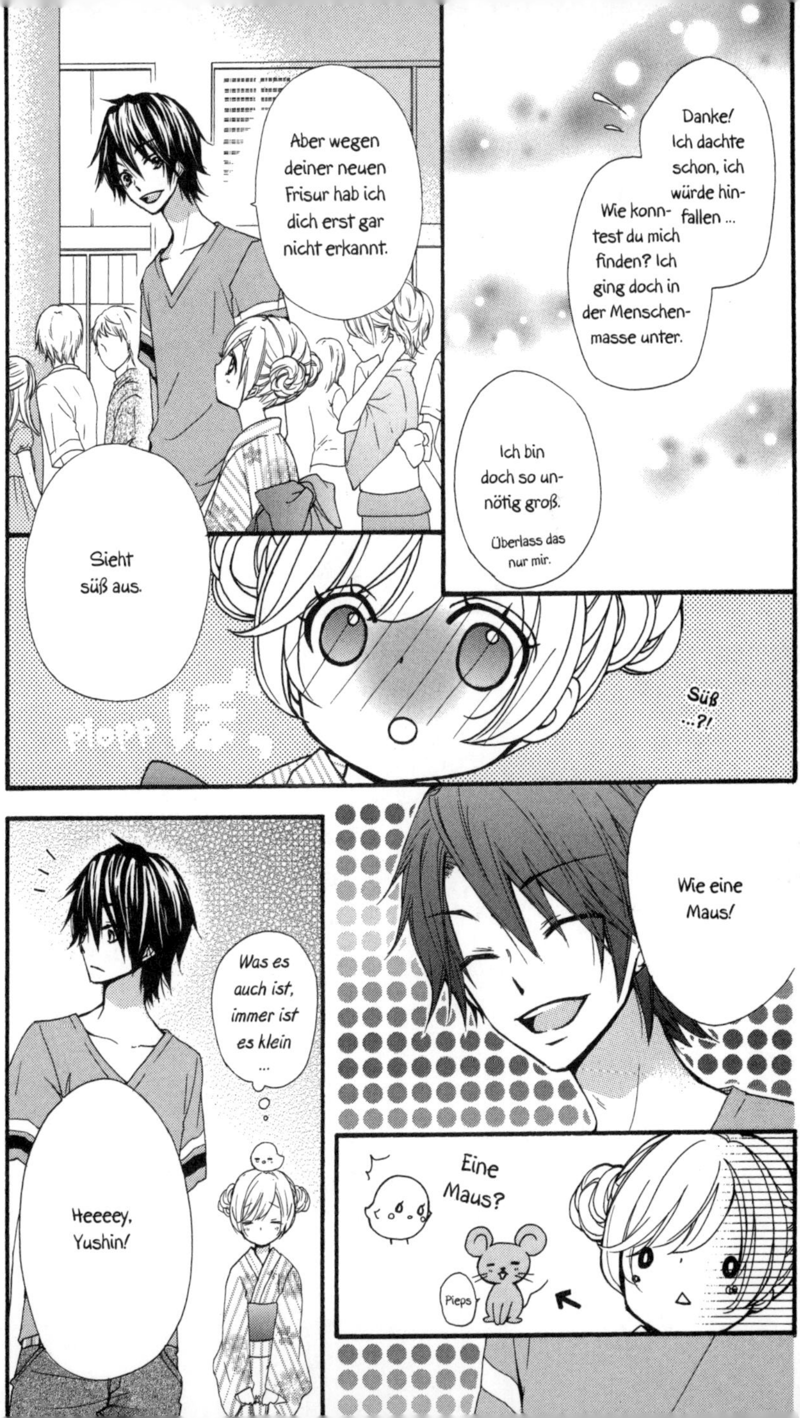
Danke! Ich dachte schon, ich würde hin-fallen ...
Wie konn-test du mich finden? Ich ging doch in der Menschen-masse unter.
Aber wegen deiner neuen Frisur hab ich dich erst gar nicht erkannt.
Ich bin doch so un-nötig groß.
Überlass das nur mir.
Sieht süß aus.
Süß ...?!
Wie eine Maus!
Eine Maus?
Pieps
Was es auch ist, immer ist es klein ...
Heeeey, Yushin!

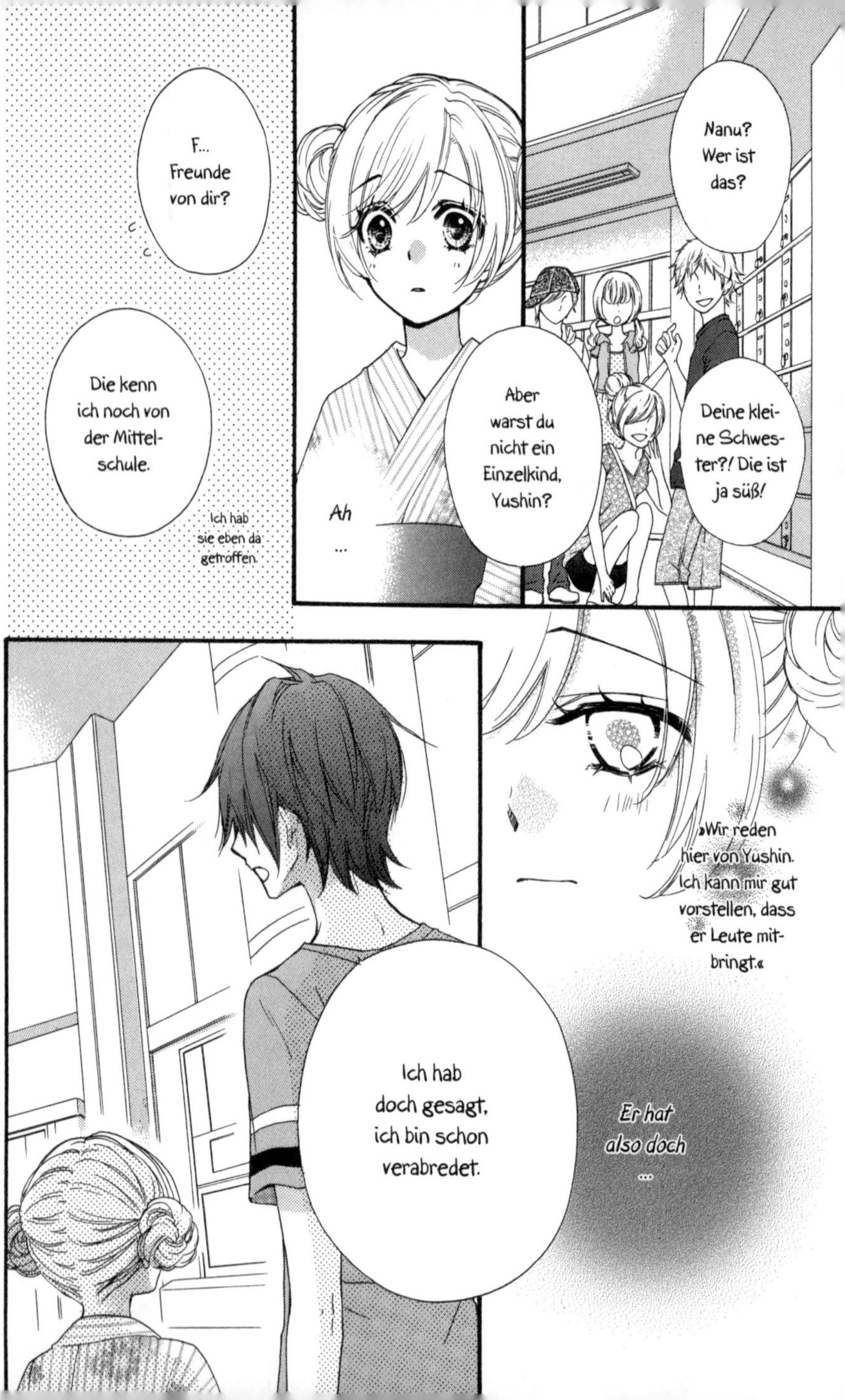
Nanu? Wer ist das?
Deine kleine Schwester?! Die ist ja süß!
Aber warst du nicht ein Einzelkind, Yushin?
Ah ...
F... Freunde von dir?
Die kenn ich noch von der Mittelschule.
Ich hab sie eben da getroffen.
»Wir reden hier von Yushin. Ich kann mir gut vorstellen, dass er Leute mitbringt.«
Er hat also doch ...
Ich hab doch gesagt, ich bin schon verabredet.

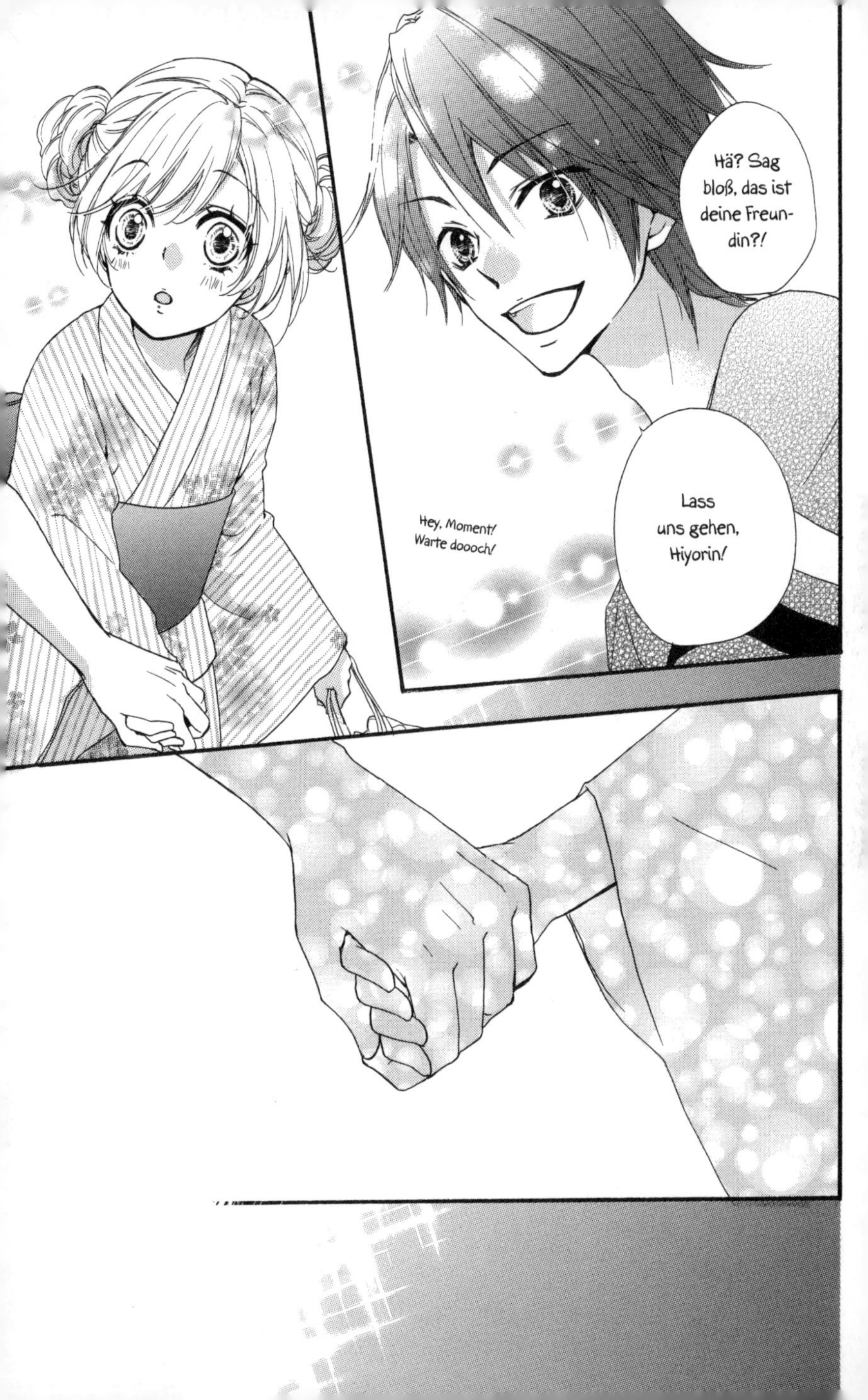
Hä? Sag bloß, das ist deine Freundin?!
Lass uns gehen, Hiyorin!
Hey, Moment! Warte doooch!

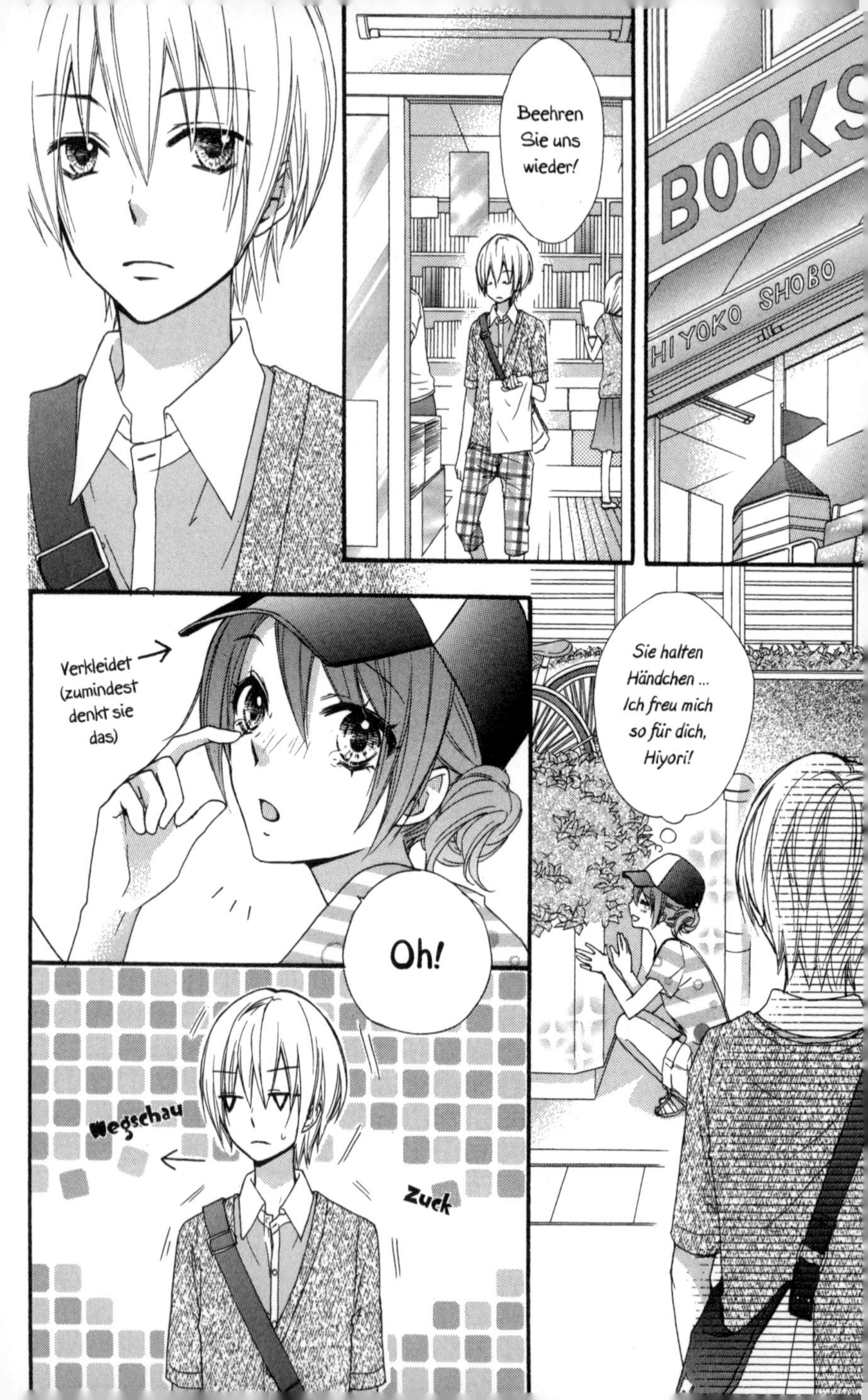
BOOKS
HIYOKO SHOBO
Beehren Sie uns wieder!
Sie halten Händchen ... Ich freu mich so für dich, Hiyori!
Verkleidet (zumindest denkt sie das)
Oh!
zuck
wegschau

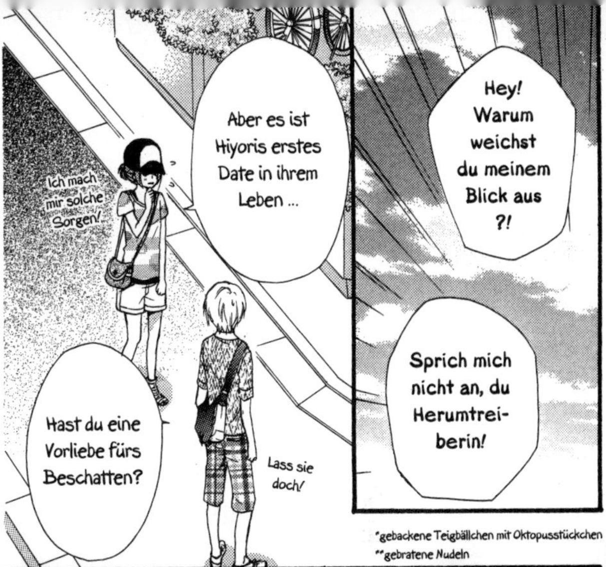

*gebackene Teigbällchen mit Oktopusstückchen
**gebratene Nudeln

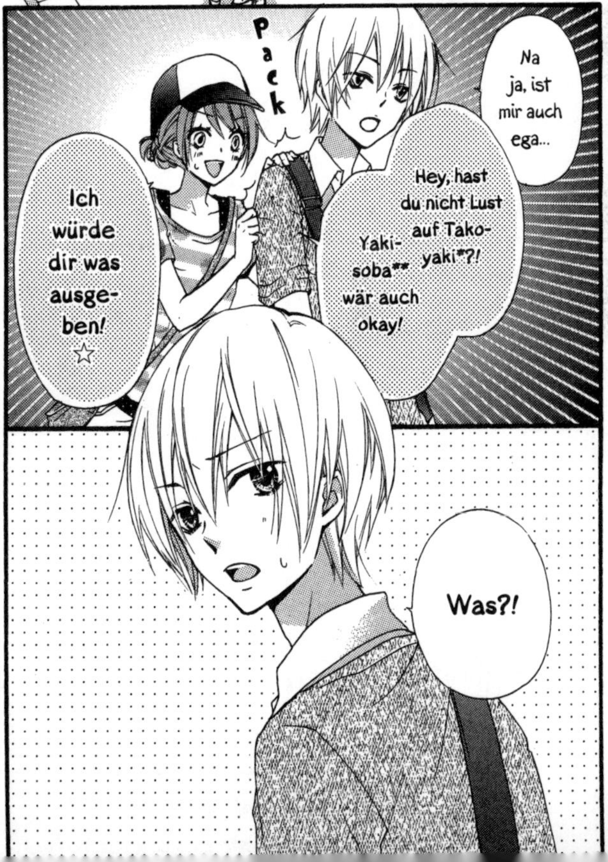

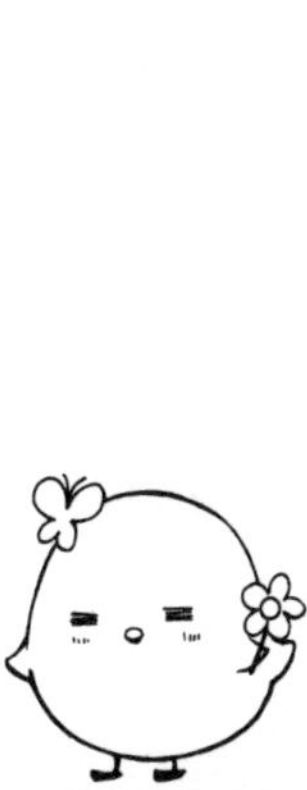

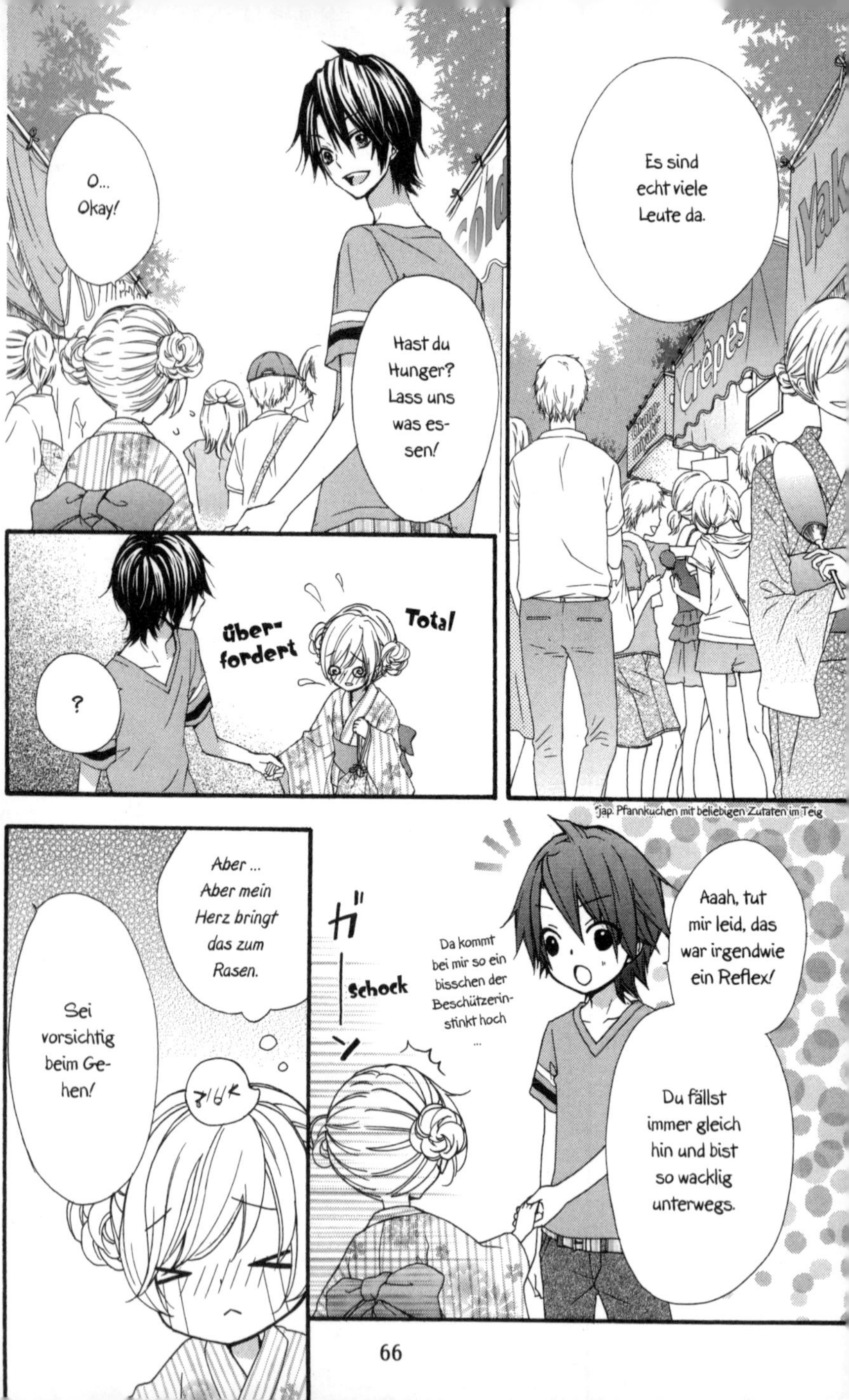

*jap. Pfannkuchen mit beliebigen Zutaten im Teig

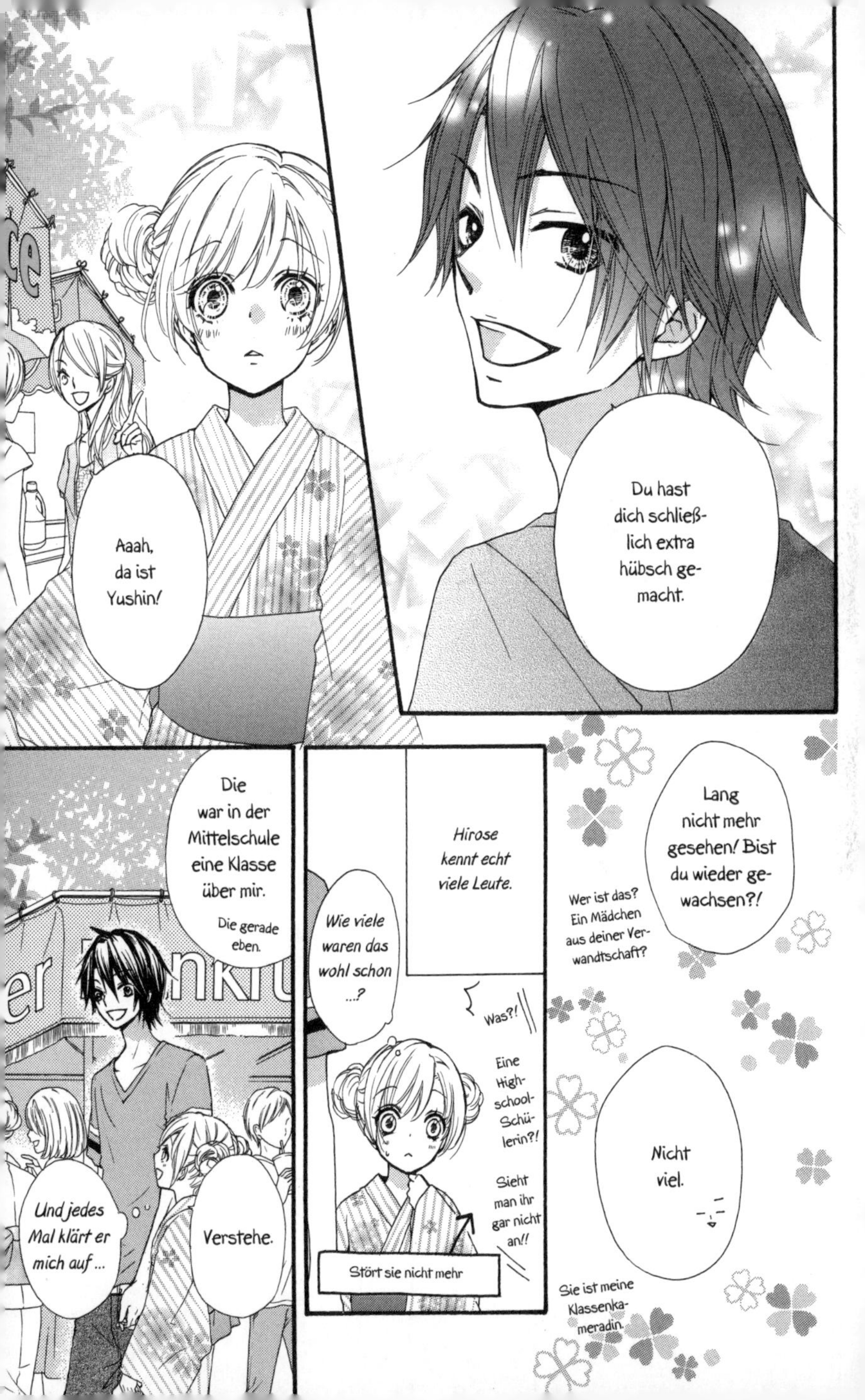
Du hast dich schließlich extra hübsch gemacht.
Aaah, da ist Yushin!
Lang nicht mehr gesehen! Bist du wieder gewachsen?!
Wer ist das? Ein Mädchen aus deiner Verwandtschaft?
Nicht viel.
Sie ist meine Klassenkameradin.
Hirose kennt echt viele Leute.
Wie viele waren das wohl schon …?
Was?!
Eine Highschool-Schülerin?!
Sieht man ihr gar nicht an!!
Stört sie nicht mehr
Die war in der Mittelschule eine Klasse über mir.
Die gerade eben.
Verstehe.
Und jedes Mal klärt er mich auf …

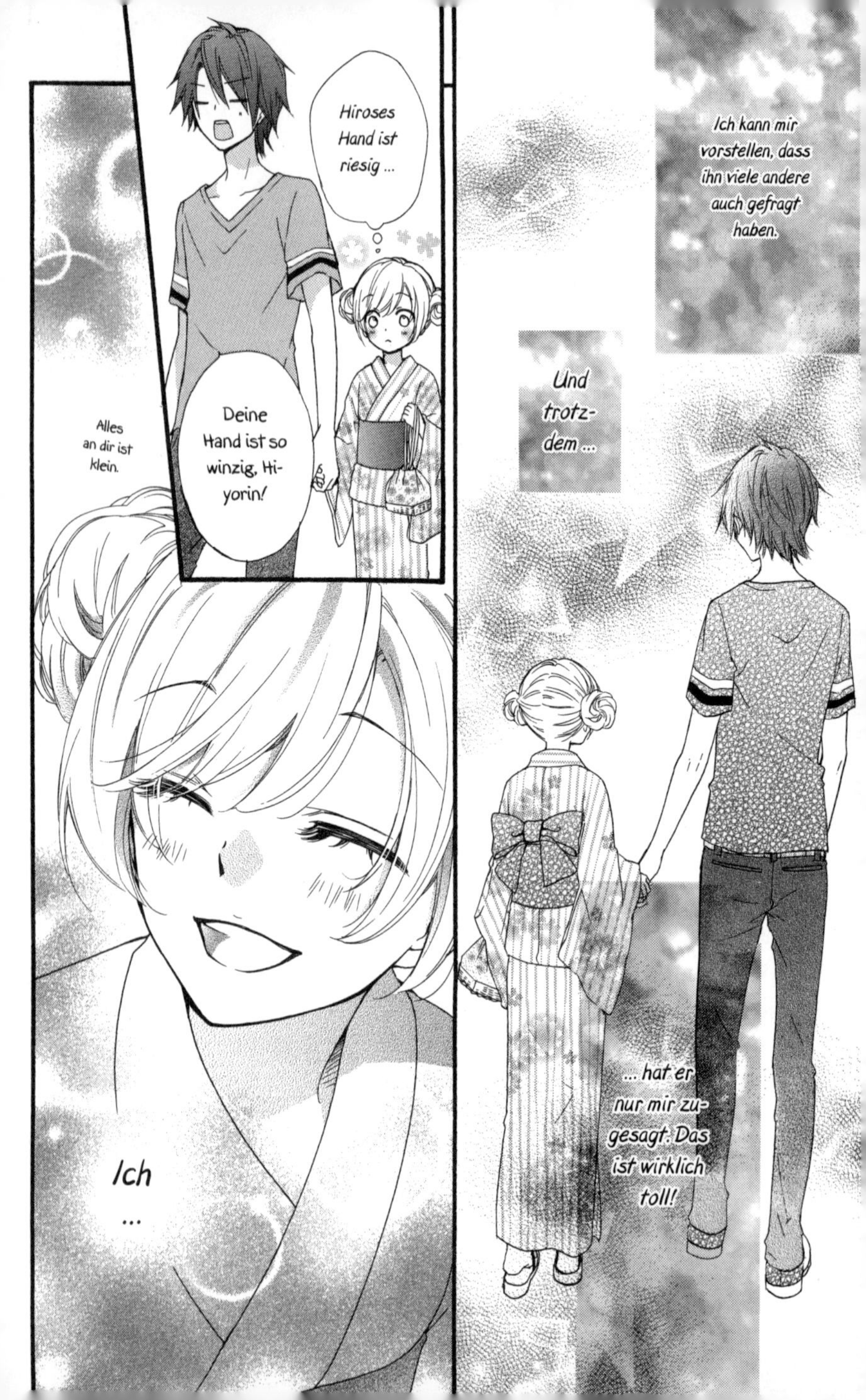
Ich kann mir vorstellen, dass ihn viele andere auch gefragt haben.
Und trotzdem ...
... hat er nur mir zugesagt. Das ist wirklich toll!
Hiroses Hand ist riesig ...
Deine Hand ist so winzig, Hiyorin!
Alles an dir ist klein.
Ich ...

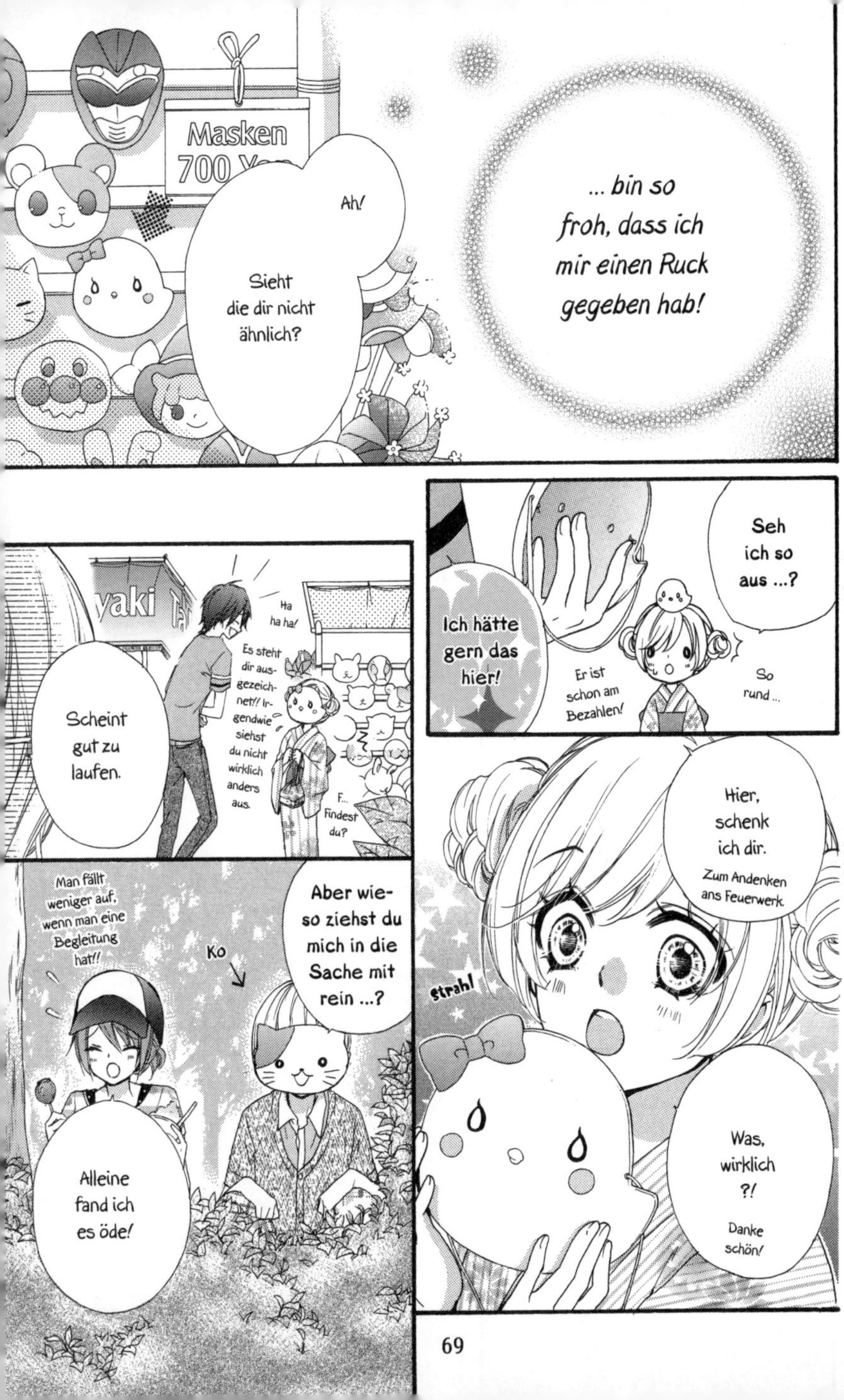
... bin so froh, dass ich mir einen Ruck gegeben hab!
Masken
Ah!
Sieht die dir nicht ähnlich?
Seh ich so aus ...?
So rund ...
Ich hätte gern das hier!
Er ist schon am Bezahlen!
yaki
Ha ha ha!
Es steht dir ausgezeichnet!! Irgendwie siehst du nicht wirklich anders aus.
F... Findest du?
Scheint gut zu laufen.
Hier, schenk ich dir.
Zum Andenken ans Feuerwerk.
strahl
Was, wirklich?!
Danke schön!
Aber wieso ziehst du mich in die Sache mit rein ...?
Ko
Man fällt weniger auf, wenn man eine Begleitung hat!!
Alleine fand ich es öde!

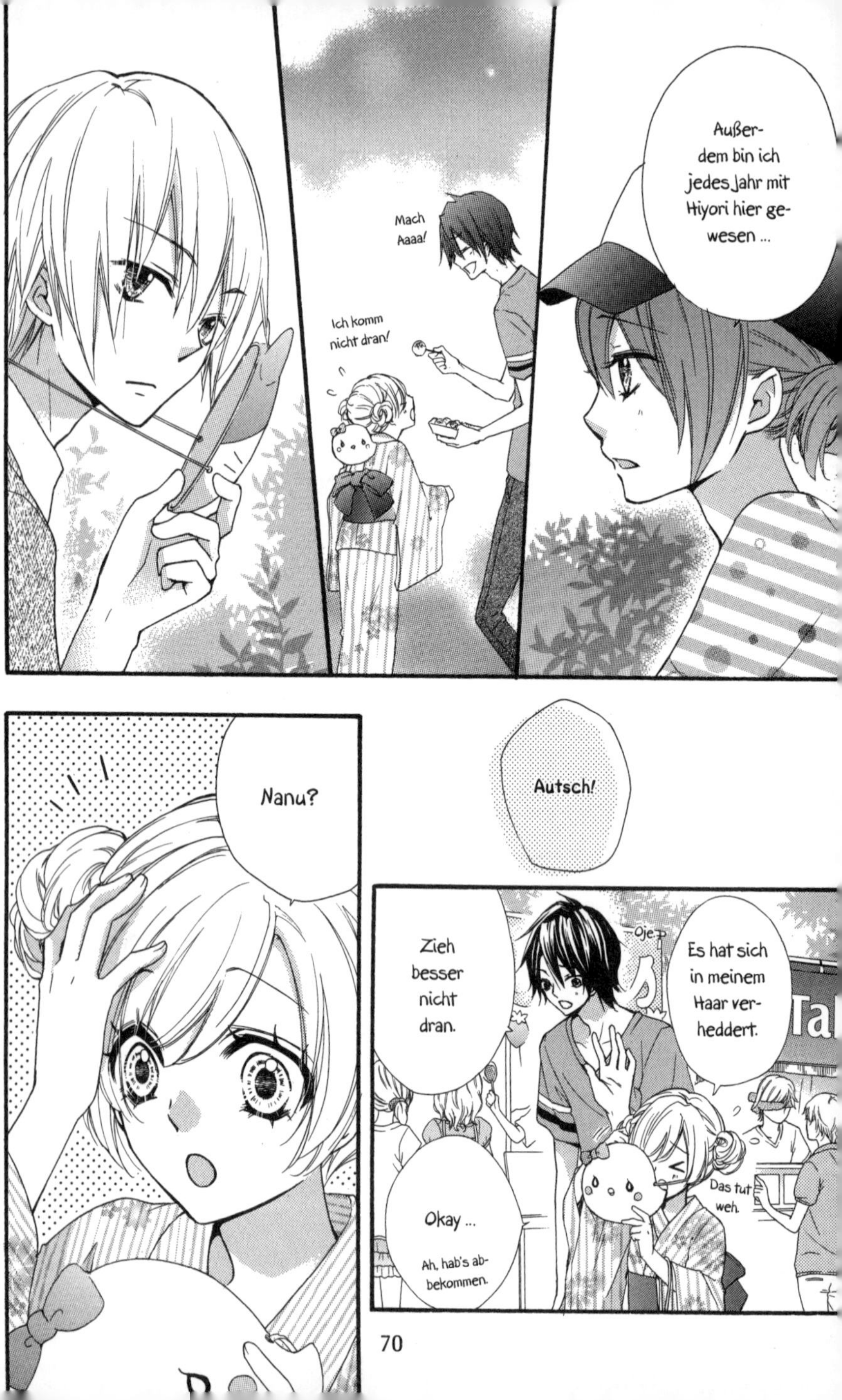
Außer-
dem bin ich
jedes Jahr mit
Hiyori hier ge-
wesen ...
Mach
Aaaa!
Ich komm
nicht dran!
Autsch!
Es hat sich
in meinem
Haar ver-
heddert.
Oje.
Zieh
besser
nicht
dran.
Das tut
weh.
Okay ...
Ah, hab's ab-
bekommen.
Nanu?

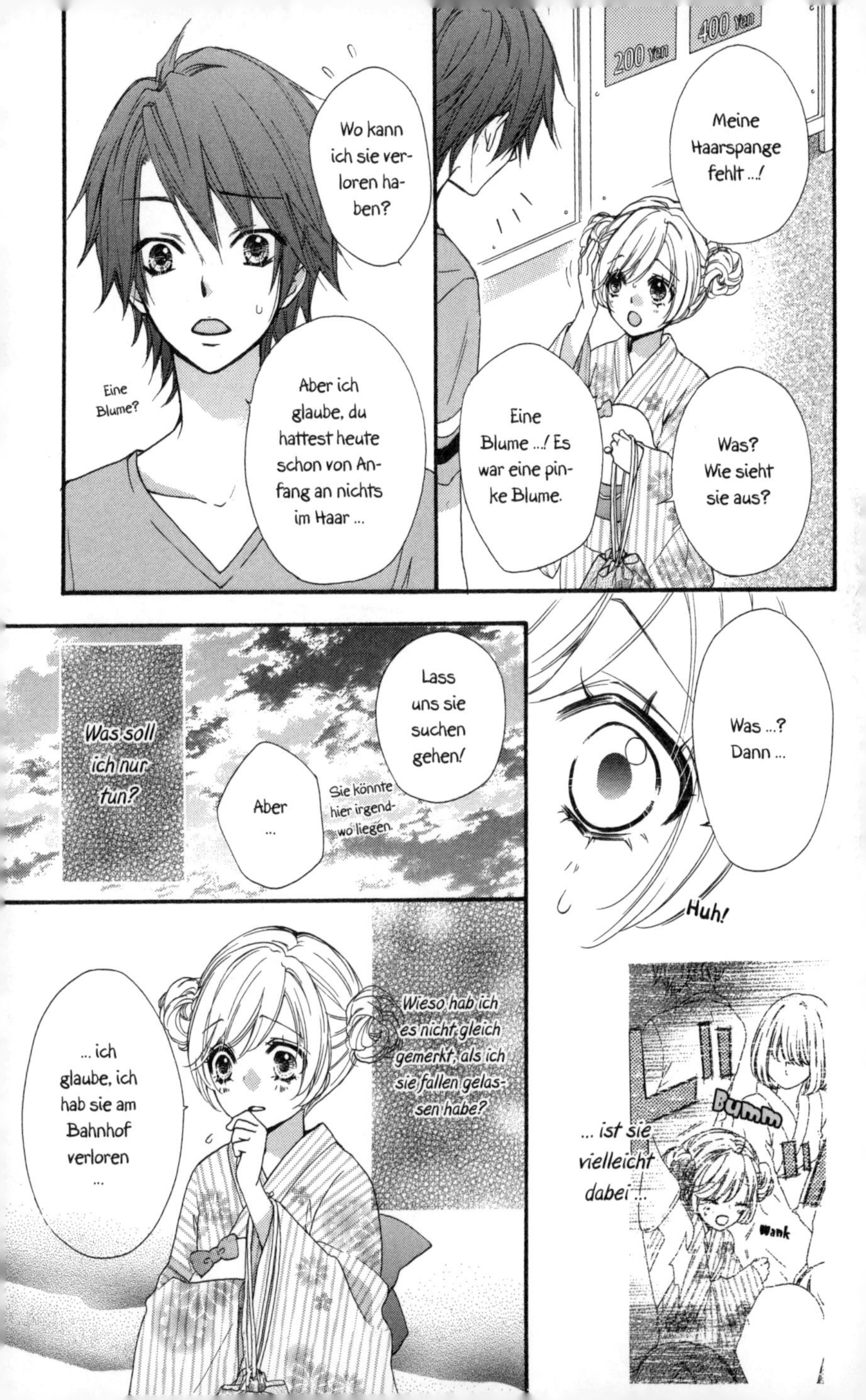
400 Yen
200 Yen
Meine Haarspange fehlt ...!
Was? Wie sieht sie aus?
Eine Blume ...! Es war eine pinke Blume.
Wo kann ich sie verloren haben?
Aber ich glaube, du hattest heute schon von Anfang an nichts im Haar ...
Eine Blume?
Was ...? Dann ...
Huh!
Lass uns sie suchen gehen!
Sie könnte hier irgendwo liegen.
Aber ...
Was soll ich nur tun?
... ist sie vielleicht dabei ...
Bumm
Wank
Wieso hab ich es nicht gleich gemerkt, als ich sie fallen gelassen habe?
... ich glaube, ich hab sie am Bahnhof verloren ...

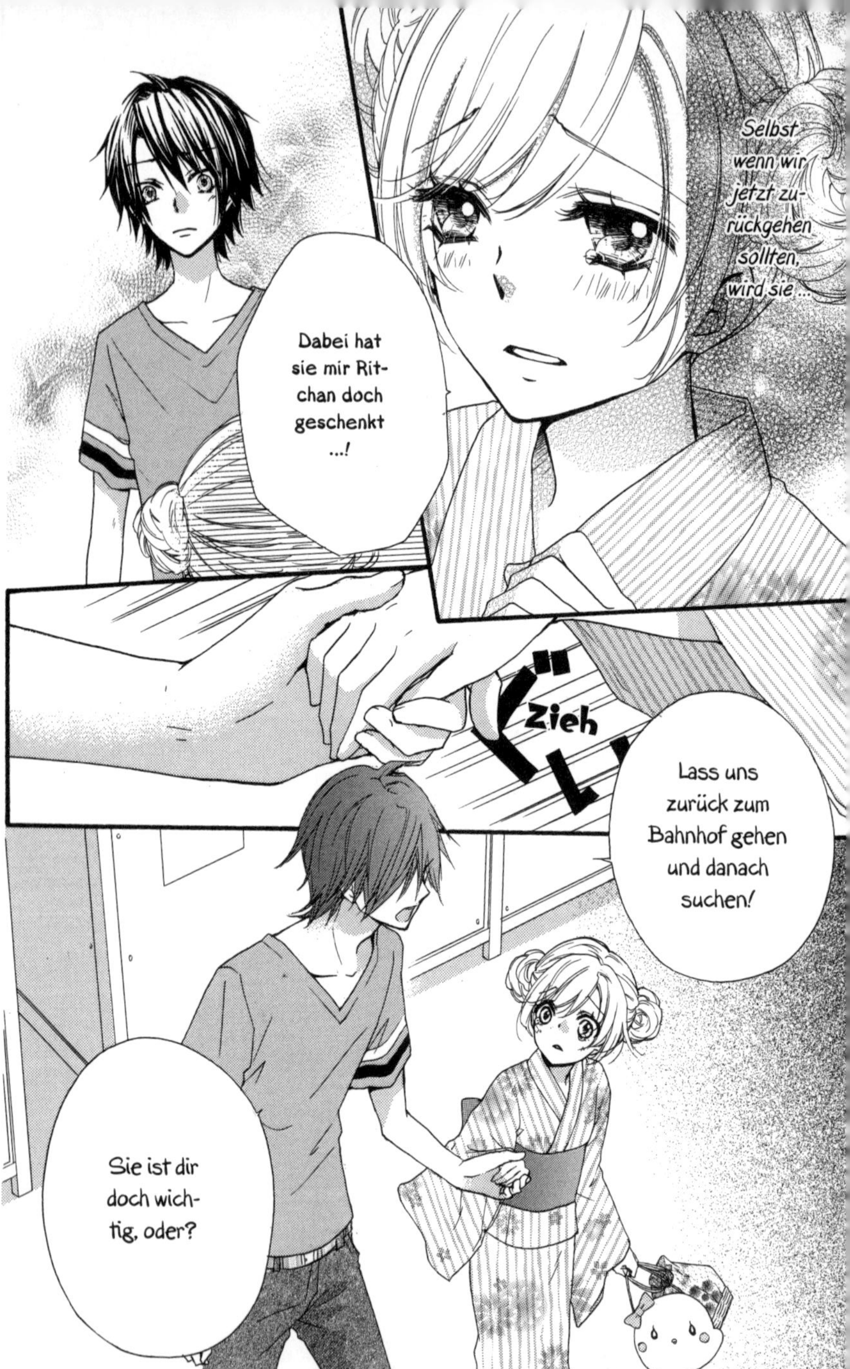
Selbst wenn wir jetzt zurückgehen sollten, wird sie ...
Dabei hat sie mir Rit-chan doch geschenkt ...!
Zieh
Lass uns zurück zum Bahnhof gehen und danach suchen!
Sie ist dir doch wichtig, oder?

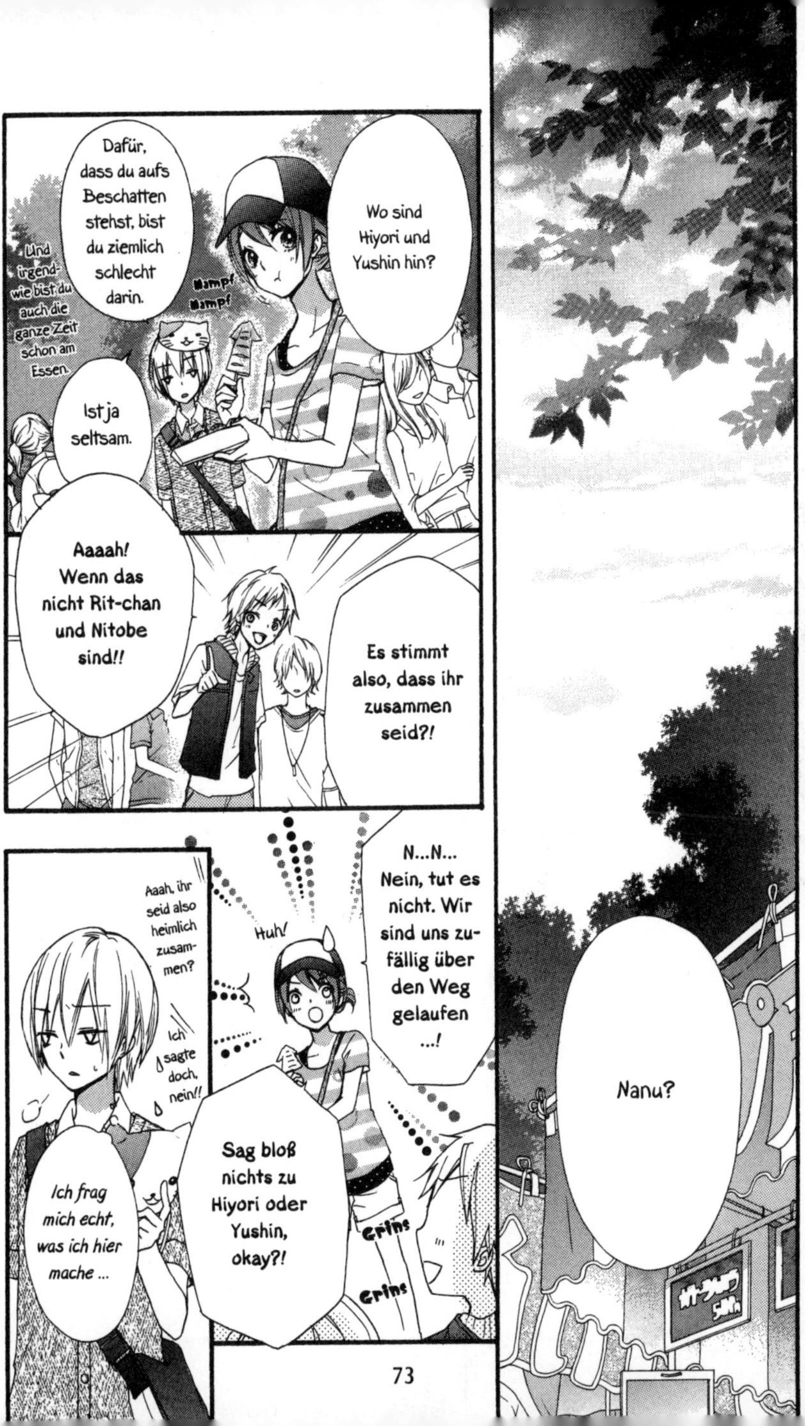

Nanu?
Wo sind Hiyori und Yushin hin?
Dafür, dass du aufs Beschatten stehst, bist du ziemlich schlecht darin.
Mampf Mampf
Und irgendwie bist du auch die ganze Zeit schon am Essen.
Ist ja seltsam.
Aaaah! Wenn das nicht Rit-chan und Nitobe sind!!
Es stimmt also, dass ihr zusammen seid?!
N...N... Nein, tut es nicht. Wir sind uns zufällig über den Weg gelaufen ...!
Huh!
Aaah, ihr seid also heimlich zusammen?
Ich sagte doch, nein!!
Sag bloß nichts zu Hiyori oder Yushin, okay?!
Grins
Grins
Ich frag mich echt, was ich hier mache ...

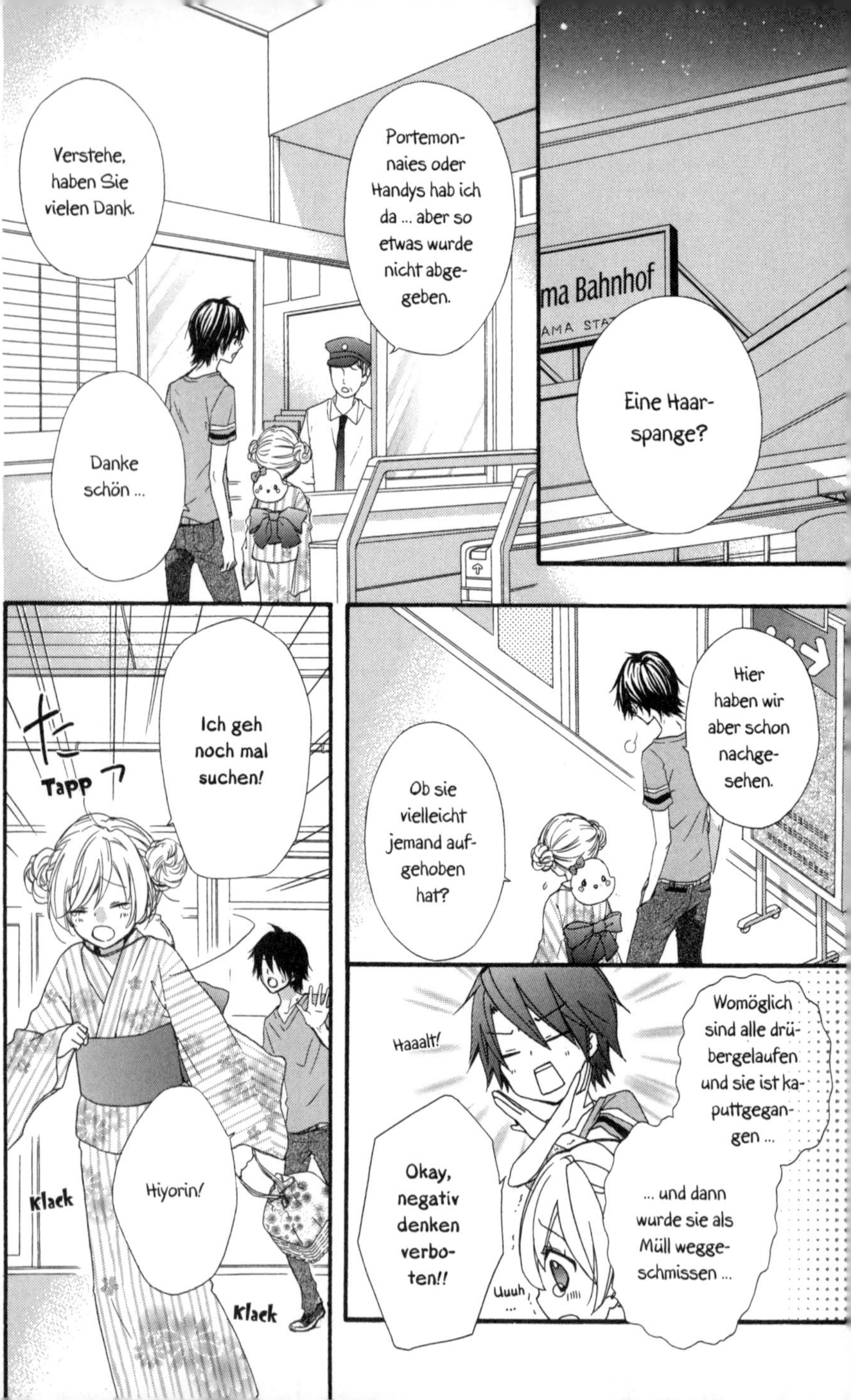
ma Bahnhof
Eine Haar-spange?
Portemon-naies oder Handys hab ich da ... aber so etwas wurde nicht abge-geben.
Verstehe, haben Sie vielen Dank.
Danke schön ...
Hier haben wir aber schon nachge-sehen.
Ob sie vielleicht jemand auf-gehoben hat?
Ich geh noch mal suchen!
Tapp
Hiyorin!
Klack
Klack
Womöglich sind alle drü-bergelaufen und sie ist ka-puttgegan-gen ...
... und dann wurde sie als Müll wegge-schmissen ...
Haaalt!
Okay, negativ denken verbo-ten!!
Uuuh ...

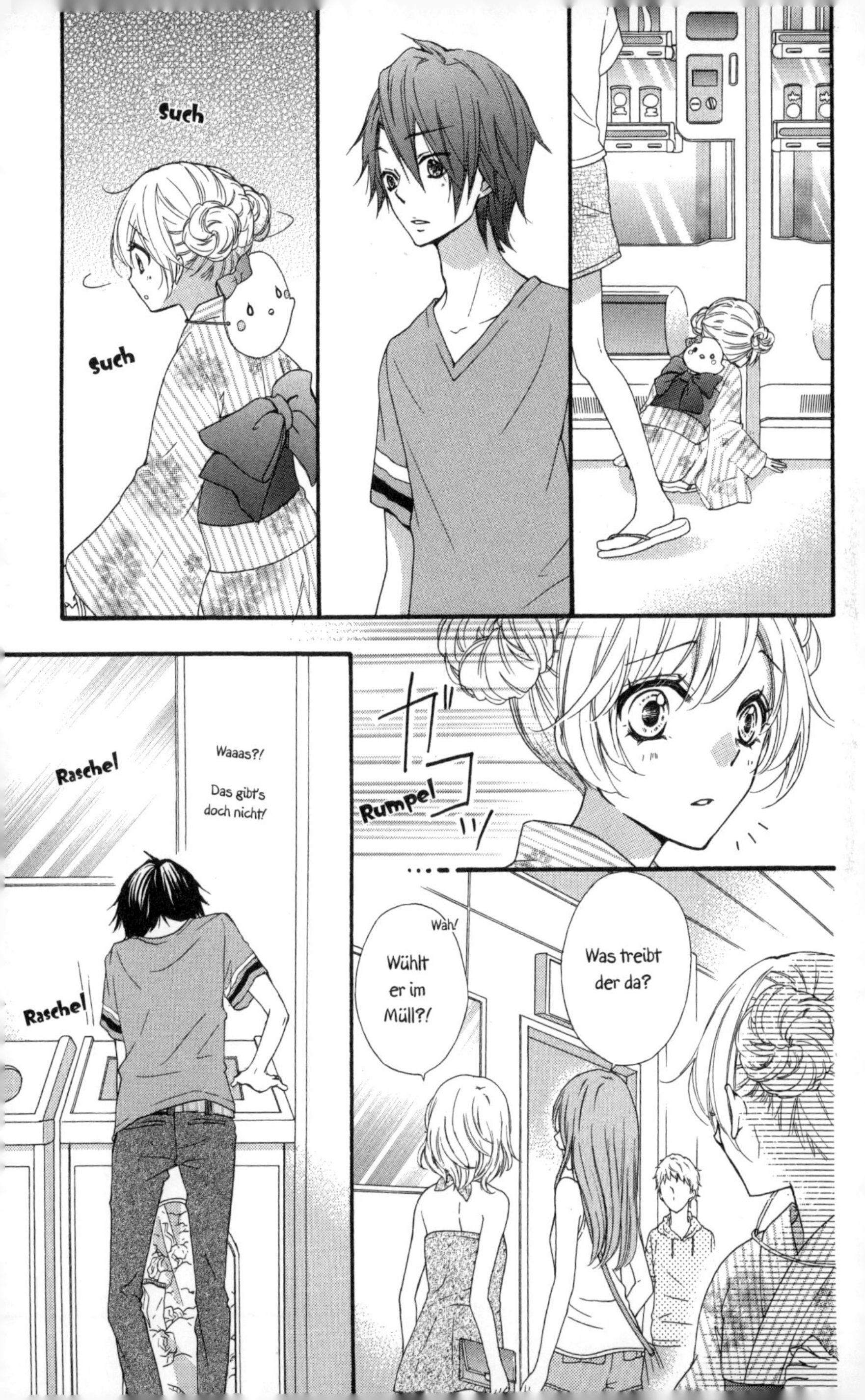
Such
Such
Rumpel
...
Was treibt der da?
Wah!
Wühlt er im Müll?!
Raschel
Waaas?!
Das gibt's doch nicht!
Raschel

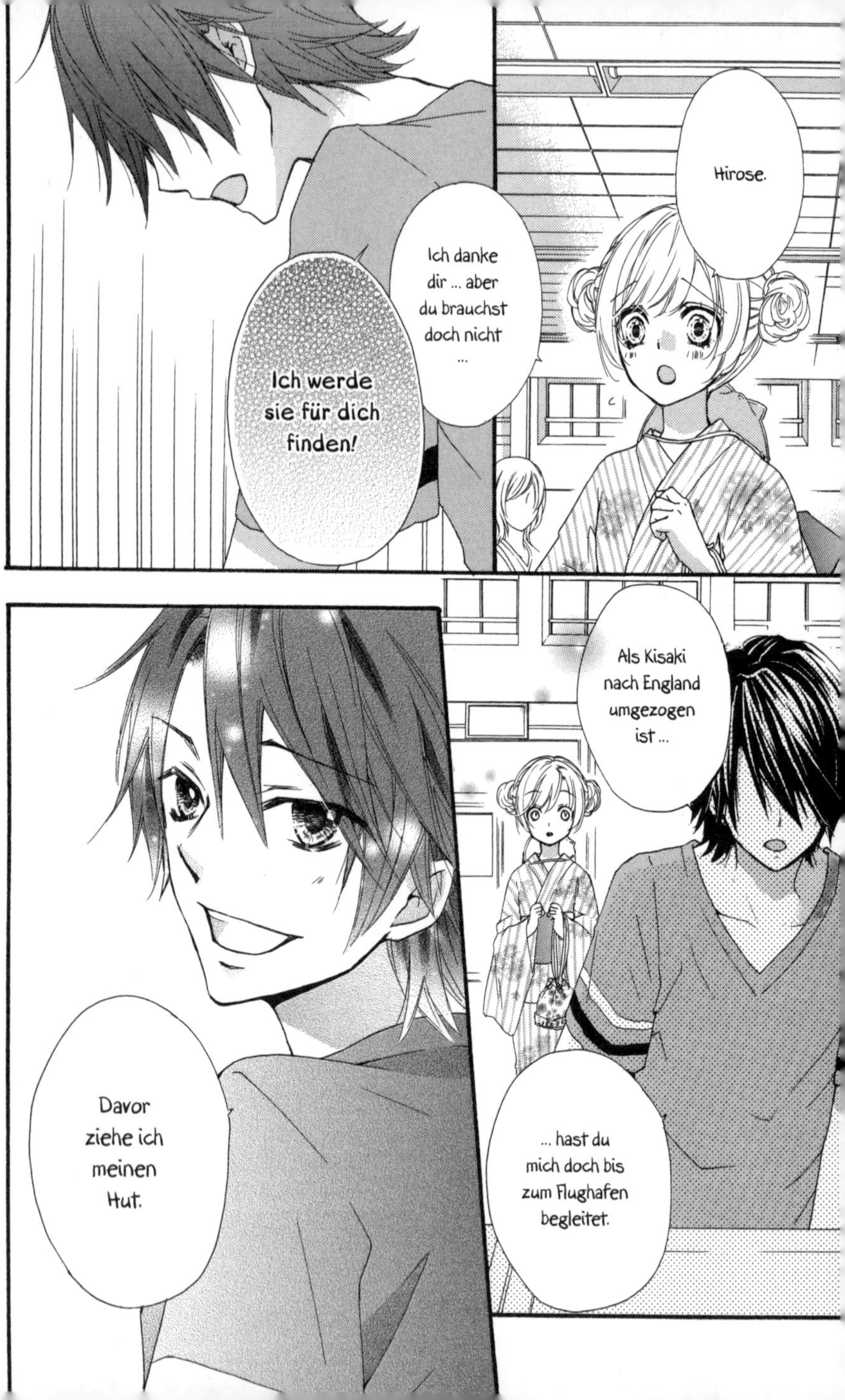
Hirose.
Ich danke dir ... aber du brauchst doch nicht ...
Ich werde sie für dich finden!
Als Kisaki nach England umgezogen ist ...
... hast du mich doch bis zum Flughafen begleitet.
Davor ziehe ich meinen Hut.

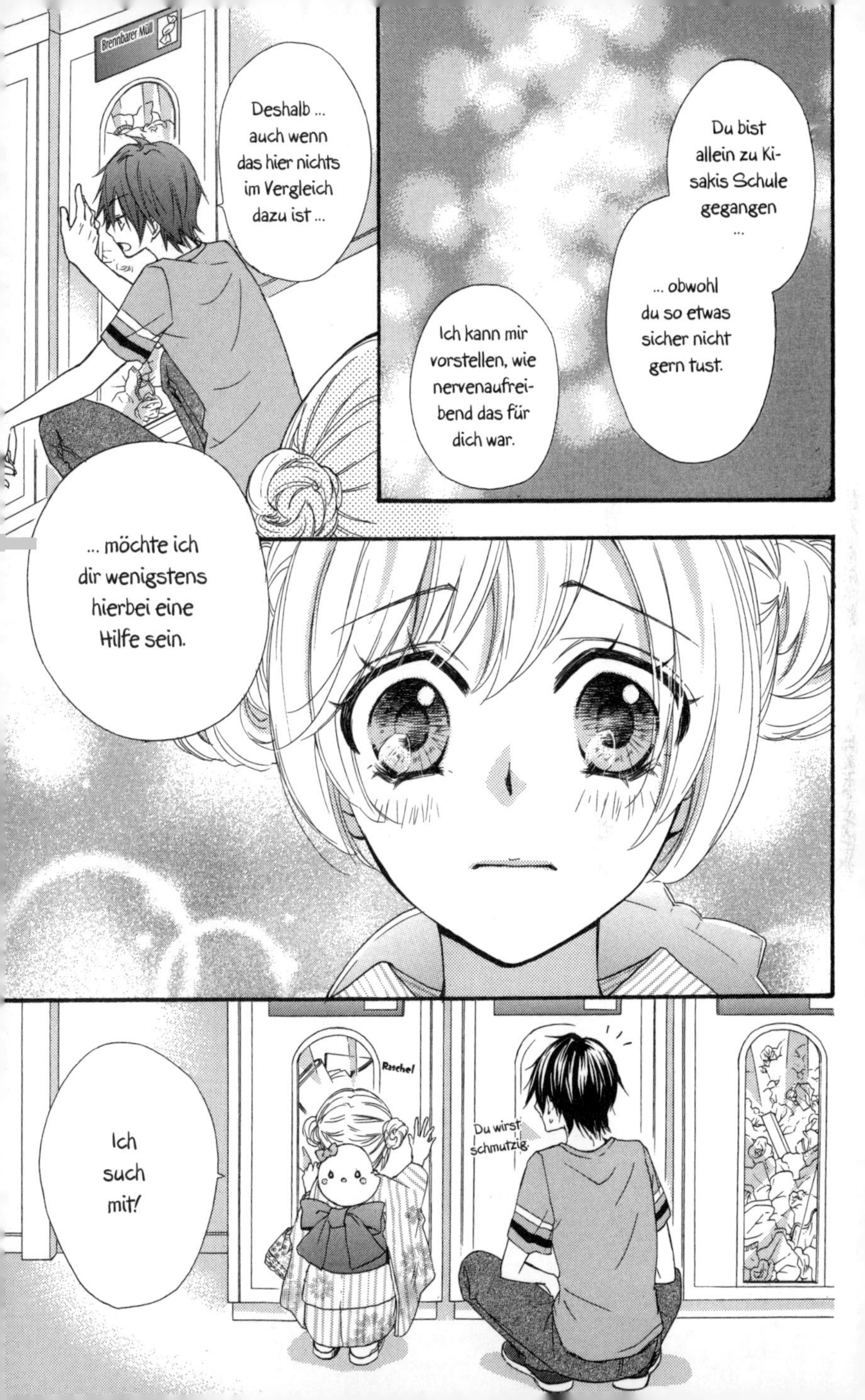
Brennbarer Müll
Du bist allein zu Kisakis Schule gegangen ...
... obwohl du so etwas sicher nicht gern tust.
Ich kann mir vorstellen, wie nervenaufreibend das für dich war.
Deshalb ... auch wenn das hier nichts im Vergleich dazu ist ...
... möchte ich dir wenigstens hierbei eine Hilfe sein.
Du wirst schmutzig.
Raschel
Ich such mit!

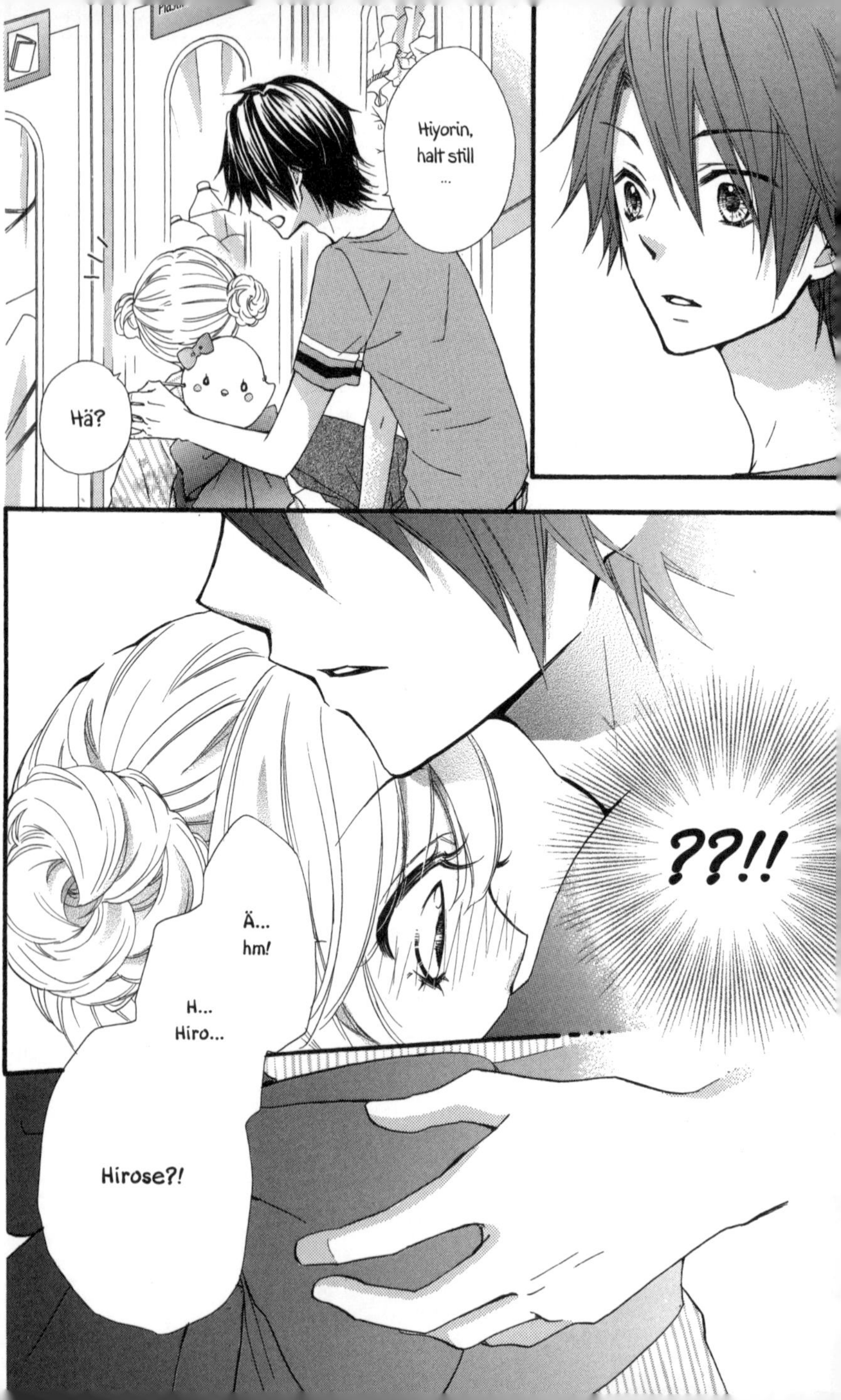
Hiyorin, halt still ...
Hä?
??!!
Ä... hm!
H... Hiro...
Hirose?!

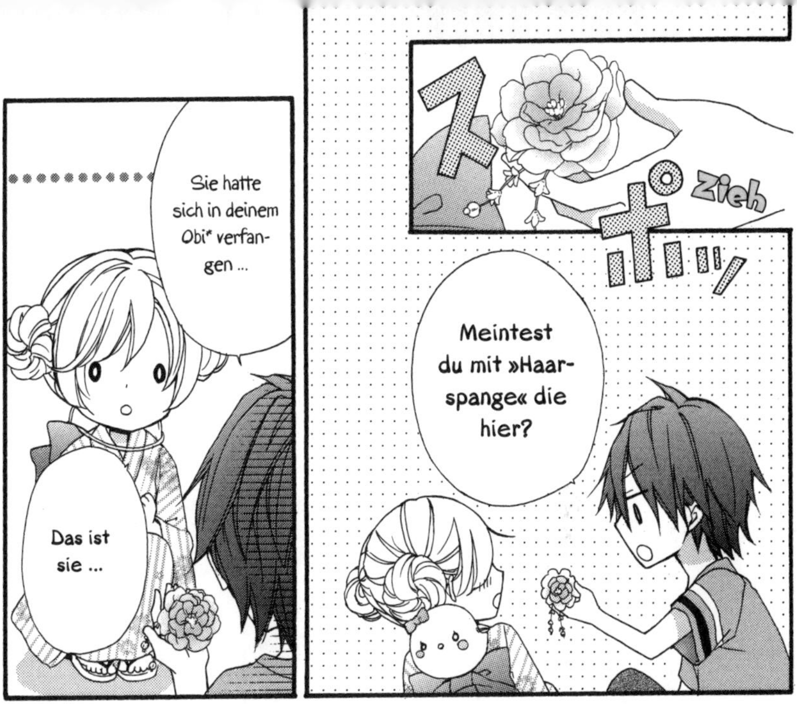

*Kimonogürtel

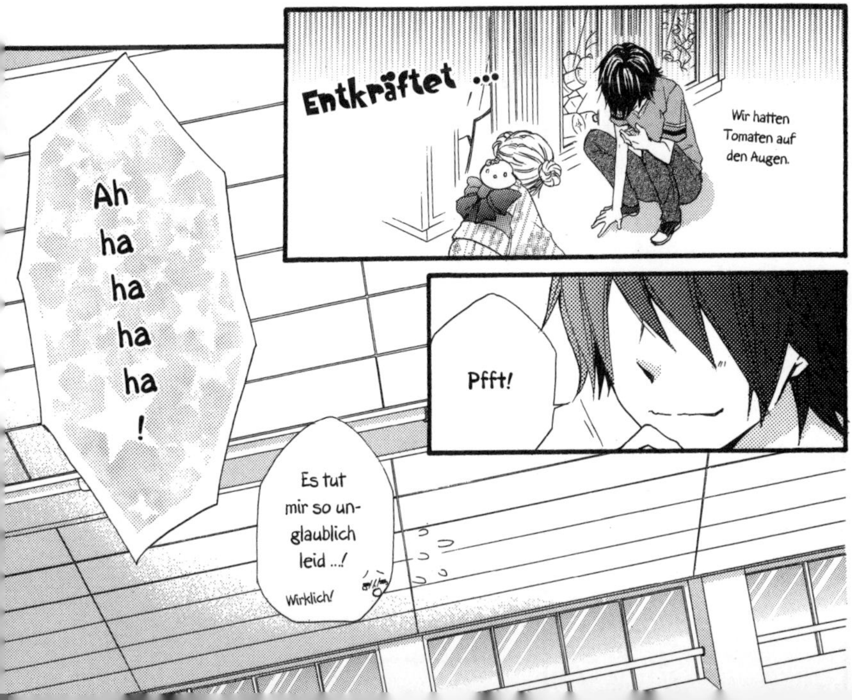

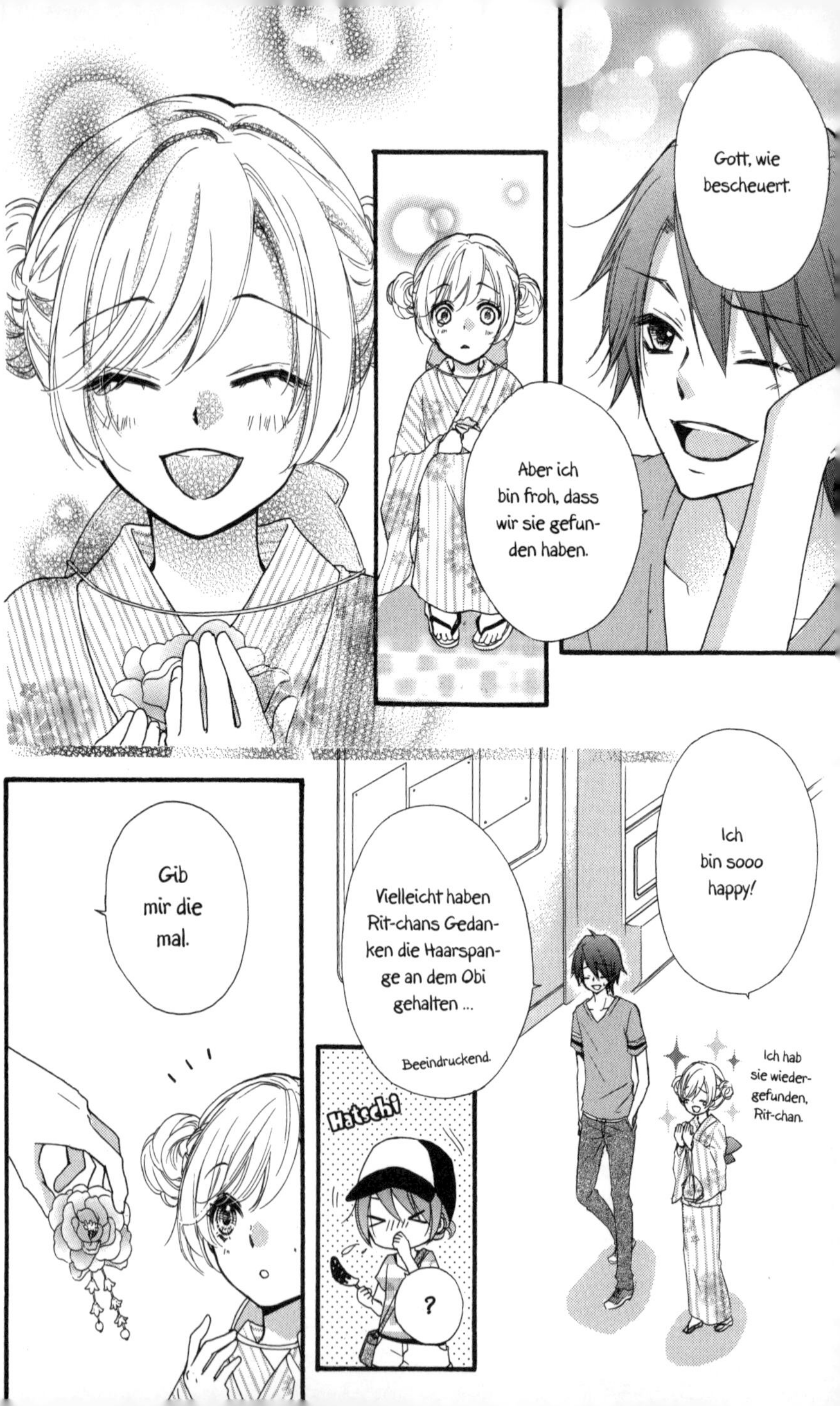
Gott, wie bescheuert.
Aber ich bin froh, dass wir sie gefunden haben.
Ich bin sooo happy!
Ich hab sie wiedergefunden, Rit-chan.
Vielleicht haben Rit-chans Gedanken die Haarspange an dem Obi gehalten ...
Beeindruckend.
Hatschi
?
Gib mir die mal.

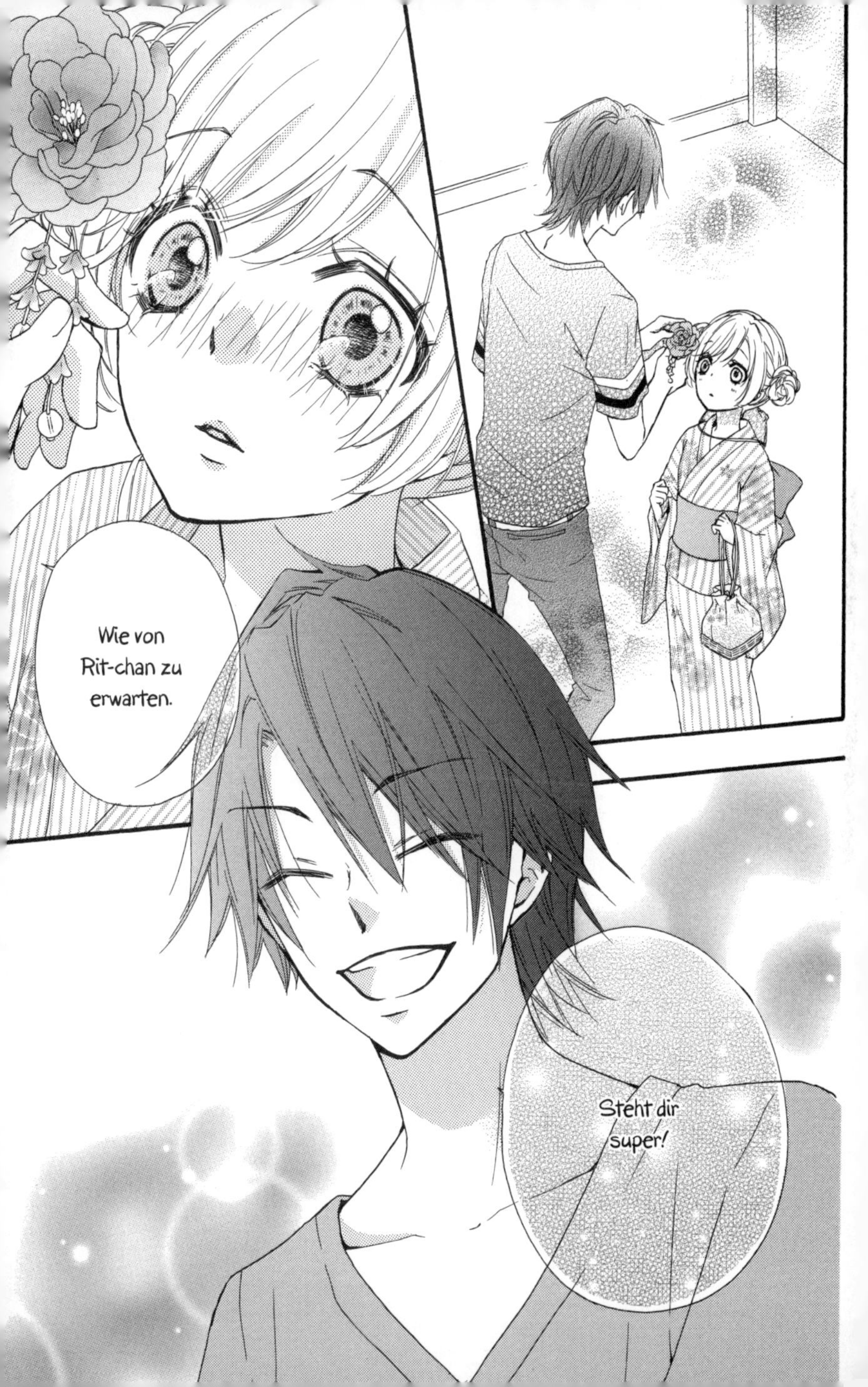
Wie von Rit-chan zu erwarten.
Steht dir super!

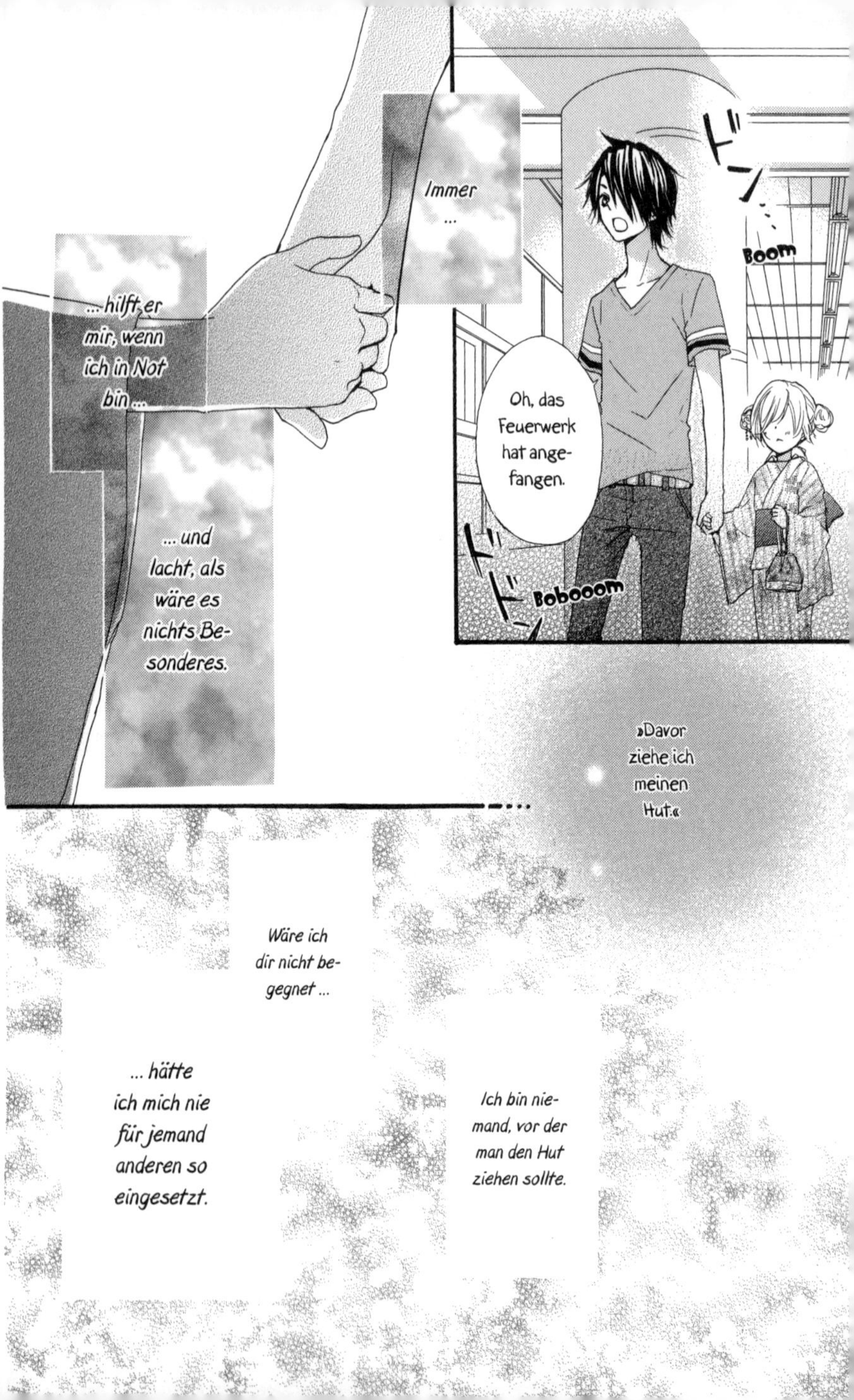
Boom
Oh, das Feuerwerk hat angefangen.
Boboom
Immer ...
... hilft er mir, wenn ich in Not bin ...
... und lacht, als wäre es nichts Besonderes.
»Davor ziehe ich meinen Hut.«
Wäre ich dir nicht begegnet ...
... hätte ich mich nie für jemand anderen so eingesetzt.
Ich bin niemand, vor der man den Hut ziehen sollte.

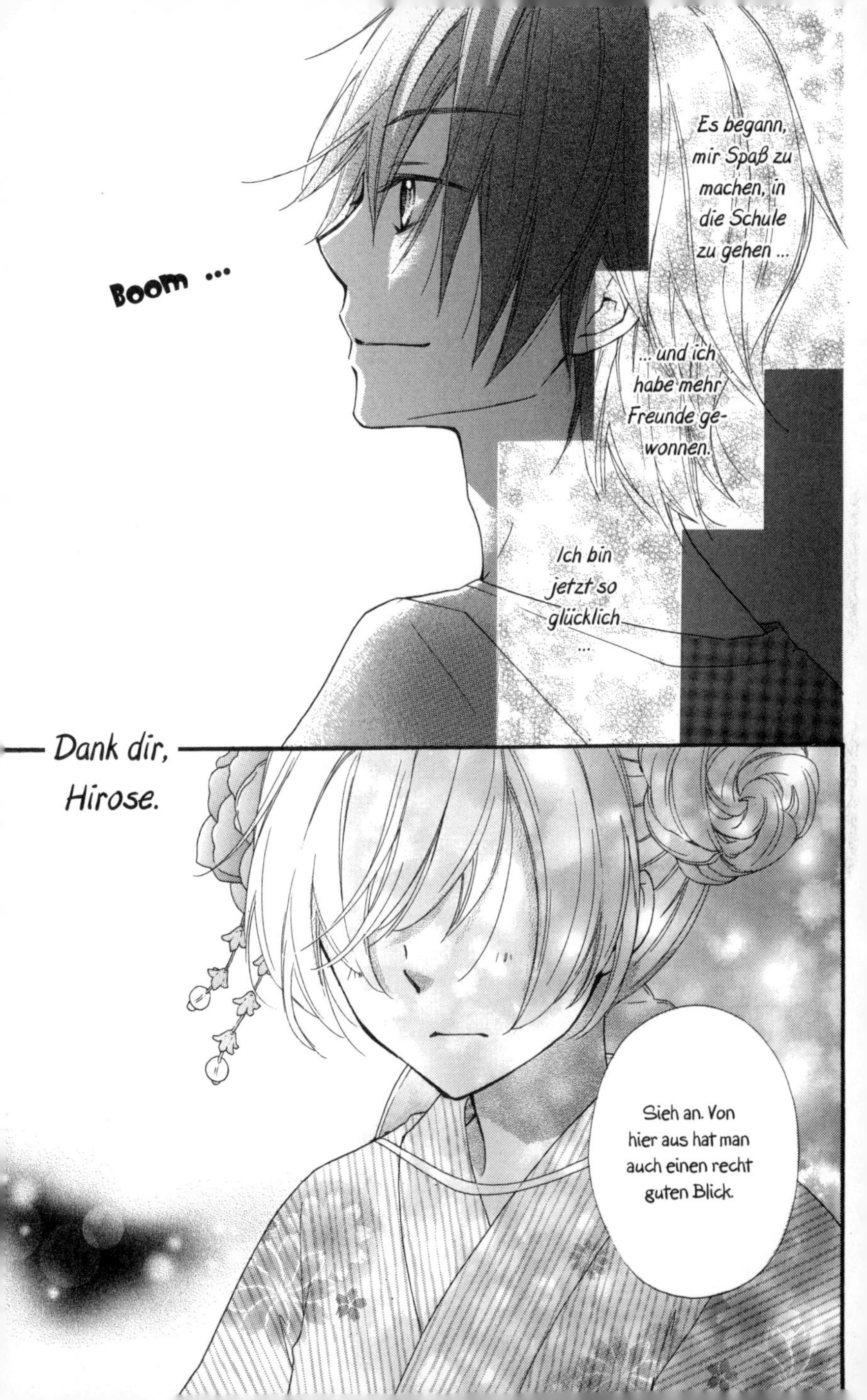
Es begann, mir Spaß zu machen, in die Schule zu gehen ...
Boom ...
... und ich habe mehr Freunde gewonnen.
Ich bin jetzt so glücklich ...
— Dank dir, Hirose.
Sieh an. Von hier aus hat man auch einen recht guten Blick.

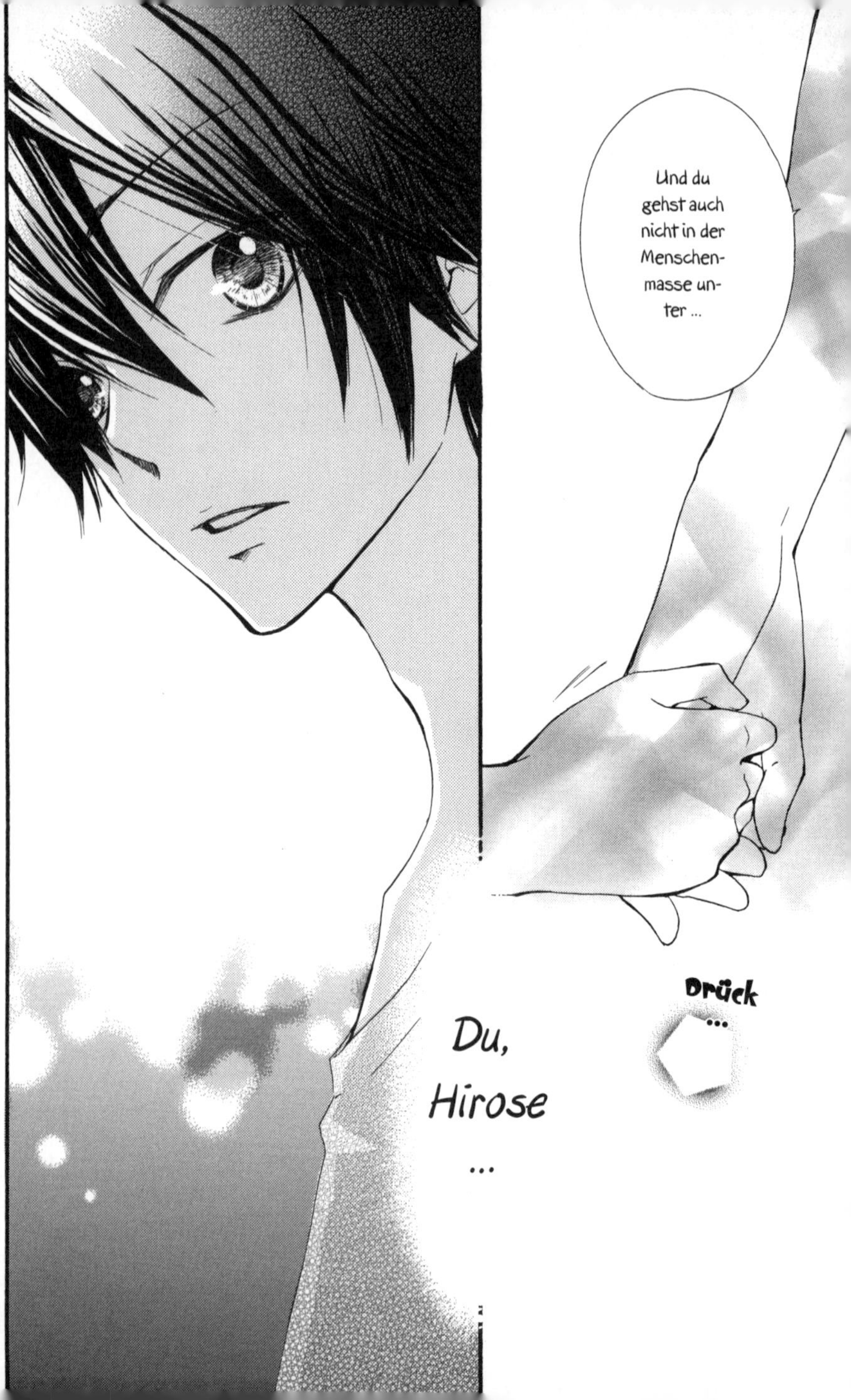
Und du gehst auch nicht in der Menschen-masse unter ...
Drück ...
Du, Hirose ...

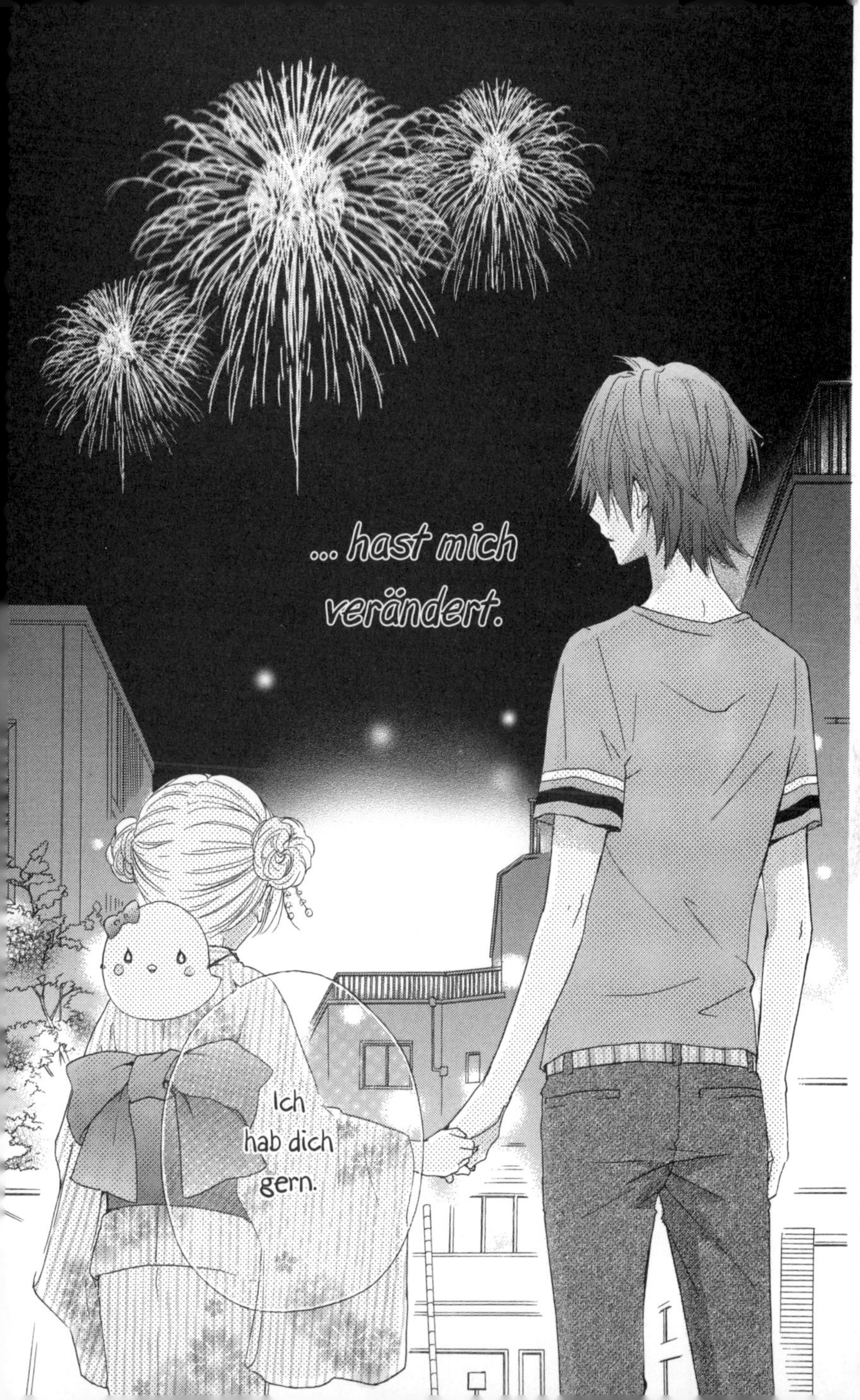
... hast mich verändert.
Ich hab dich gern.

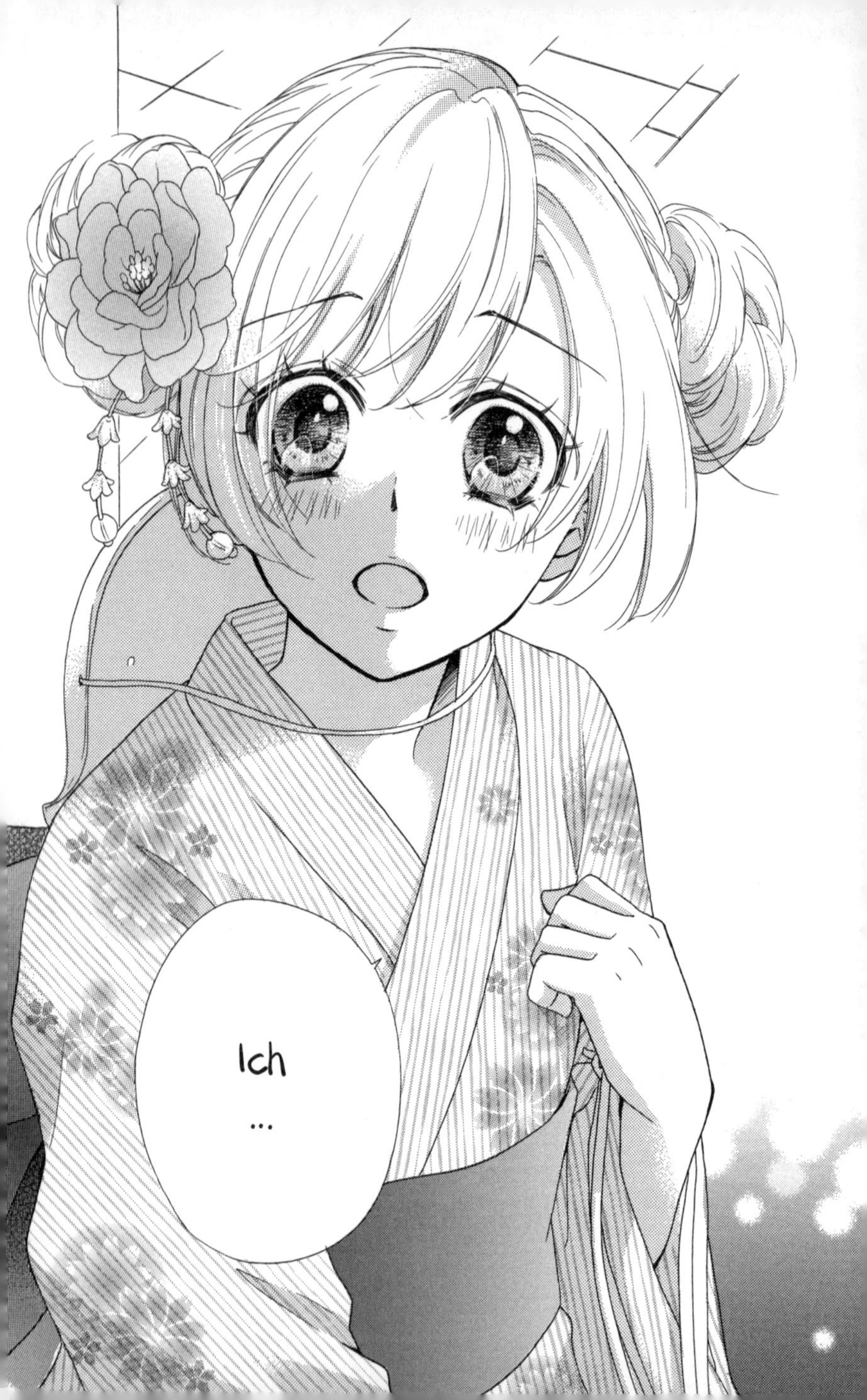
Ich
...

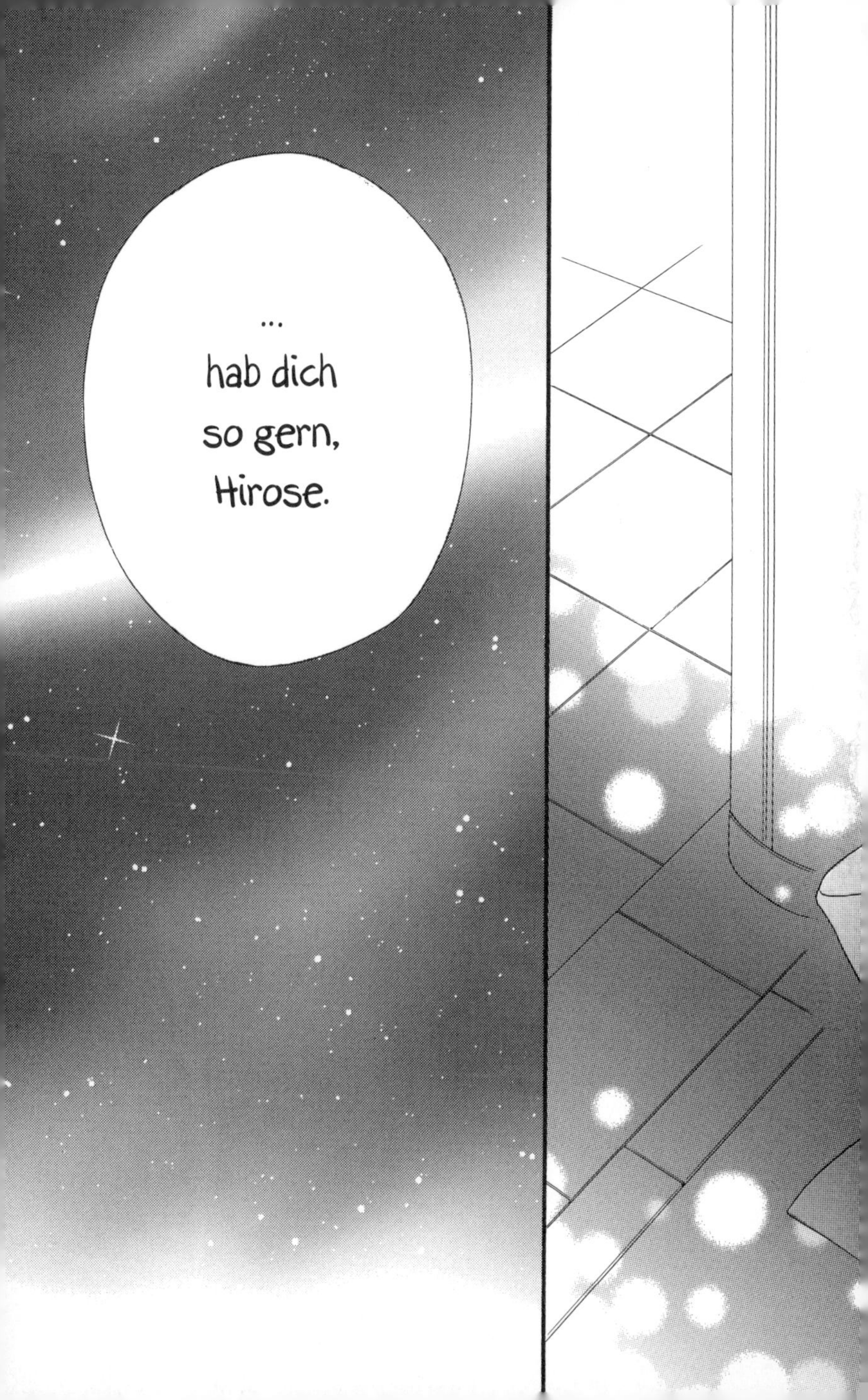
... hab dich so gern, Hirose.

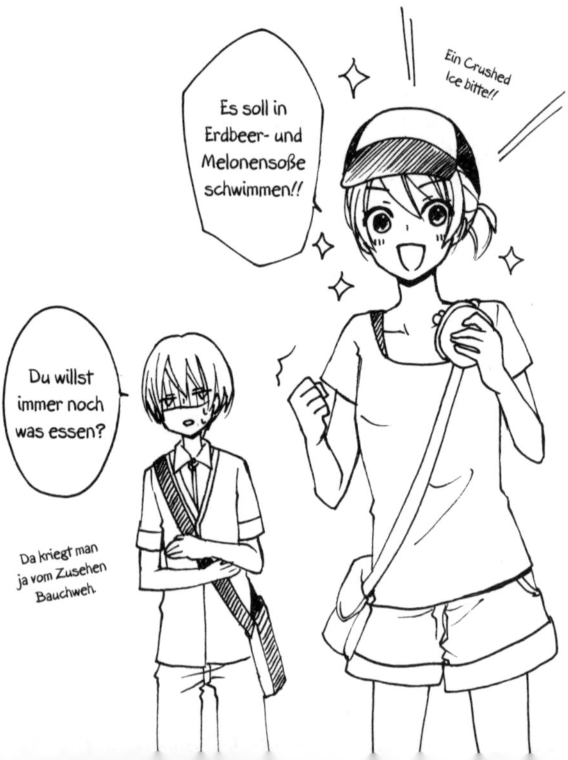
Ein Crushed Ice bitte!!
Es soll in Erdbeer- und Melonensoße schwimmen!!
Du willst immer noch was essen?
Da kriegt man ja vom Zusehen Bauchweh.

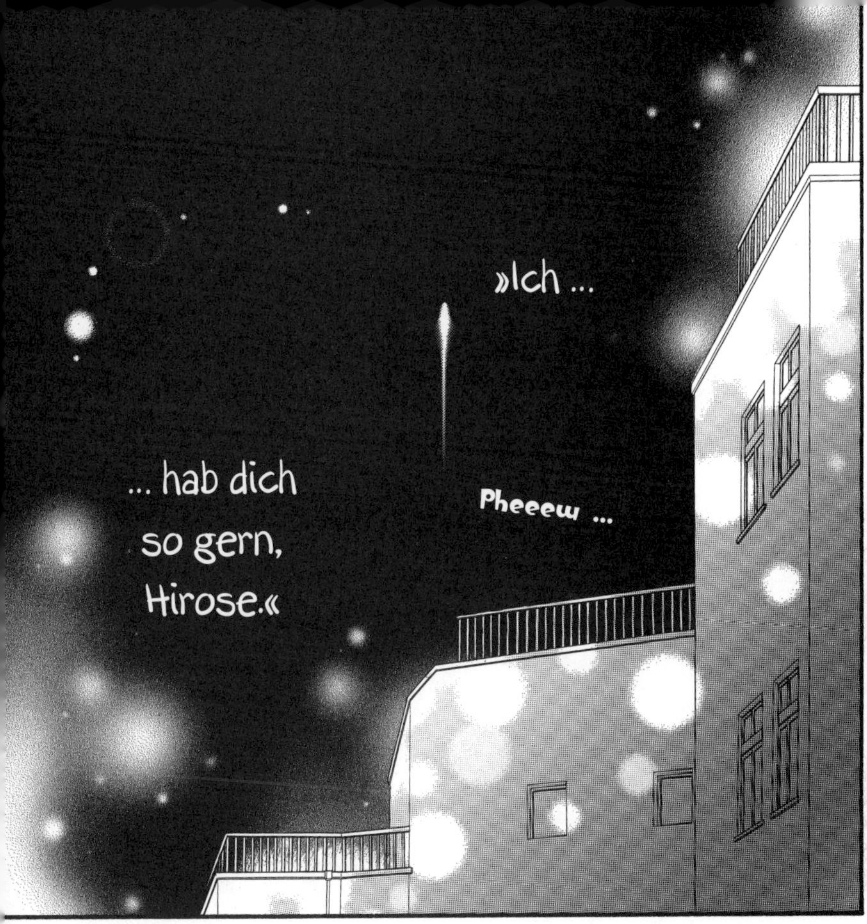

Hiyokoi

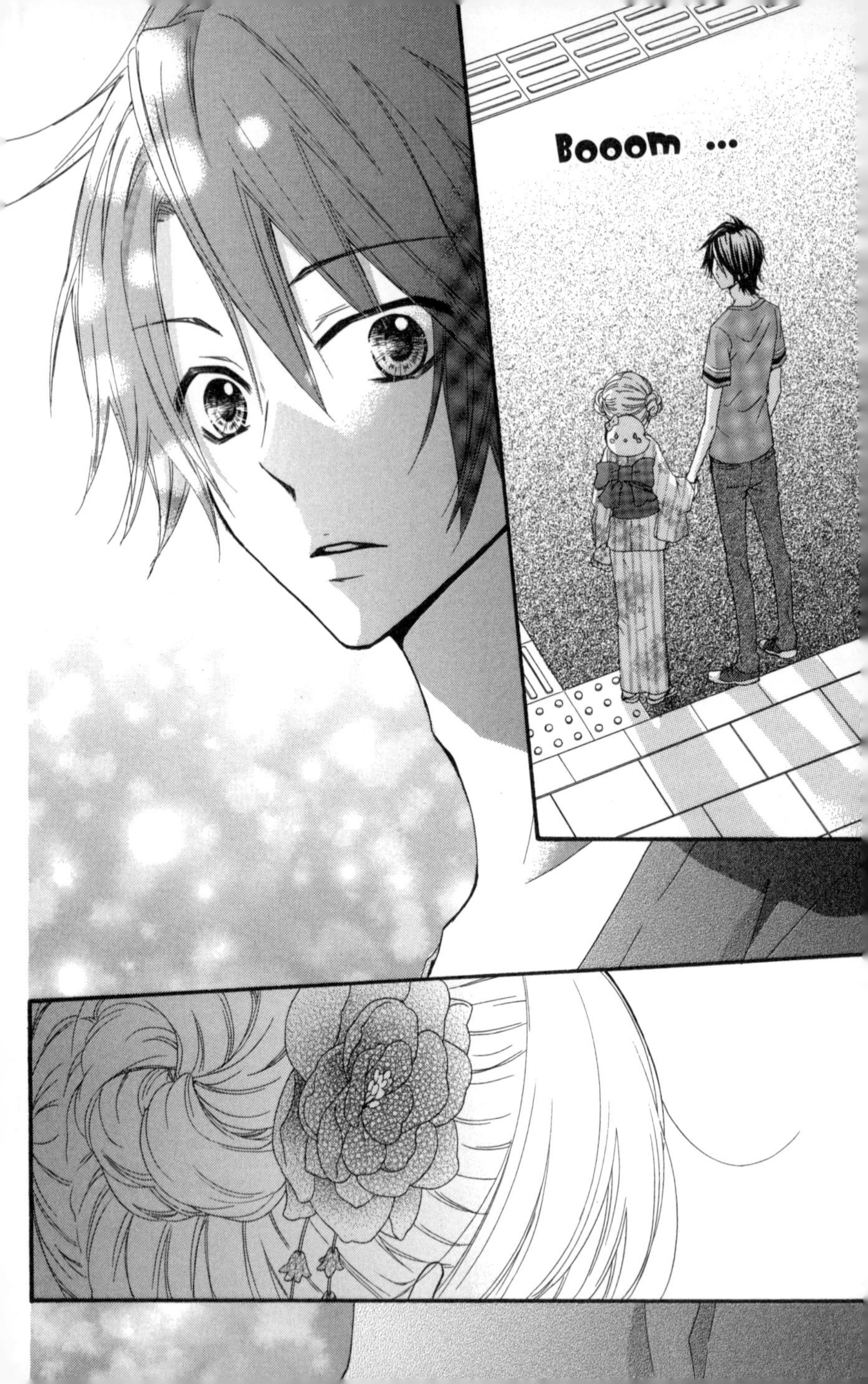
Booom ...

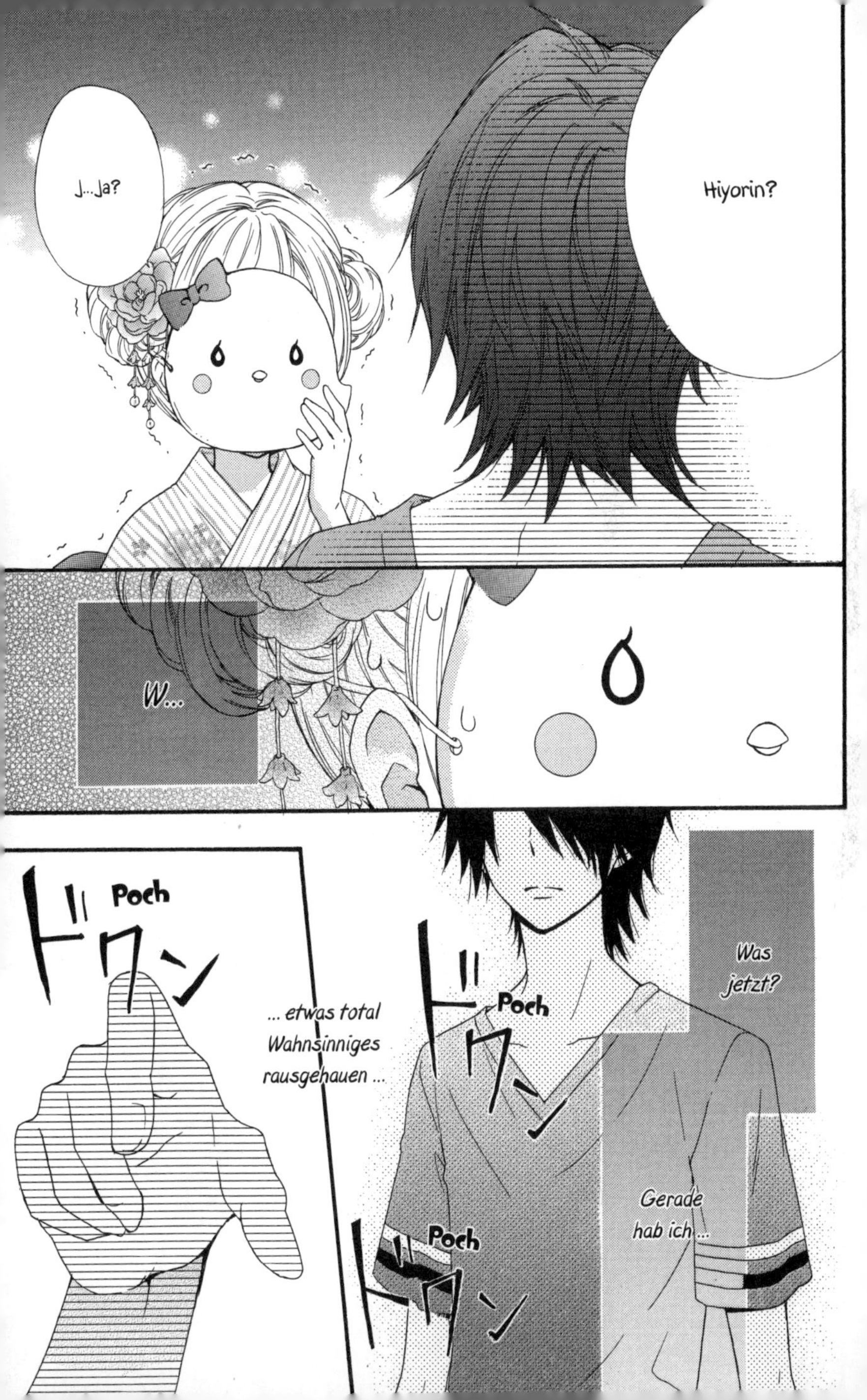
Hiyorin?
J...Ja?
W...
Was jetzt?
Gerade hab ich ...
... etwas total Wahnsinniges rausgehauen ...
ドクン
Poch
ドクン
Poch
ドクン
Poch

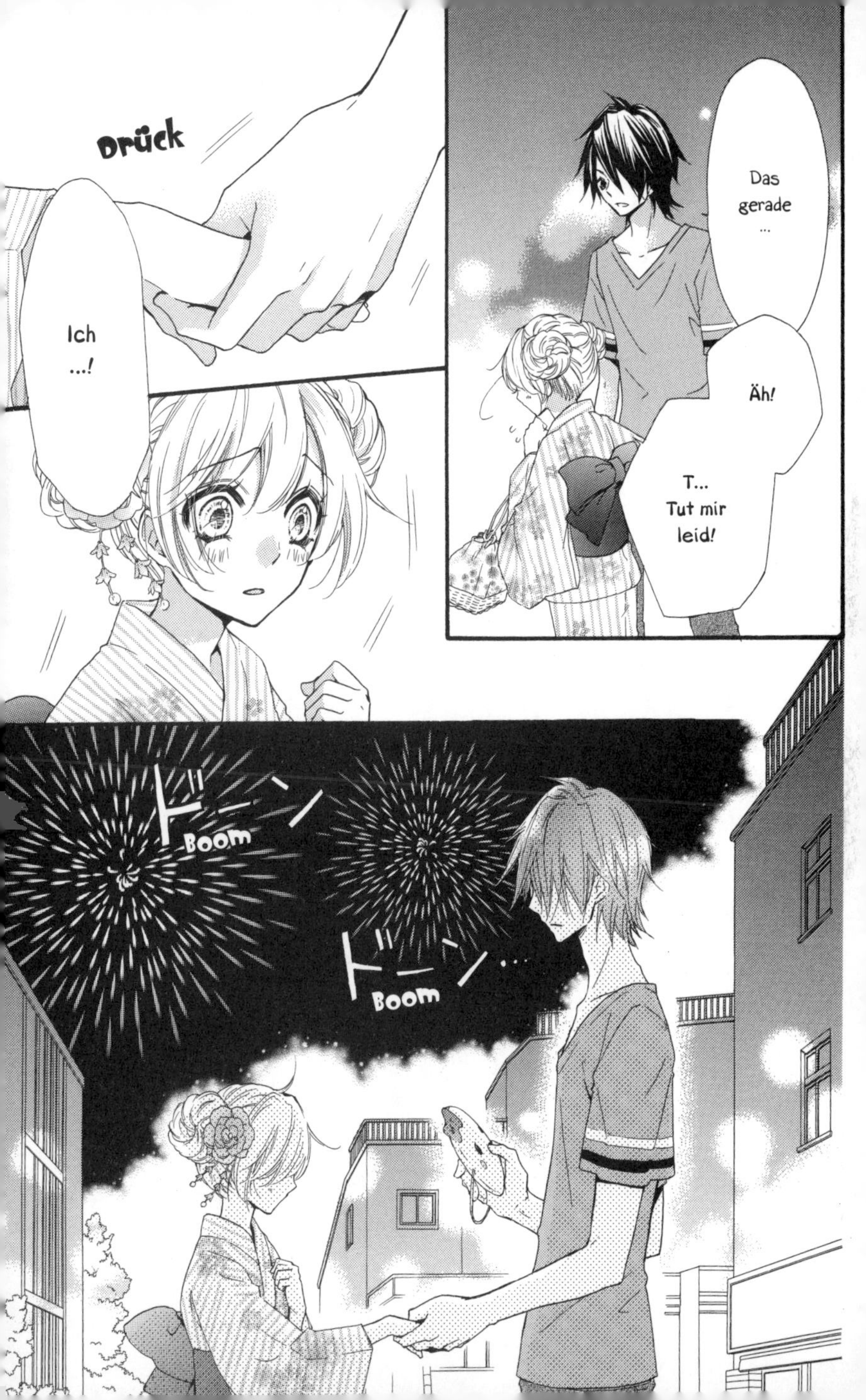
Das gerade ...
Äh!
T... Tut mir leid!
Drück
Ich ...!
ドーン
Boom
ドーン…
Boom

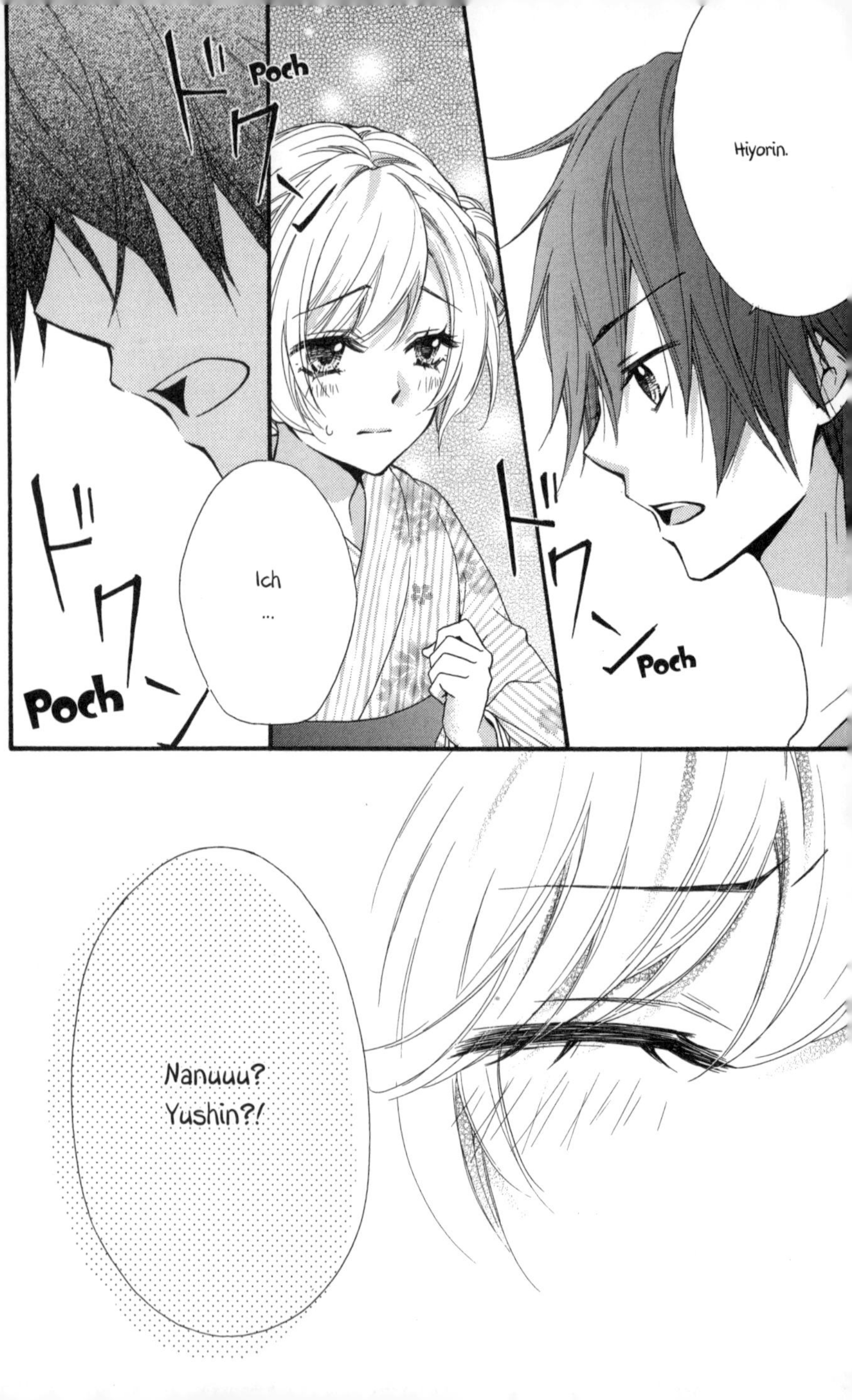
Hiyorin.
Poch
Poch
Ich
...
Poch
Nanuuu?
Yushin?!

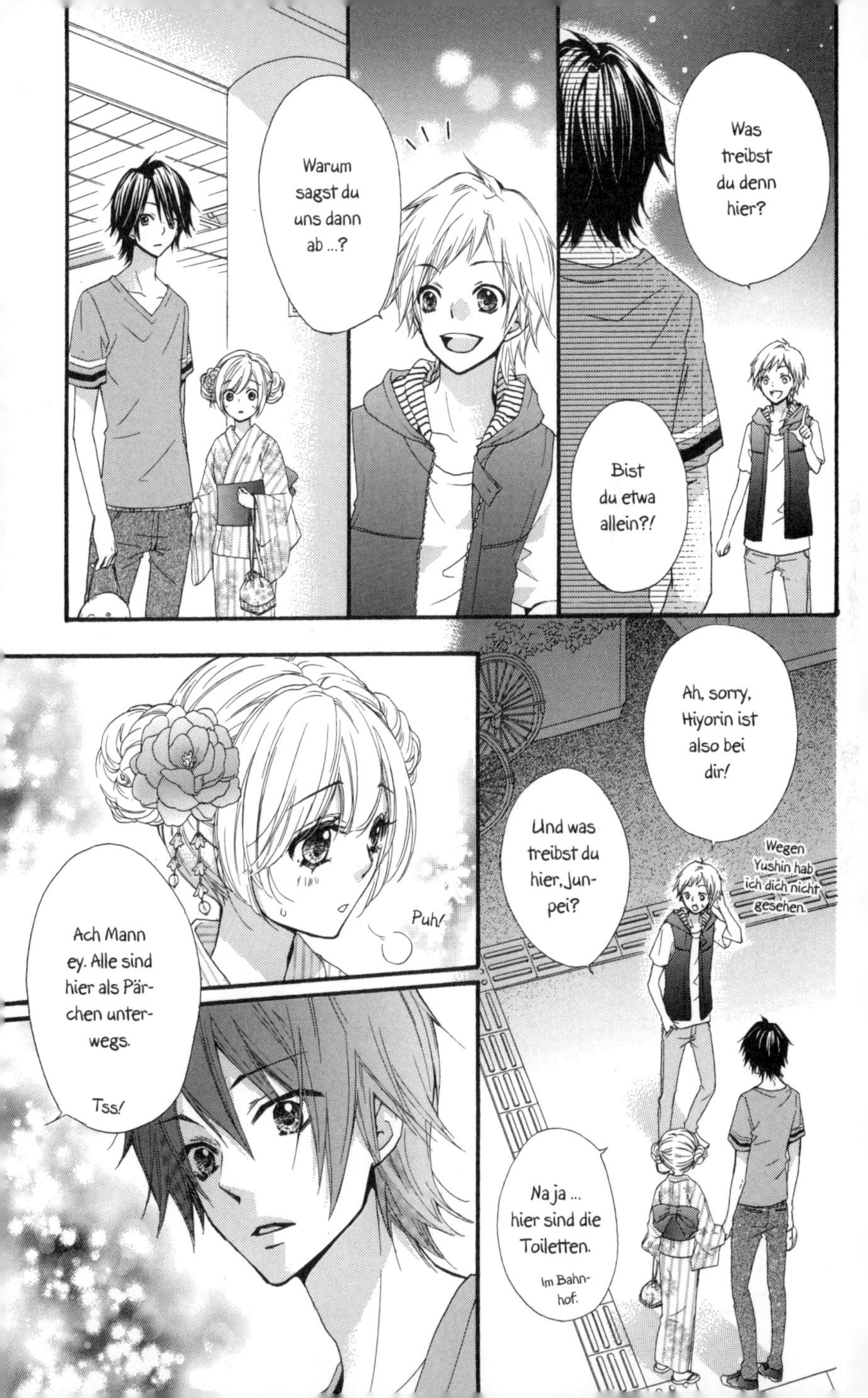
Was treibst du denn hier?
Bist du etwa allein?!
Warum sagst du uns dann ab ...?
Ah, sorry, Hiyorin ist also bei dir!
Wegen Yushin hab ich dich nicht gesehen.
Und was treibst du hier, Junpei?
Na ja ... hier sind die Toiletten.
Im Bahnhof.
Puh!
Ach Mann ey. Alle sind hier als Pärchen unterwegs.
Tss!

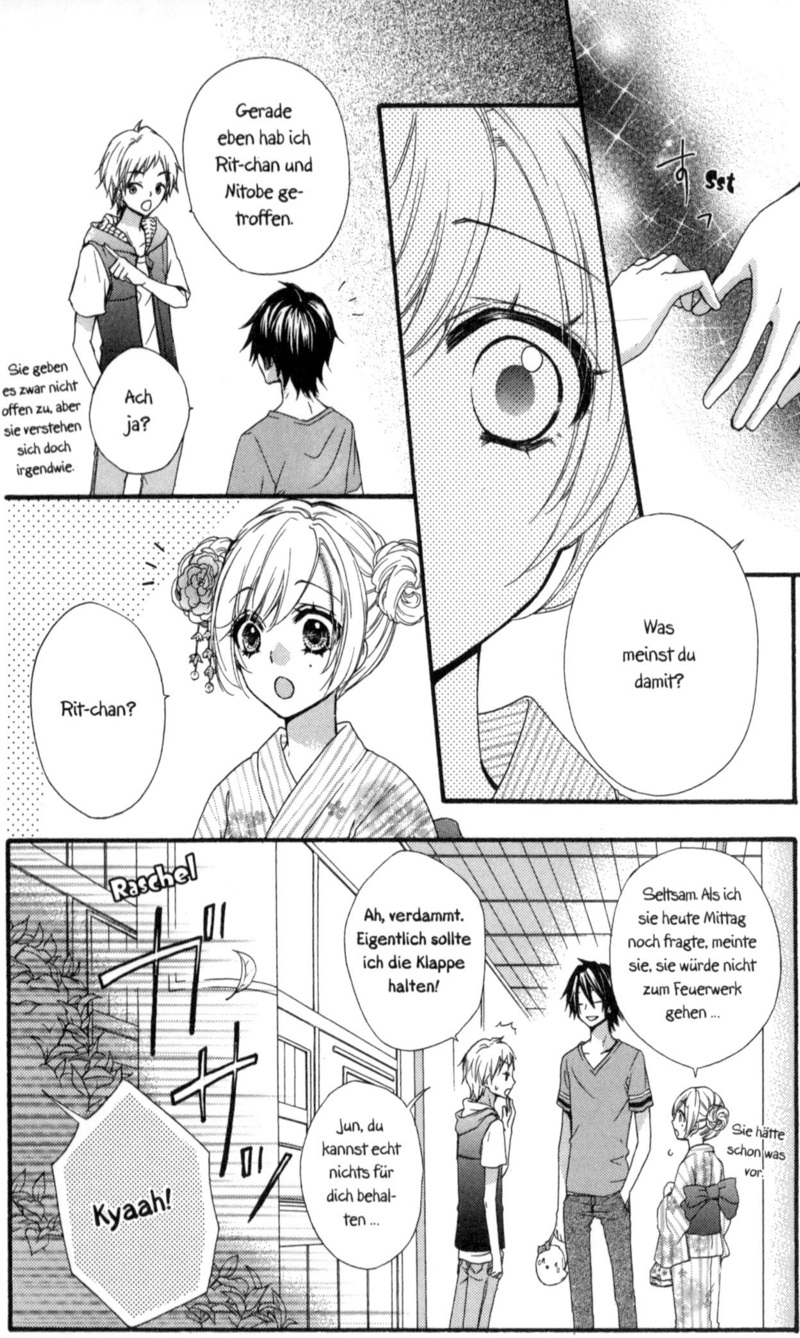
Sst
Gerade eben hab ich Rit-chan und Nitobe getroffen.
Ach ja?
Sie geben es zwar nicht offen zu, aber sie verstehen sich doch irgendwie.
Was meinst du damit?
Rit-chan?
Seltsam. Als ich sie heute Mittag noch fragte, meinte sie, sie würde nicht zum Feuerwerk gehen ...
Sie hätte schon was vor.
Ah, verdammt. Eigentlich sollte ich die Klappe halten!
Jun, du kannst echt nichts für dich behalten ...
Raschel
Kyaah!

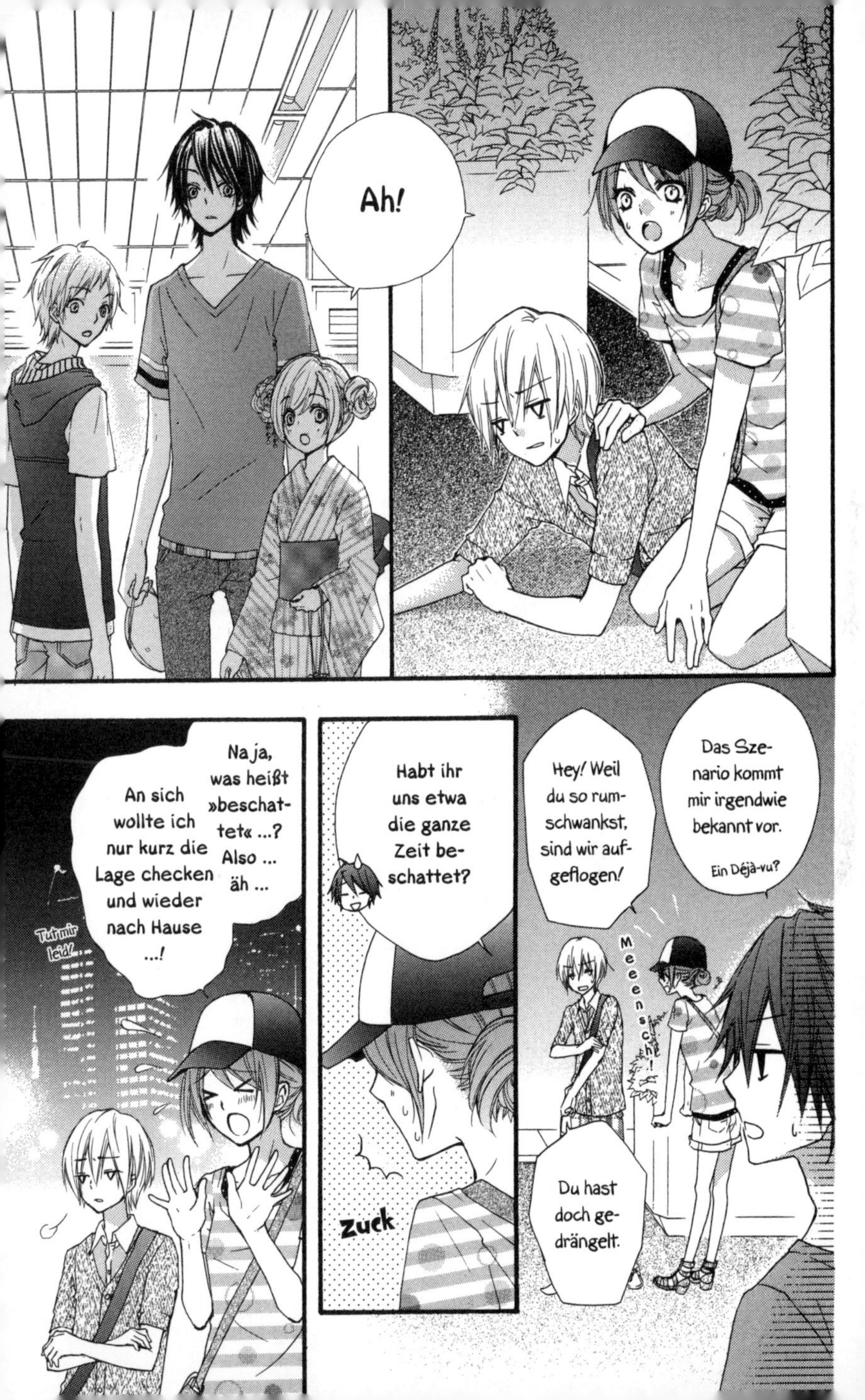
Ah!
Das Sze-nario kommt mir irgendwie bekannt vor.
Ein Déjà-vu?
Hey! Weil du so rum-schwankst, sind wir auf-geflogen!
Meeensch!
Du hast doch ge-drängelt.
Habt ihr uns etwa die ganze Zeit be-schattet?
Zuck
Na ja, was heißt »beschat-tet« ...? Also ... äh ...
An sich wollte ich nur kurz die Lage checken und wieder nach Hause ...!
Tut mir leid!

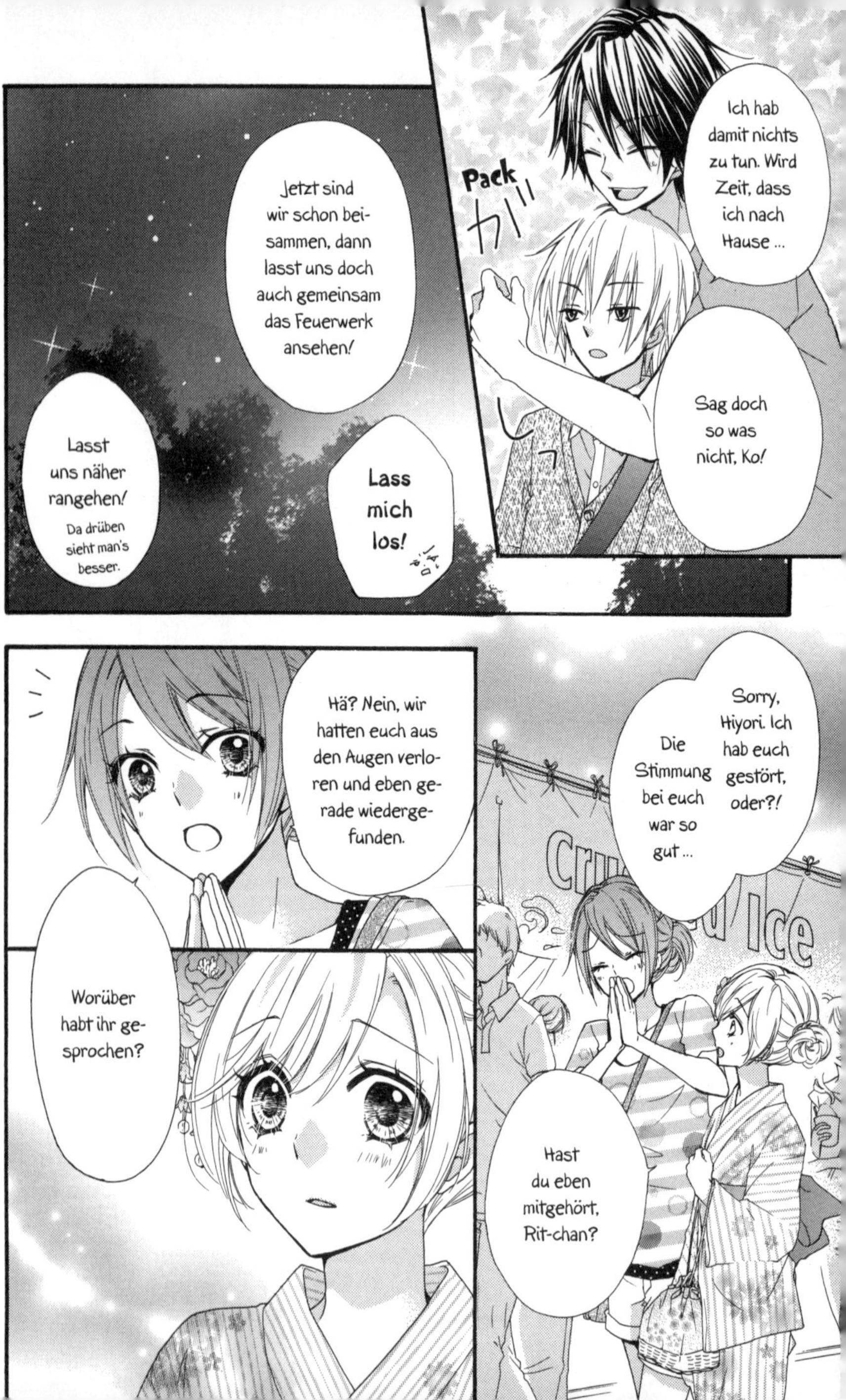
Pack
Ich hab damit nichts zu tun. Wird Zeit, dass ich nach Hause ...
Sag doch so was nicht, Ko!
Jetzt sind wir schon beisammen, dann lasst uns doch auch gemeinsam das Feuerwerk ansehen!
Lass mich los!
Lasst uns näher rangehen!
Da drüben sieht man's besser.
Sorry, Hiyori. Ich hab euch gestört, oder?!
Die Stimmung bei euch war so gut ...
Hä? Nein, wir hatten euch aus den Augen verloren und eben gerade wiedergefunden.
Hast du eben mitgehört, Rit-chan?
Worüber habt ihr gesprochen?

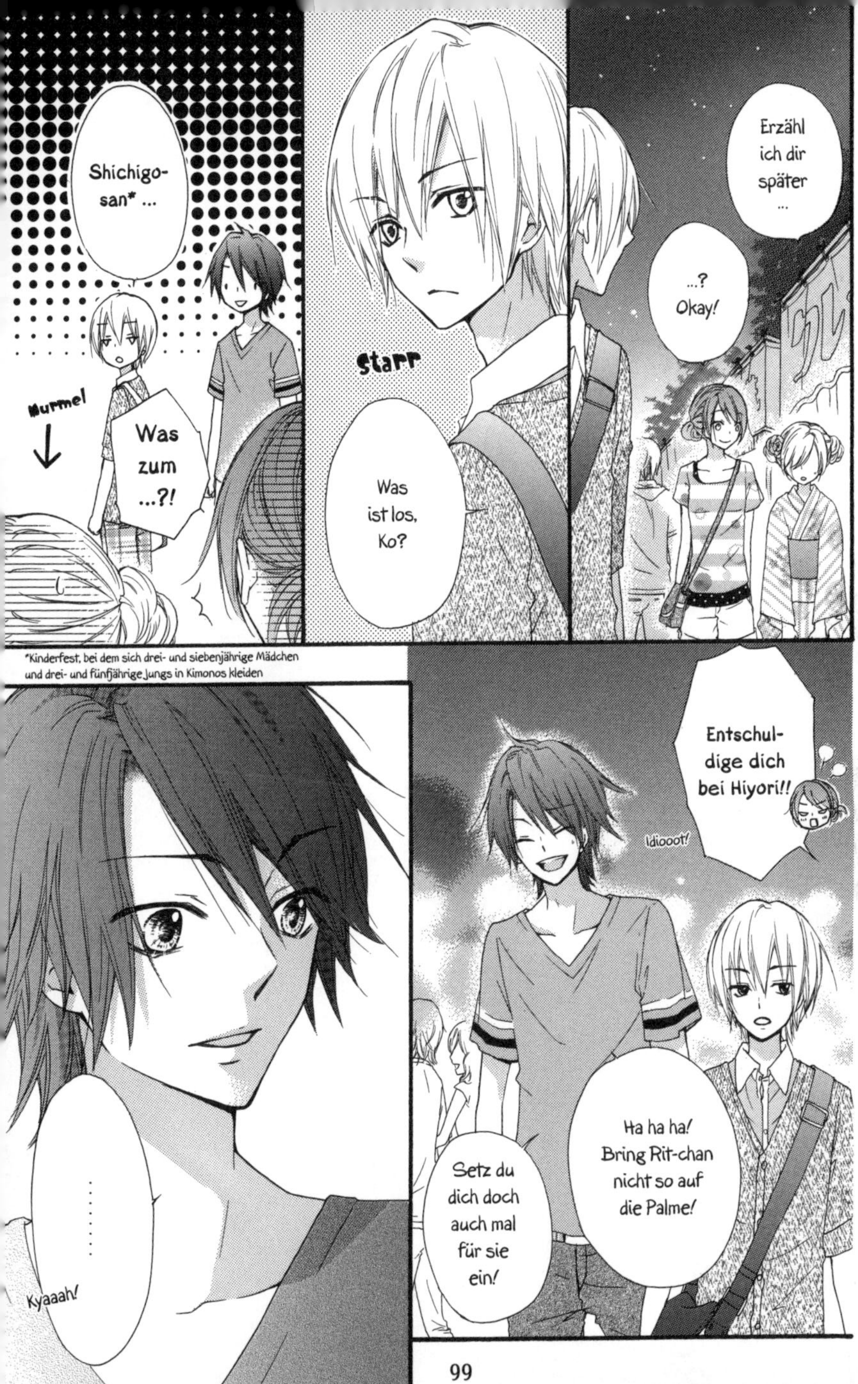

*Kinderfest, bei dem sich drei- und siebenjährige Mädchen und drei- und fünfjährige Jungs in Kimonos kleiden

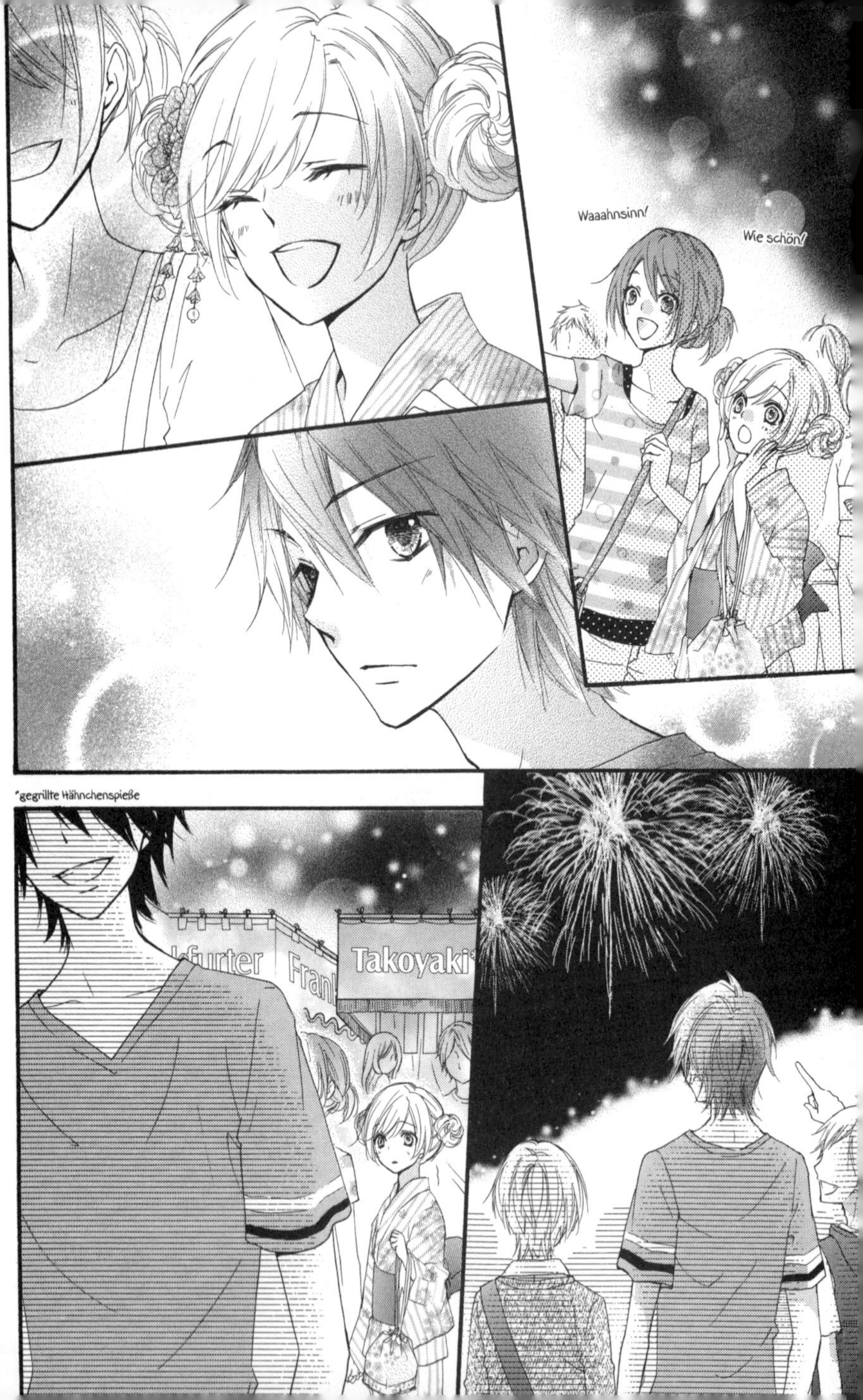

*gegrillte Hähnchenspieße

3

Ich sagte zwar, ich würde im Randkommentar auf Fragen antworten, tu es aber die ganze Zeit nicht. Tut mir leid.

Auch dieses Mal hatte ich nicht viel Zeit, Fragen zusammenzustellen. Deshalb habe ich eine ausgesucht, die man mir häufig stellt.

Q: Ich möchte gerne Mangaka werden und bin unsicher bezüglich meiner Laufbahn. Sollte ich auf eine Manga-Fachhochschule gehen?

A: Ich bin auf keine Fachhochschule gegangen, sondern hab mir alles selbst beigebracht. Deshalb kann ich dazu keinen richtigen Ratschlag geben. Aber bloß weil man auf eine Schule gegangen ist, ist das kein Garant dafür, dass man professioneller Mangaka wird. Es gibt viele Profis, die sich alles im Selbststudium beigebracht haben. In meinem Fall hab ich mich nach der Highschool durch viele Jobs geschlagen und währenddessen einem Mangaka assistiert, der eine Serie zeichnete. Ich denke, es gibt viele Möglichkeiten, Erfahrungen zu sammeln, auch ohne eine Schule zu besuchen!

← Fortsetzung folgt ...

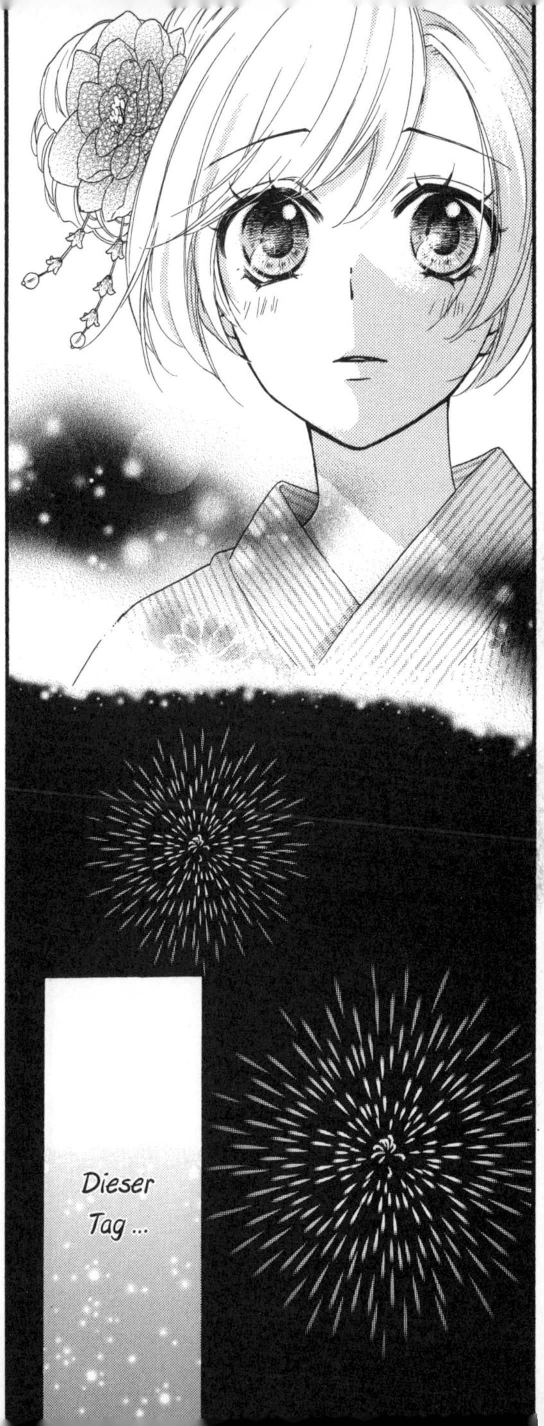

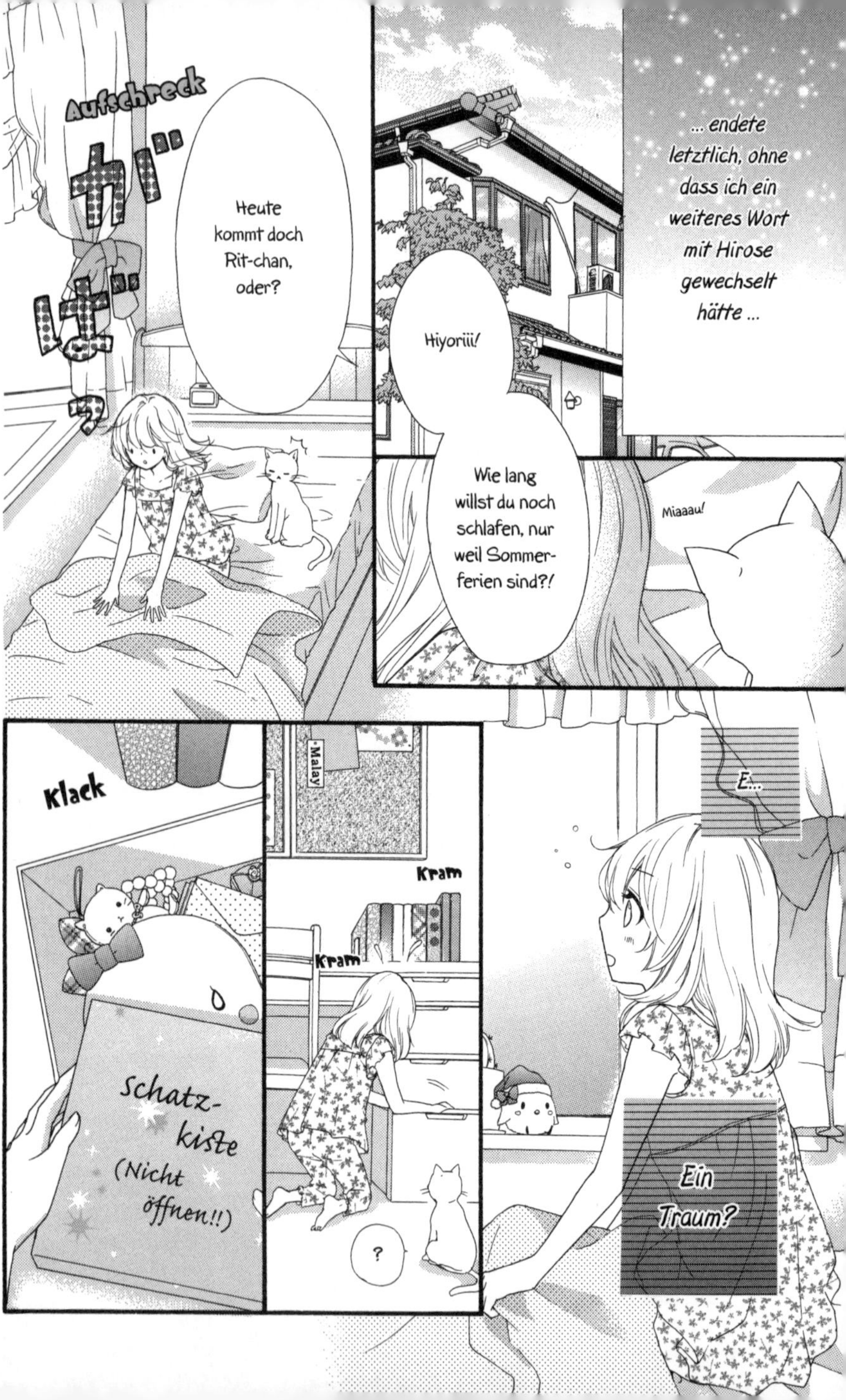

... endete letztlich, ohne dass ich ein weiteres Wort mit Hirose gewechselt hätte ...
Hiyoriii!
Wie lang willst du noch schlafen, nur weil Sommerferien sind?!
Miaaau!
Aufschreck
Heute kommt doch Rit-chan, oder?
E..
Ein Traum?
Malay
Kram
Kram
?
Klack
Schatz-kiste (Nicht öffnen!!)

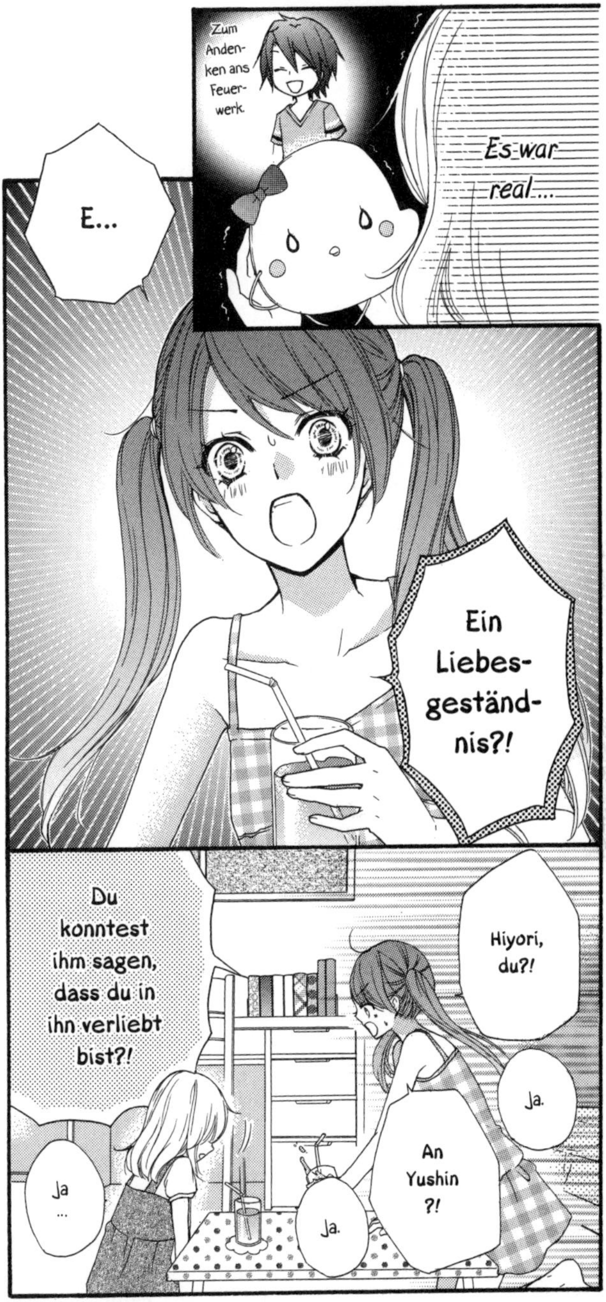
Es war real...
Zum Andenken ans Feuerwerk.
E...
Ein Liebesgeständnis?!
Hiyori, du?!
Du konntest ihm sagen, dass du in ihn verliebt bist?!
Ja.
An Yushin ?!
Ja.
Ja ...

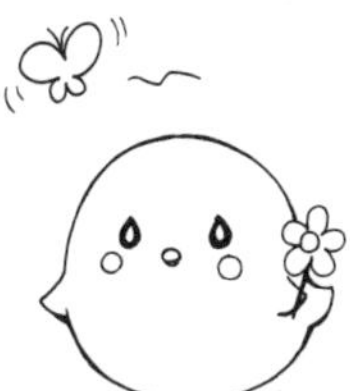

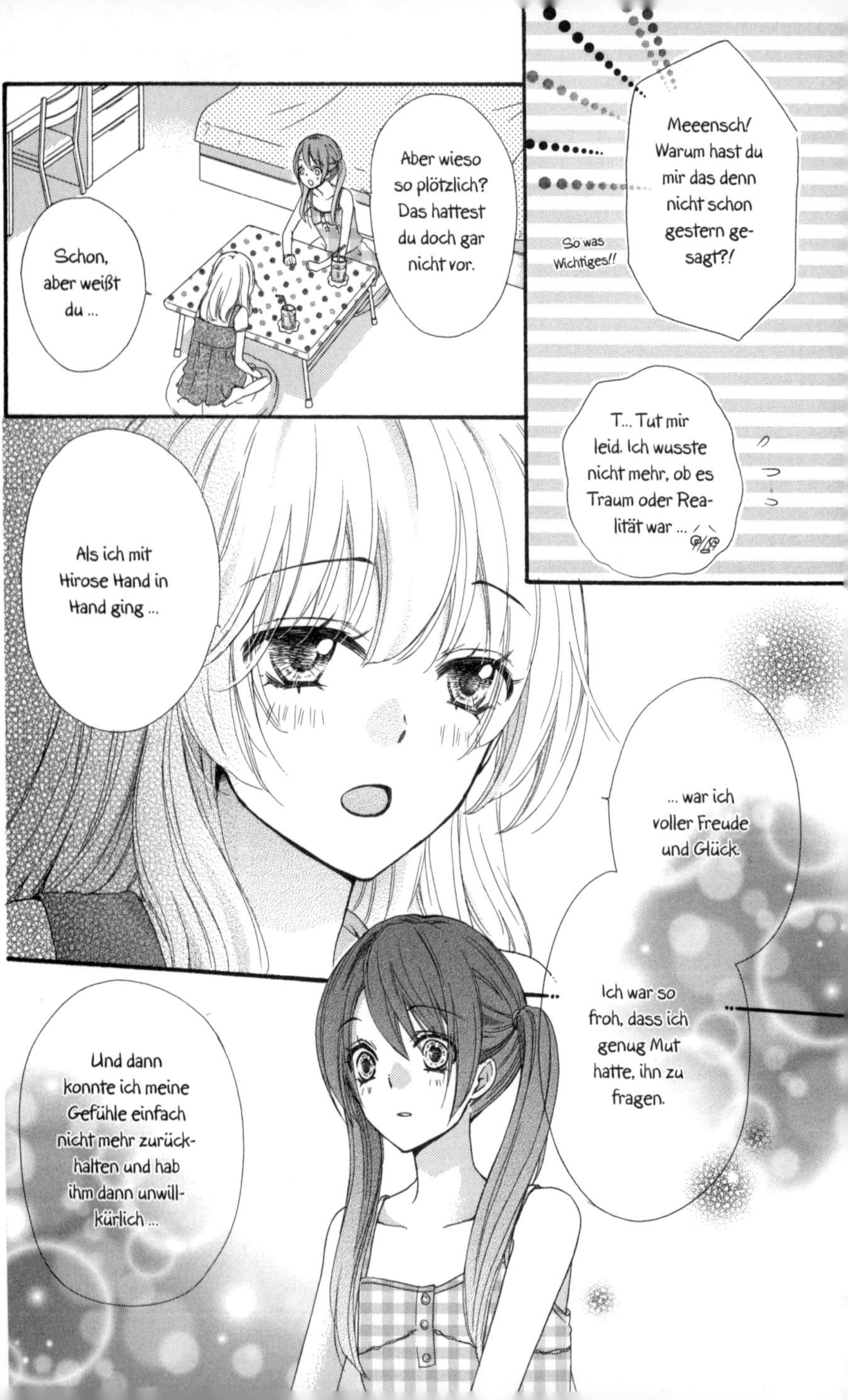
Meeensch! Warum hast du mir das denn nicht schon gestern gesagt?!
So was Wichtiges!!
T... Tut mir leid. Ich wusste nicht mehr, ob es Traum oder Realität war ...
Aber wieso so plötzlich? Das hattest du doch gar nicht vor.
Schon, aber weißt du ...
Als ich mit Hirose Hand in Hand ging ...
... war ich voller Freude und Glück.
Ich war so froh, dass ich genug Mut hatte, ihn zu fragen.
Und dann konnte ich meine Gefühle einfach nicht mehr zurückhalten und hab ihm dann unwillkürlich ...

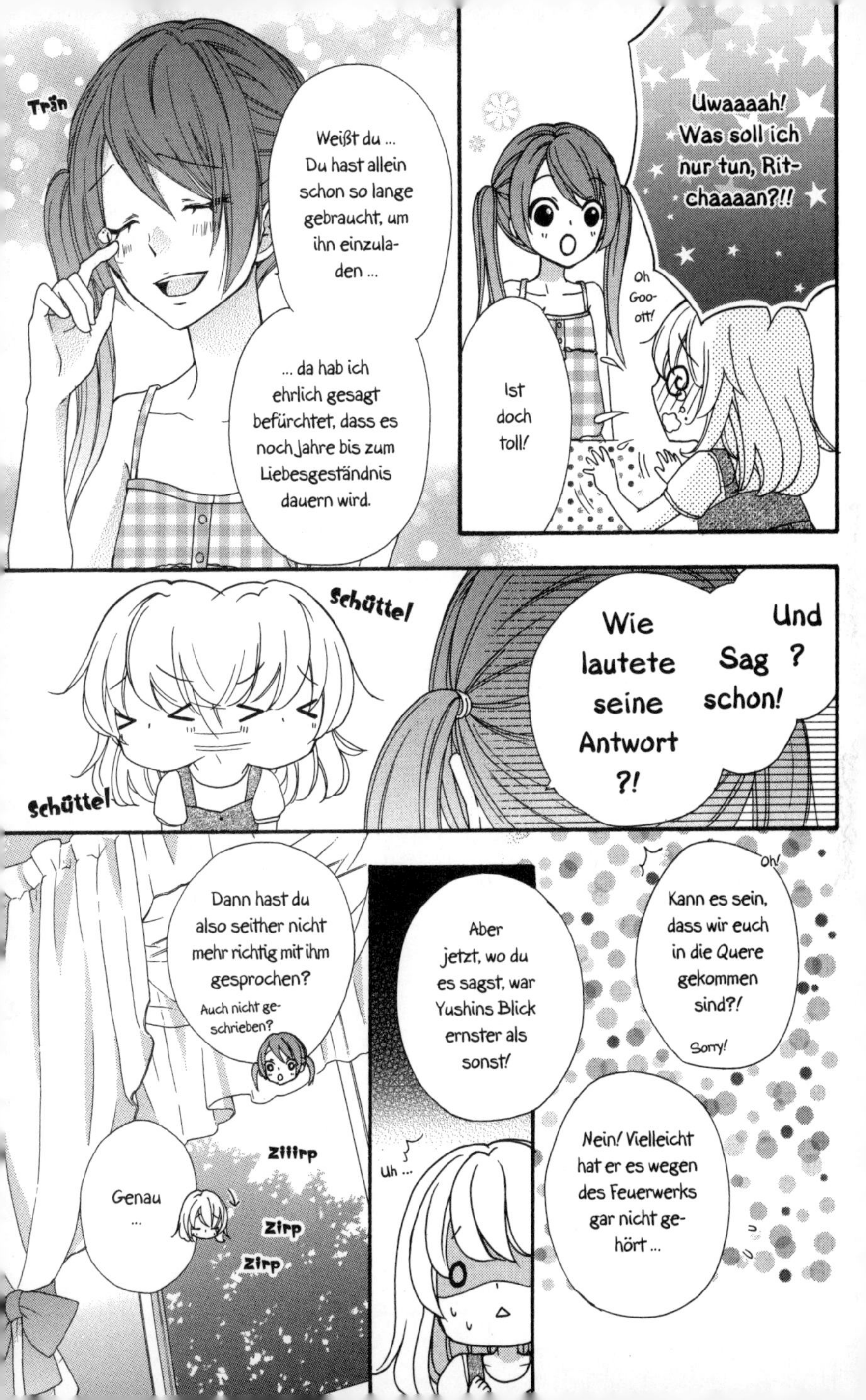
Uwaaaah! Was soll ich nur tun, Rit-chaaaan?!!
Oh Goo-ott!
Ist doch toll!
Trän
Weißt du ... Du hast allein schon so lange gebraucht, um ihn einzuladen ...
... da hab ich ehrlich gesagt befürchtet, dass es noch Jahre bis zum Liebesgeständnis dauern wird.
Und? Sag schon!
Wie lautete seine Antwort?!
Schüttel
Schüttel
Oh!
Kann es sein, dass wir euch in die Quere gekommen sind?!
Sorry!
Nein! Vielleicht hat er es wegen des Feuerwerks gar nicht gehört ...
Aber jetzt, wo du es sagst, war Yushins Blick ernster als sonst!
Uh ...
Dann hast du also seither nicht mehr richtig mit ihm gesprochen?
Auch nicht geschrieben?
Genau ...
Ziiirp
Zirp
Zirp

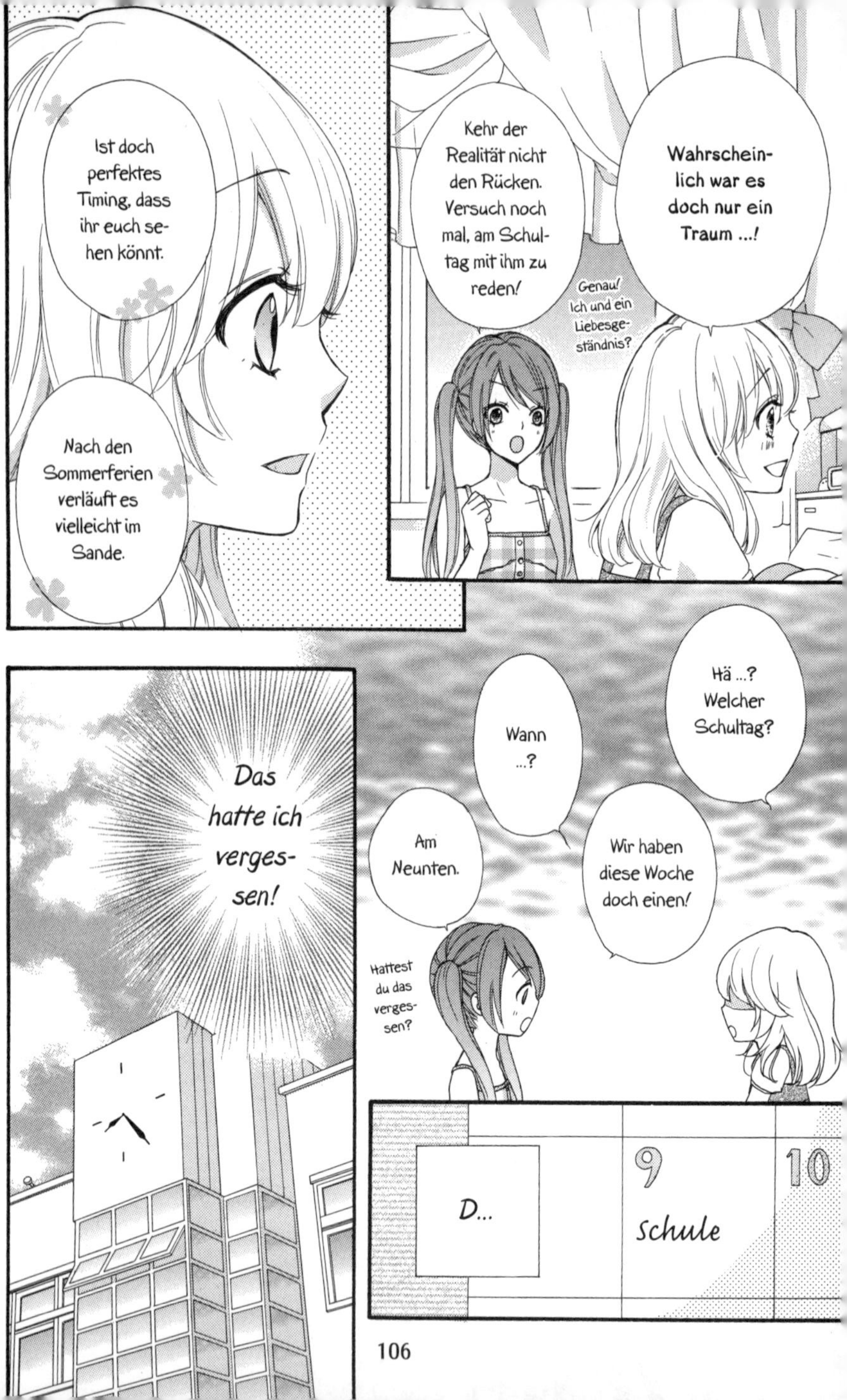
Wahrschein-
lich war es
doch nur ein
Traum ...!
Genau! Ich und ein Liebesgeständnis?
Kehr der Realität nicht den Rücken. Versuch noch mal, am Schultag mit ihm zu reden!
Ist doch perfektes Timing, dass ihr euch sehen könnt.
Nach den Sommerferien verläuft es vielleicht im Sande.
Hä ...? Welcher Schultag?
Wann ...?
Wir haben diese Woche doch einen!
Am Neunten.
Hattest du das verges-sen?
D...
9
Schule
10
Das hatte ich verges-sen!

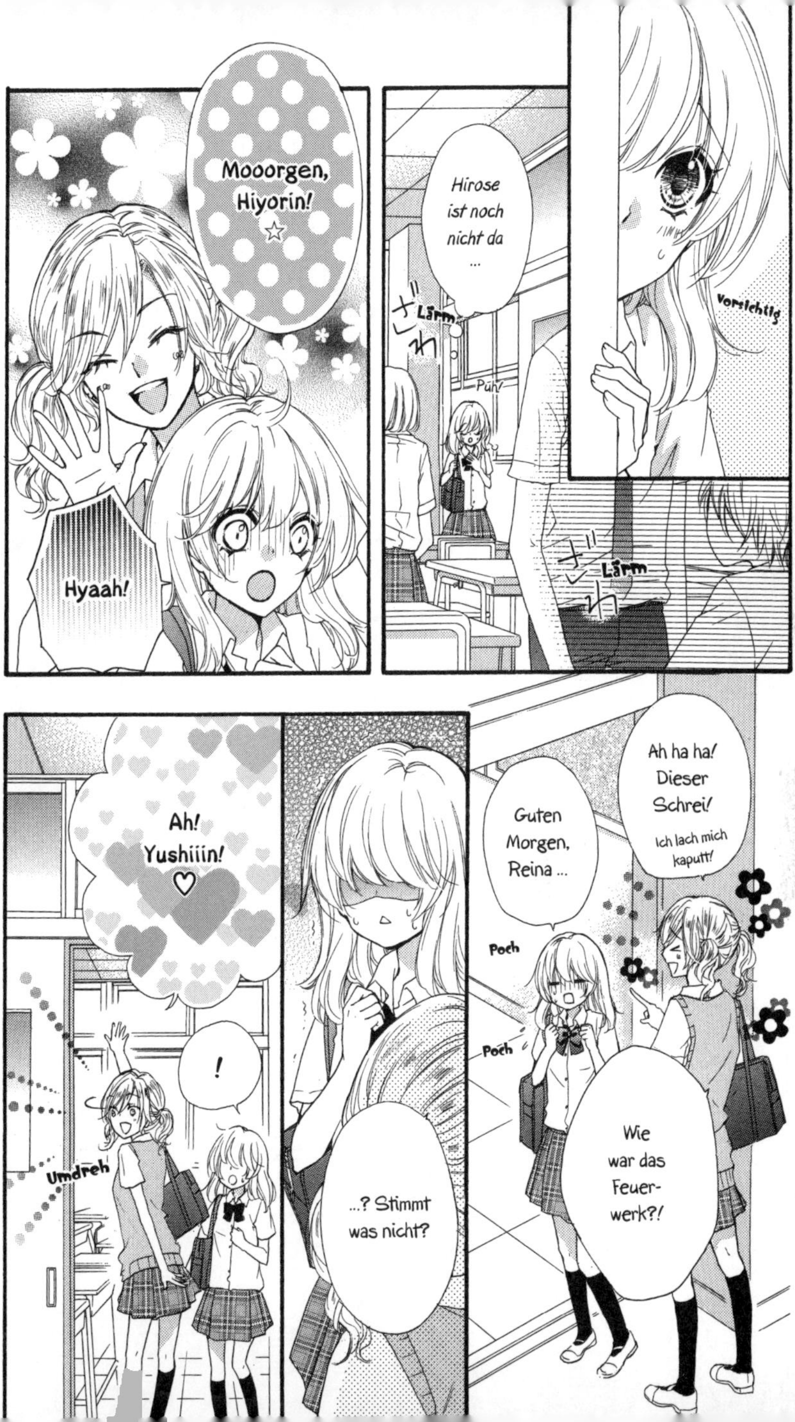
Vorsichtig
Hirose ist noch nicht da ...
ざわ Lärm
Puh!
ざわ Lärm
Mooorgen, Hiyorin! ☆
Hyaah!
Ah ha ha! Dieser Schrei!
Ich lach mich kaputt!
Guten Morgen, Reina ...
Poch
Poch
Wie war das Feuerwerk?!
...? Stimmt was nicht?
Ah! Yushiiin! ♡
!
Umdreh

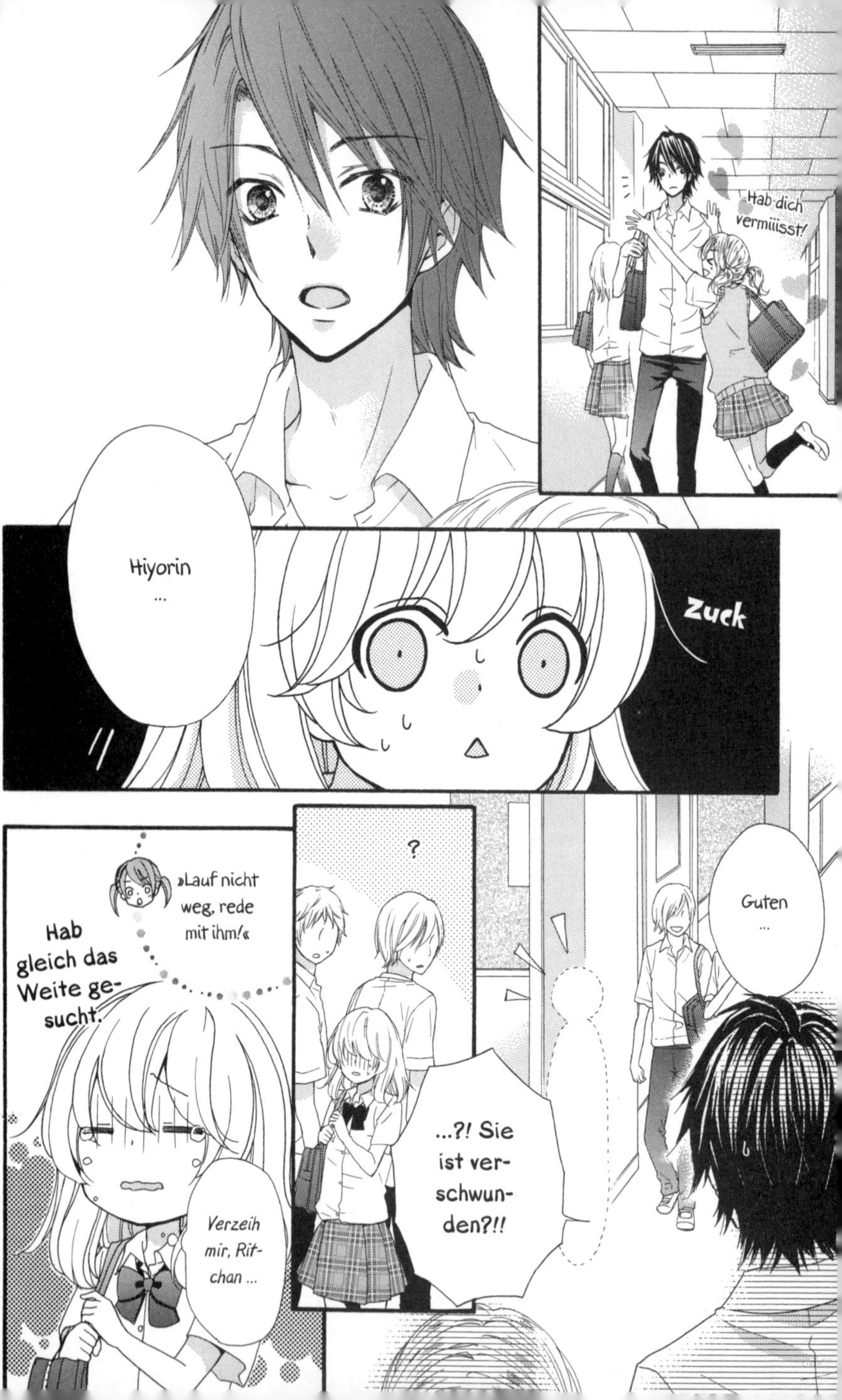
Hab dich vermiiisst!
Hiyorin ...
Zuck
Guten ...
...?! Sie ist verschwunden?!!
?
»Lauf nicht weg, rede mit ihm!«
Hab gleich das Weite gesucht.
Verzeih mir, Rit-chan ...

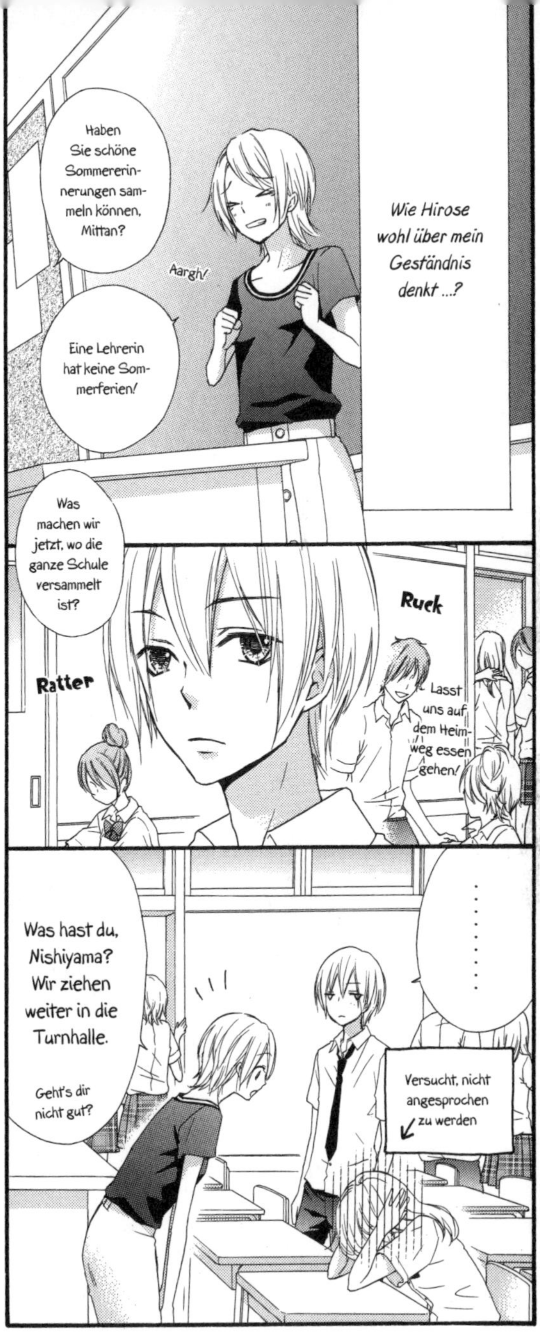
Wie Hirose wohl über mein Geständnis denkt ...?
Haben Sie schöne Sommererinnerungen sammeln können, Mittan?
Aargh!
Eine Lehrerin hat keine Sommerferien!
Ruck
Lasst uns auf dem Heimweg essen gehen!
Was machen wir jetzt, wo die ganze Schule versammelt ist?
Ratter
....
Versucht, nicht angesprochen zu werden
Was hast du, Nishiyama? Wir ziehen weiter in die Turnhalle.
Geht's dir nicht gut?

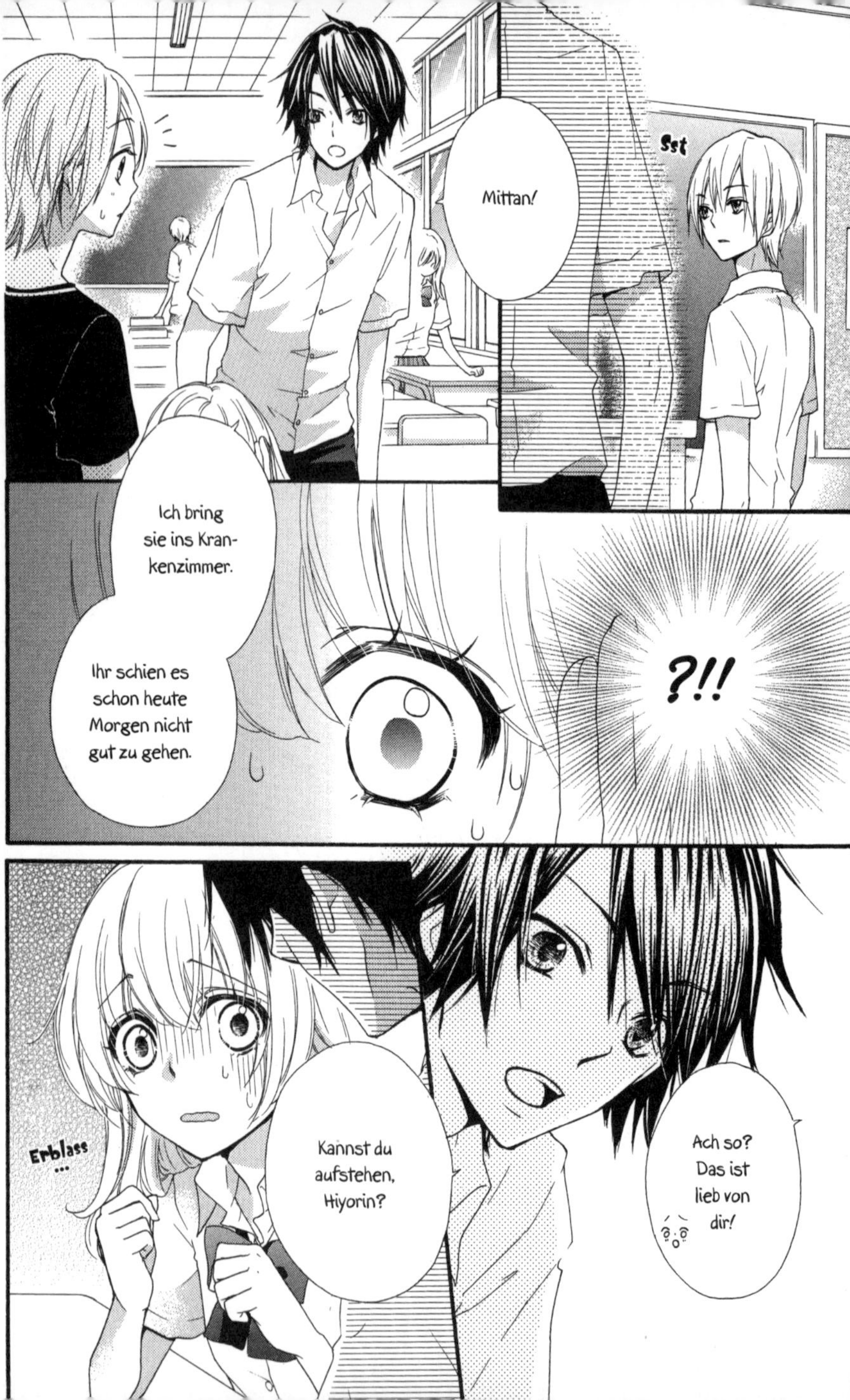
Sst
Mittan!
Ich bring sie ins Krankenzimmer.
Ihr schien es schon heute Morgen nicht gut zu gehen.
?!!
Ach so? Das ist lieb von dir!
Kannst du aufstehen, Hiyorin?
Erblass ...

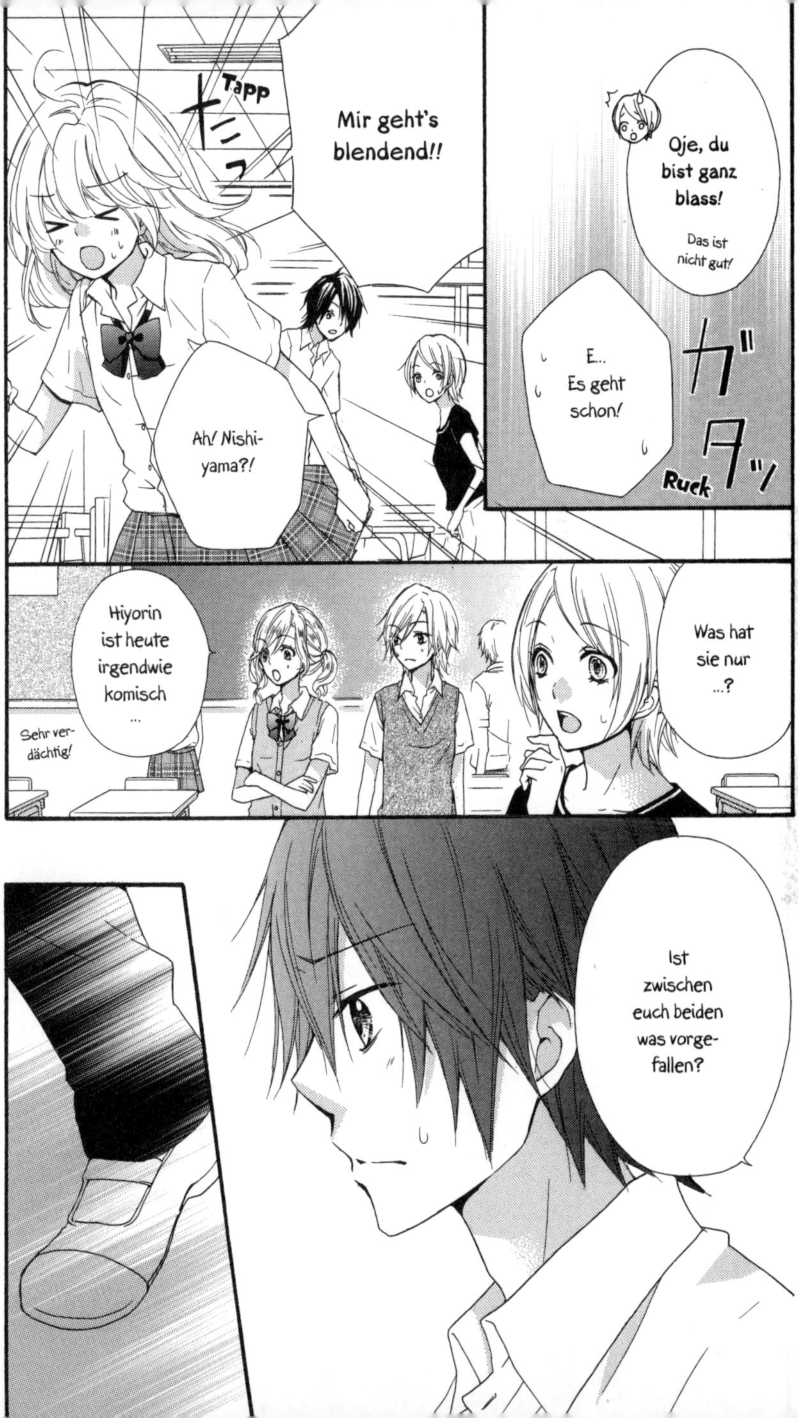

Oje, du bist ganz blass!
Das ist nicht gut!
E... Es geht schon!
Ruck
Mir geht's blendend!!
Tapp
Ah! Nishi-yama?!
Was hat sie nur ...?
Hiyorin ist heute irgendwie komisch ...
Sehr ver-dächtig!
Ist zwischen euch beiden was vorge-fallen?

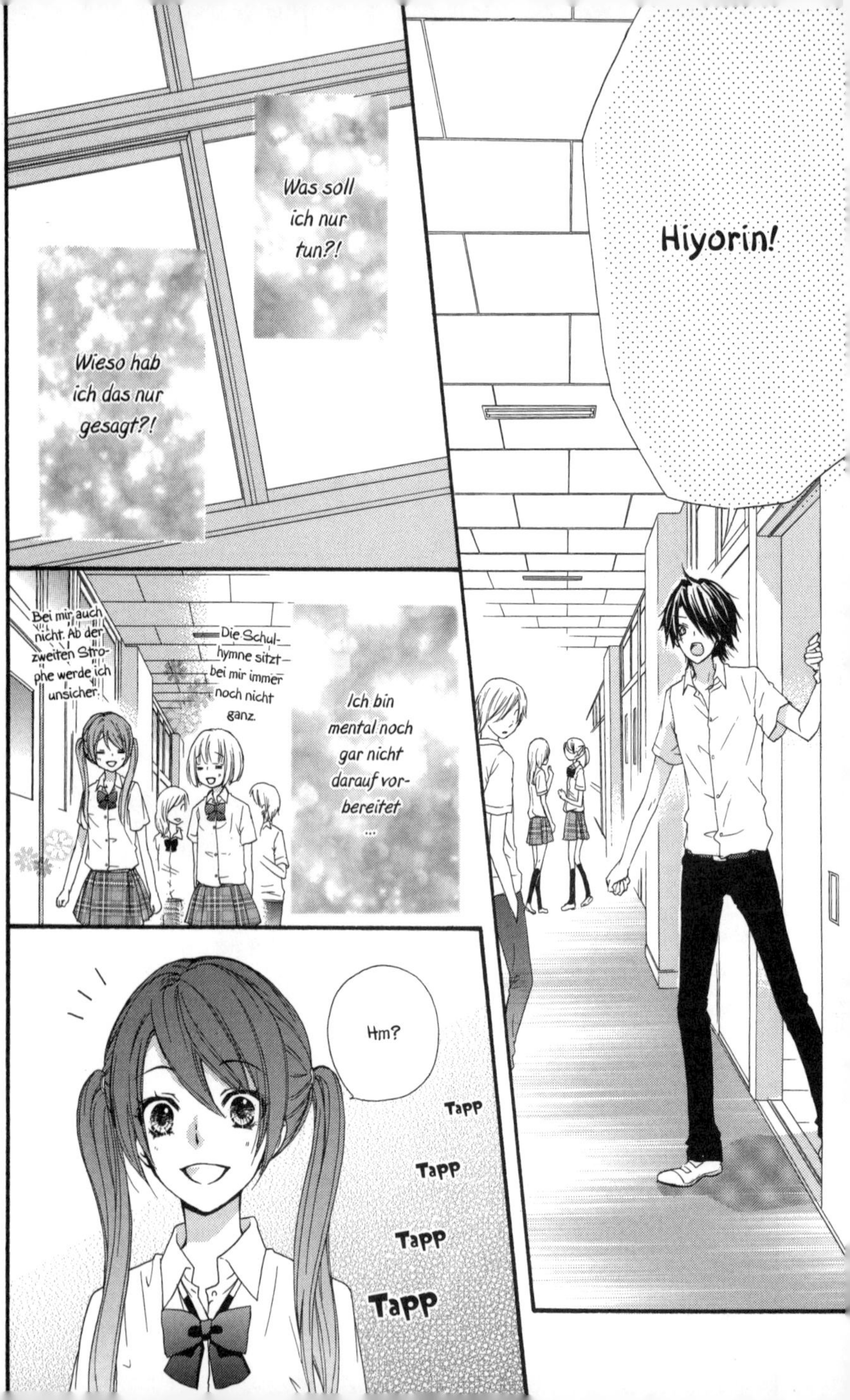

Was soll ich nur tun?!
Wieso hab ich das nur gesagt?!
Ich bin mental noch gar nicht darauf vorbereitet ...
Die Schulhymne sitzt bei mir immer noch nicht ganz.
Bei mir auch nicht. Ab der zweiten Strophe werde ich unsicher.
Hm?
Tapp
Tapp
Tapp
Tapp
Hiyorin!

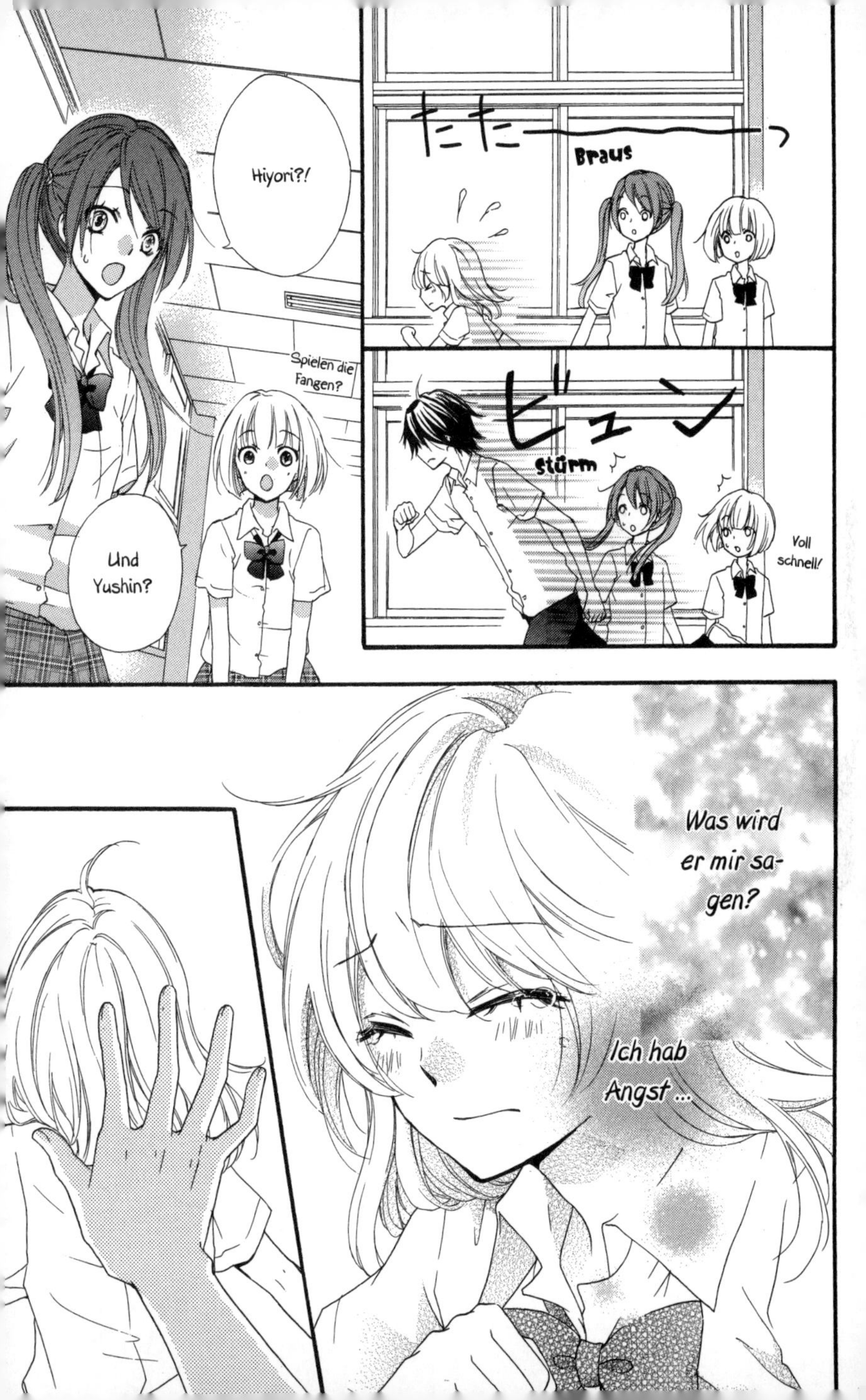
たたー
Braus
ビュン
stürm
Voll schnell!
Hiyori?!
Und Yushin?
Spielen die Fangen?
Was wird er mir sagen?
Ich hab Angst ...

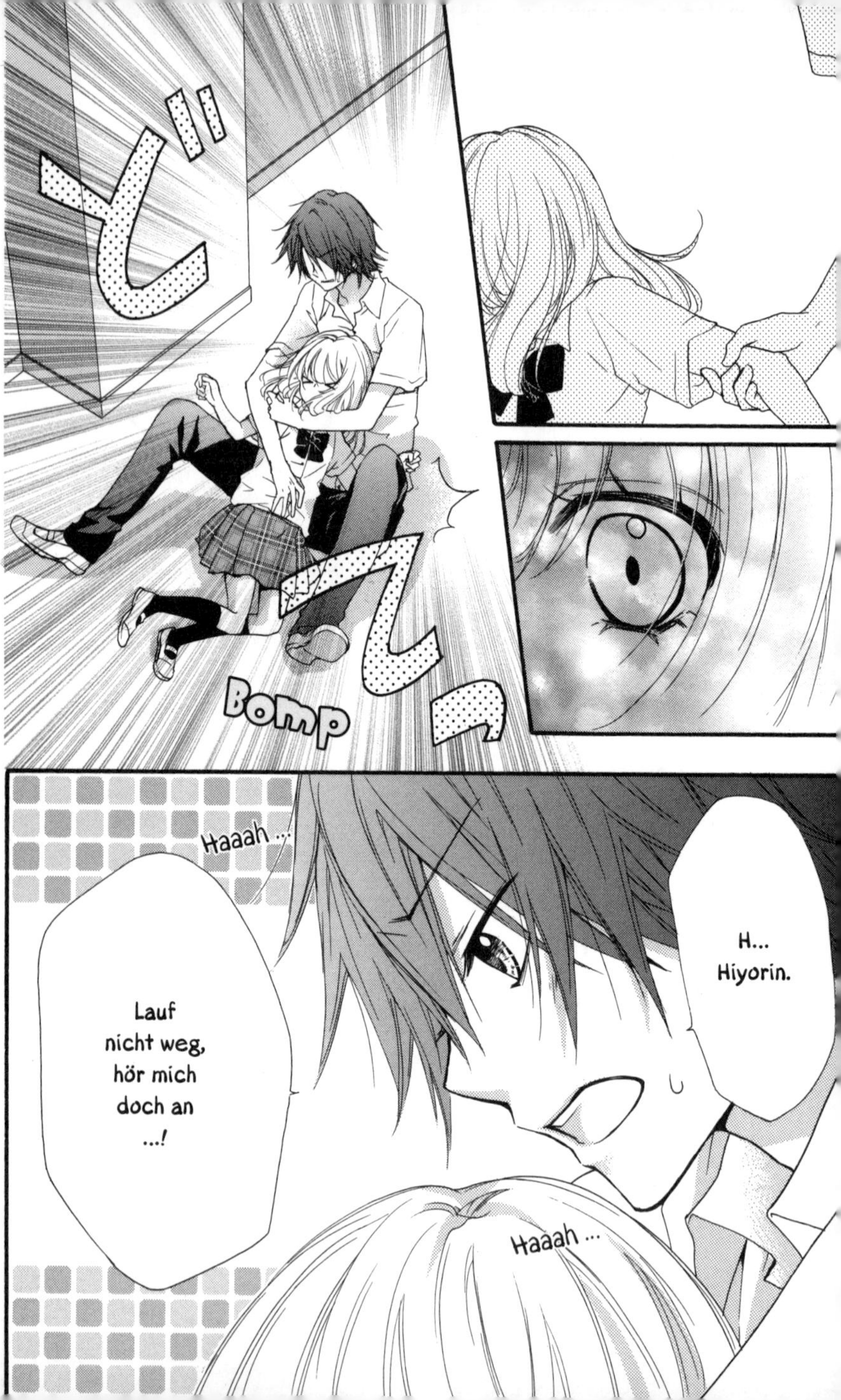
Bomp
H... Hiyorin.
Haaah ...
Haaah ...
Lauf nicht weg, hör mich doch an ...!

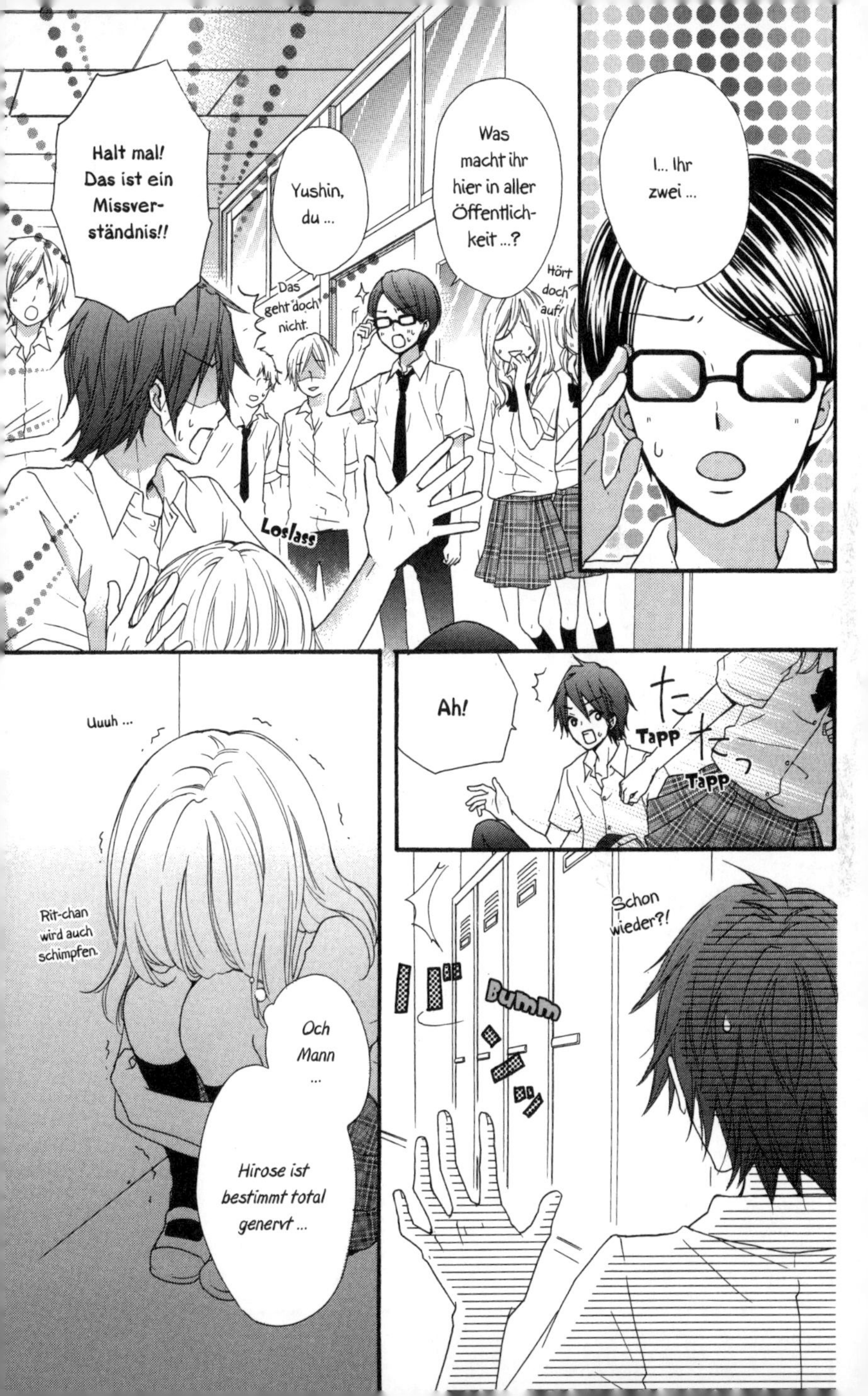
I... Ihr zwei ...
Was macht ihr hier in aller Öffentlichkeit ...?
Hört doch auf!
Yushin, du ...
Das geht doch nicht.
Halt mal! Das ist ein Missverständnis!!
Loslass
Ah!
Tapp
Tapp
Uuuh ...
Schon wieder?!
Bumm
Rit-chan wird auch schimpfen.
Och Mann ...
Hirose ist bestimmt total genervt ...

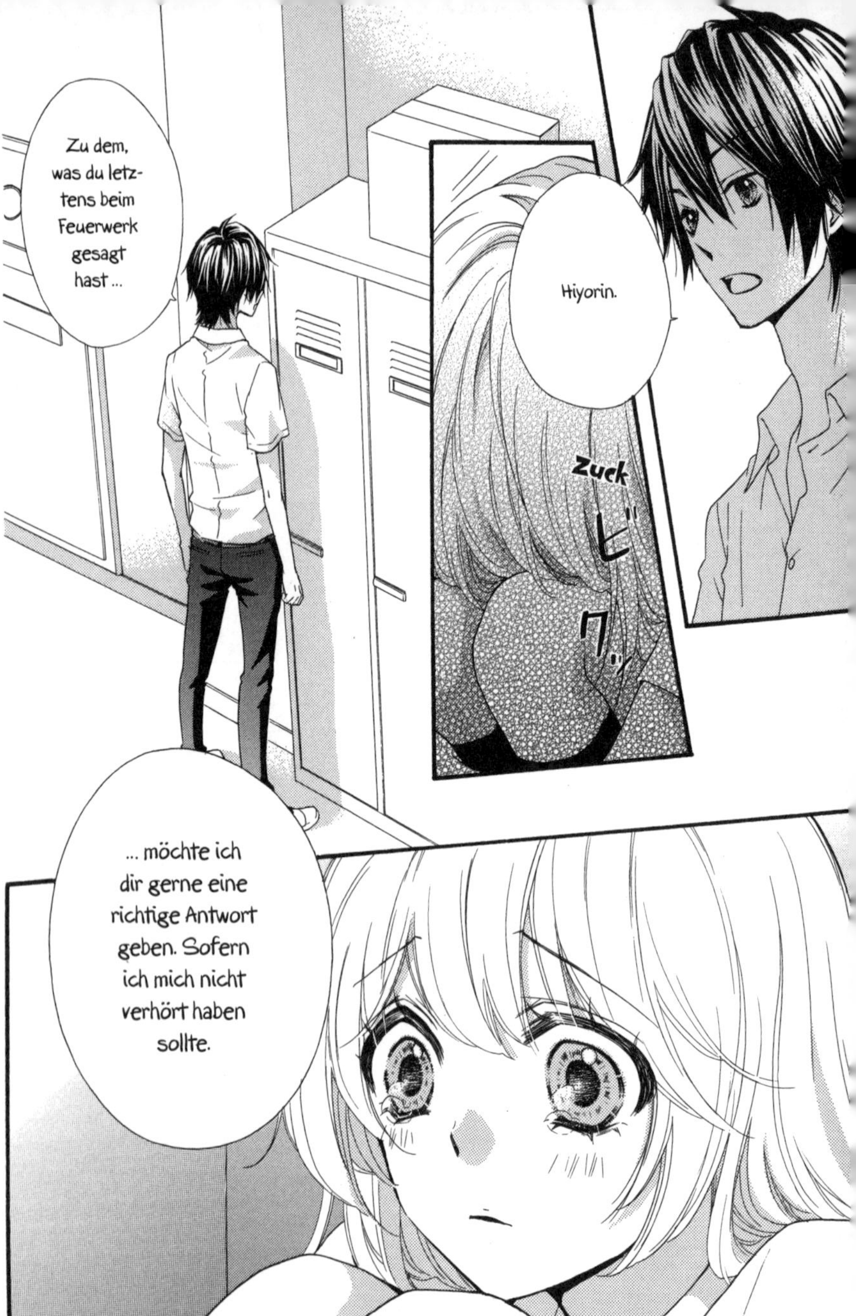
Hiyorin.
Zuck
ビクッ
Zu dem, was du letztens beim Feuerwerk gesagt hast ...
... möchte ich dir gerne eine richtige Antwort geben. Sofern ich mich nicht verhört haben sollte.

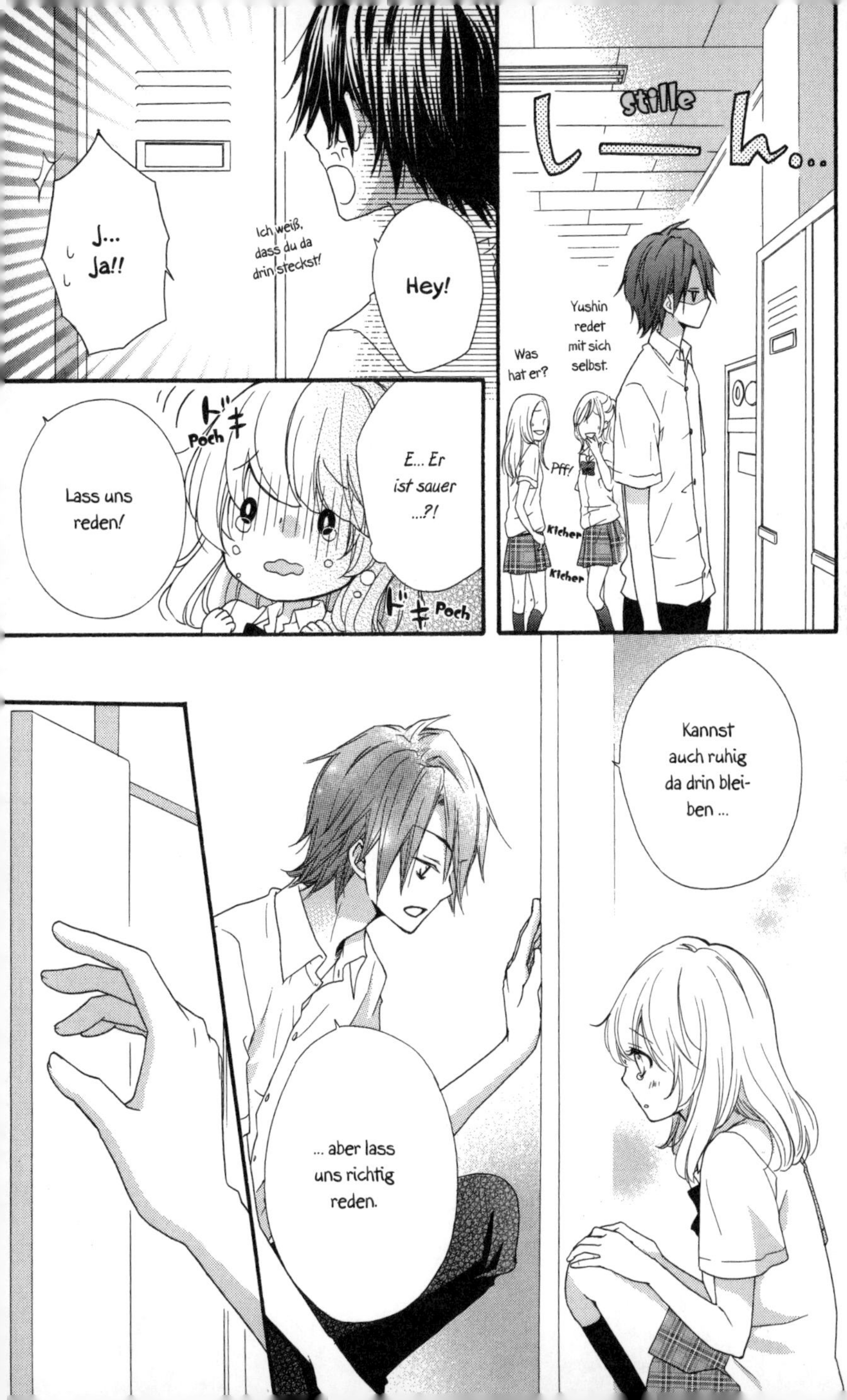

しーん...
stille
Yushin redet mit sich selbst.
Was hat er?
Pff!
Kicher
Kicher
Ich weiß, dass du da drin steckst!
Hey!
J... Ja!!
ドキ
Poch
E... Er ist sauer ...?!
ドキ
Poch
Lass uns reden!
Kannst auch ruhig da drin blei-ben ...
... aber lass uns richtig reden.

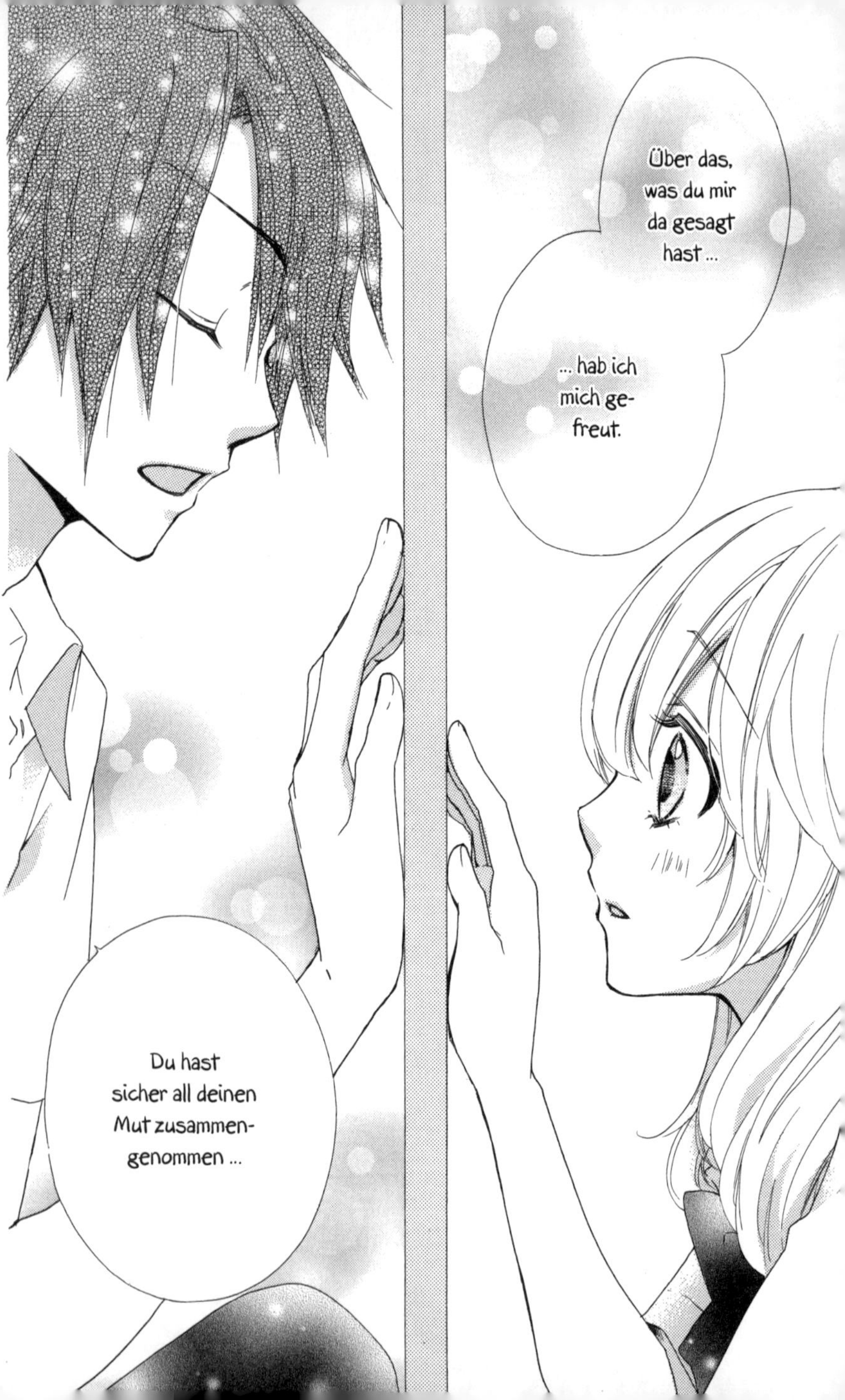
Über das, was du mir da gesagt hast ...
... hab ich mich gefreut.
Du hast sicher all deinen Mut zusammengenommen ...

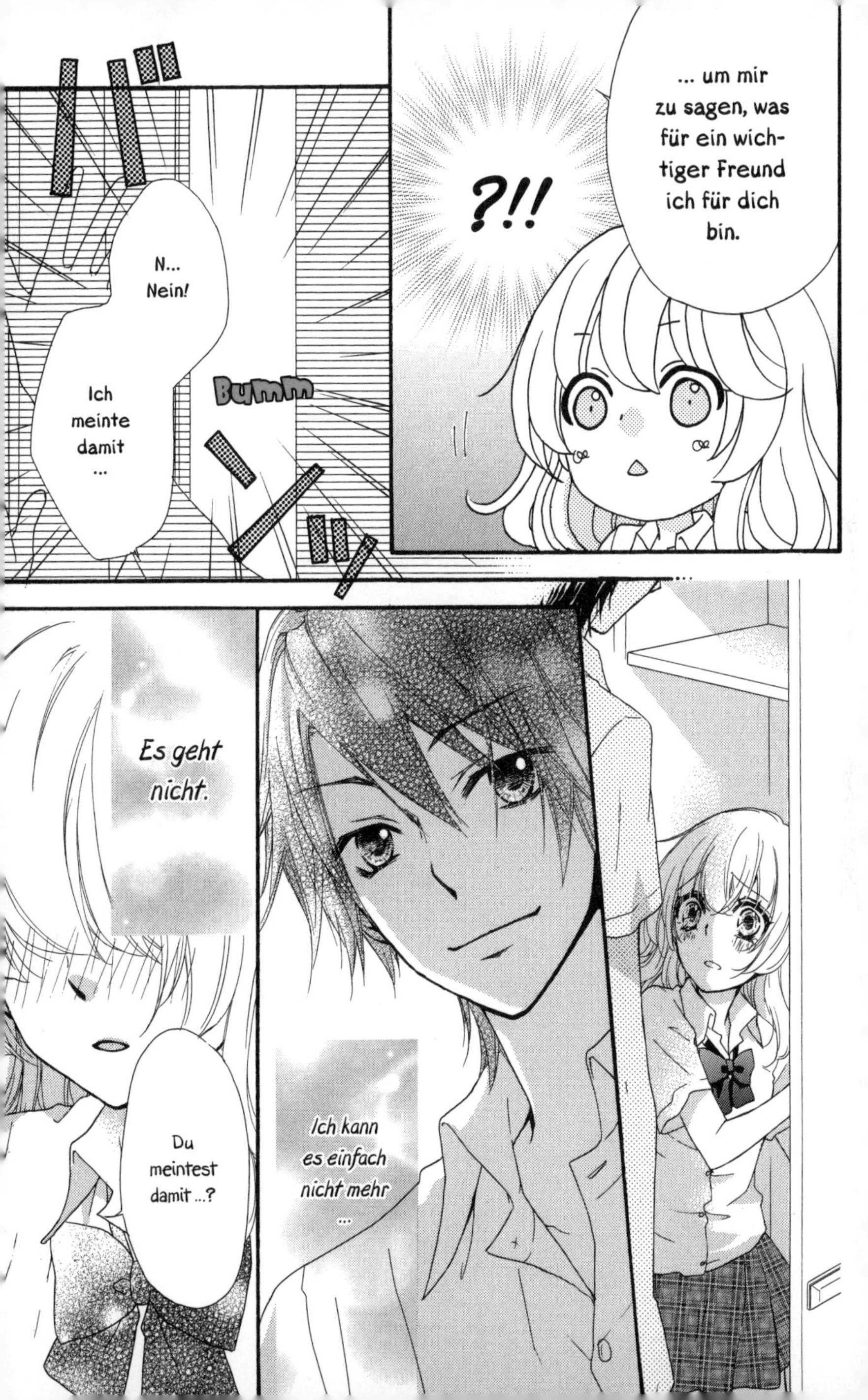
... um mir zu sagen, was für ein wichtiger Freund ich für dich bin.
?!!
Bumm
N... Nein!
Ich meinte damit ...
Es geht nicht.
Ich kann es einfach nicht mehr ...
Du meintest damit ...?

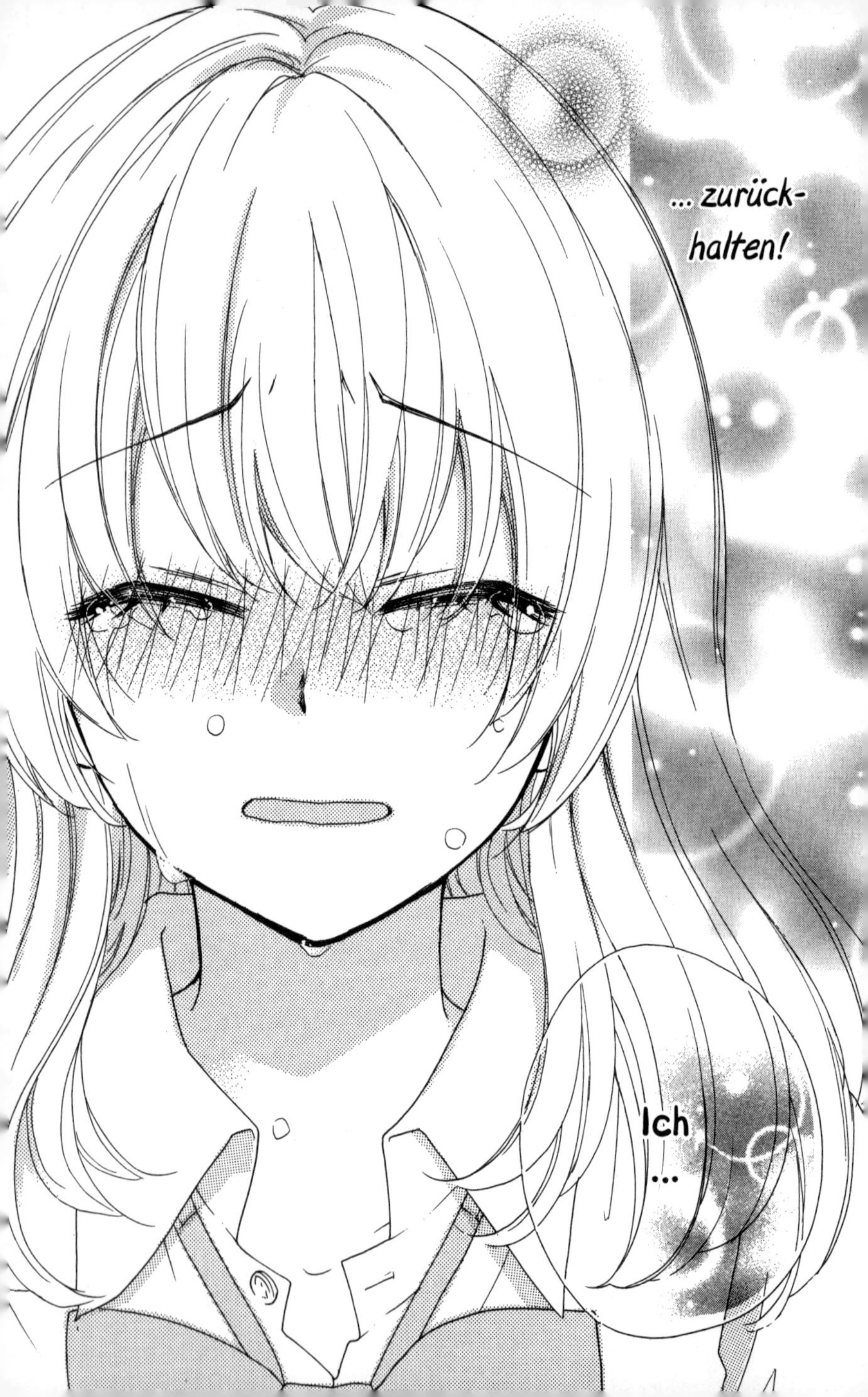
... zurück-
halten!
Ich ...

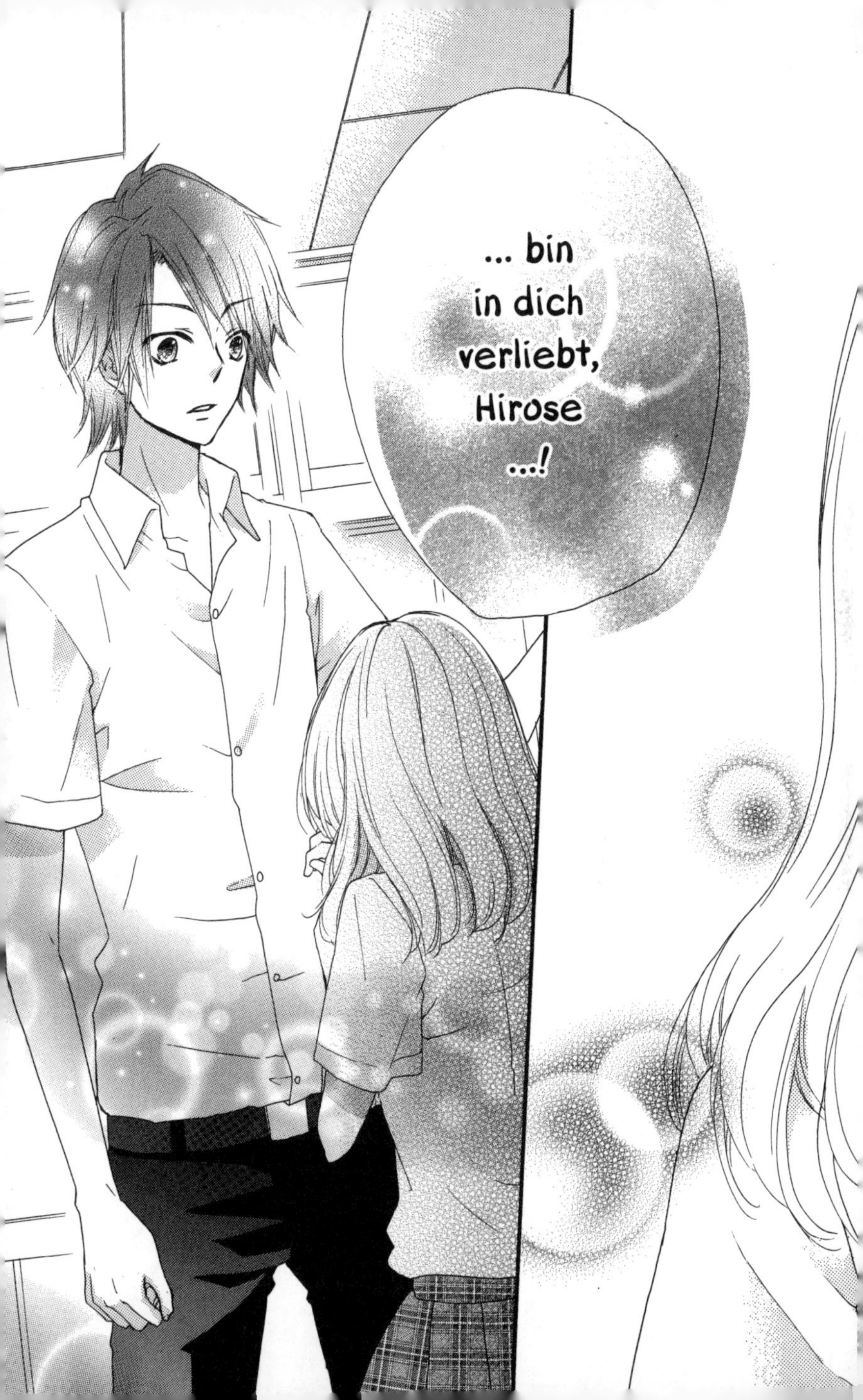
... bin in dich verliebt, Hirose ...!

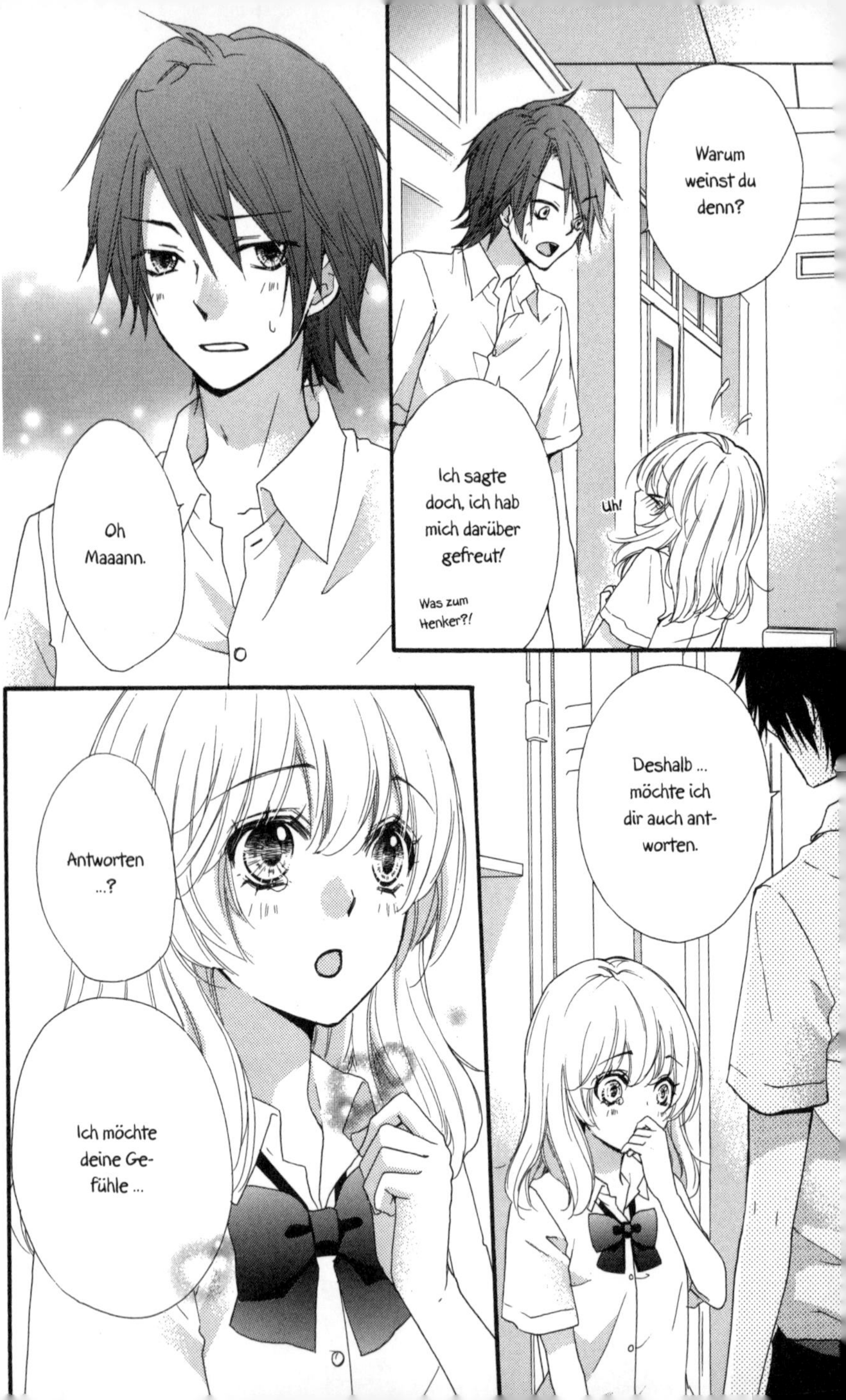
Warum weinst du denn?
Uh!
Ich sagte doch, ich hab mich darüber gefreut!
Was zum Henker?!
Oh Maaann.
Deshalb ... möchte ich dir auch ant-worten.
Antworten ...?
Ich möchte deine Ge-fühle ...

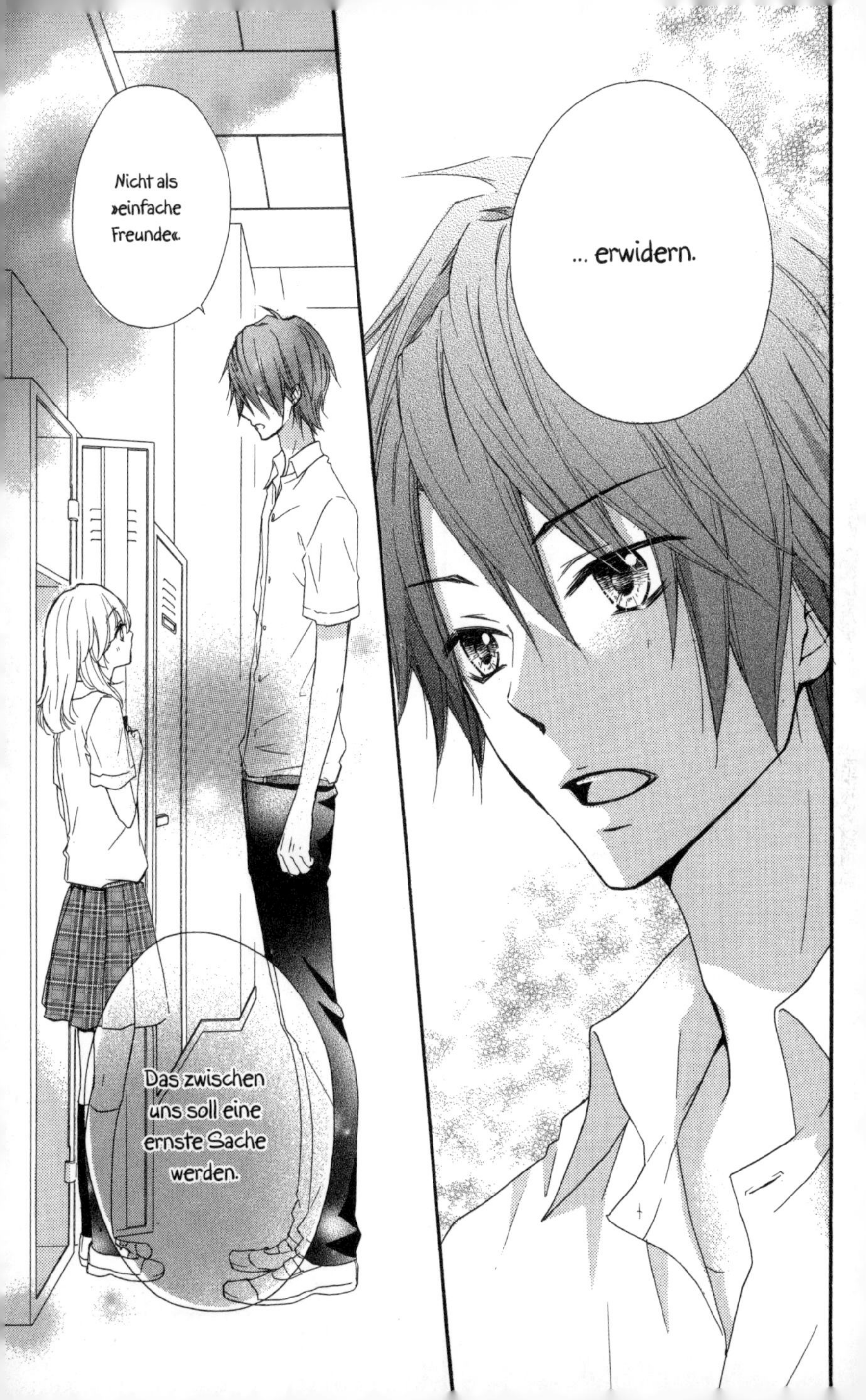
... erwidern.
Nicht als »einfache Freunde«.
Das zwischen uns soll eine ernste Sache werden.

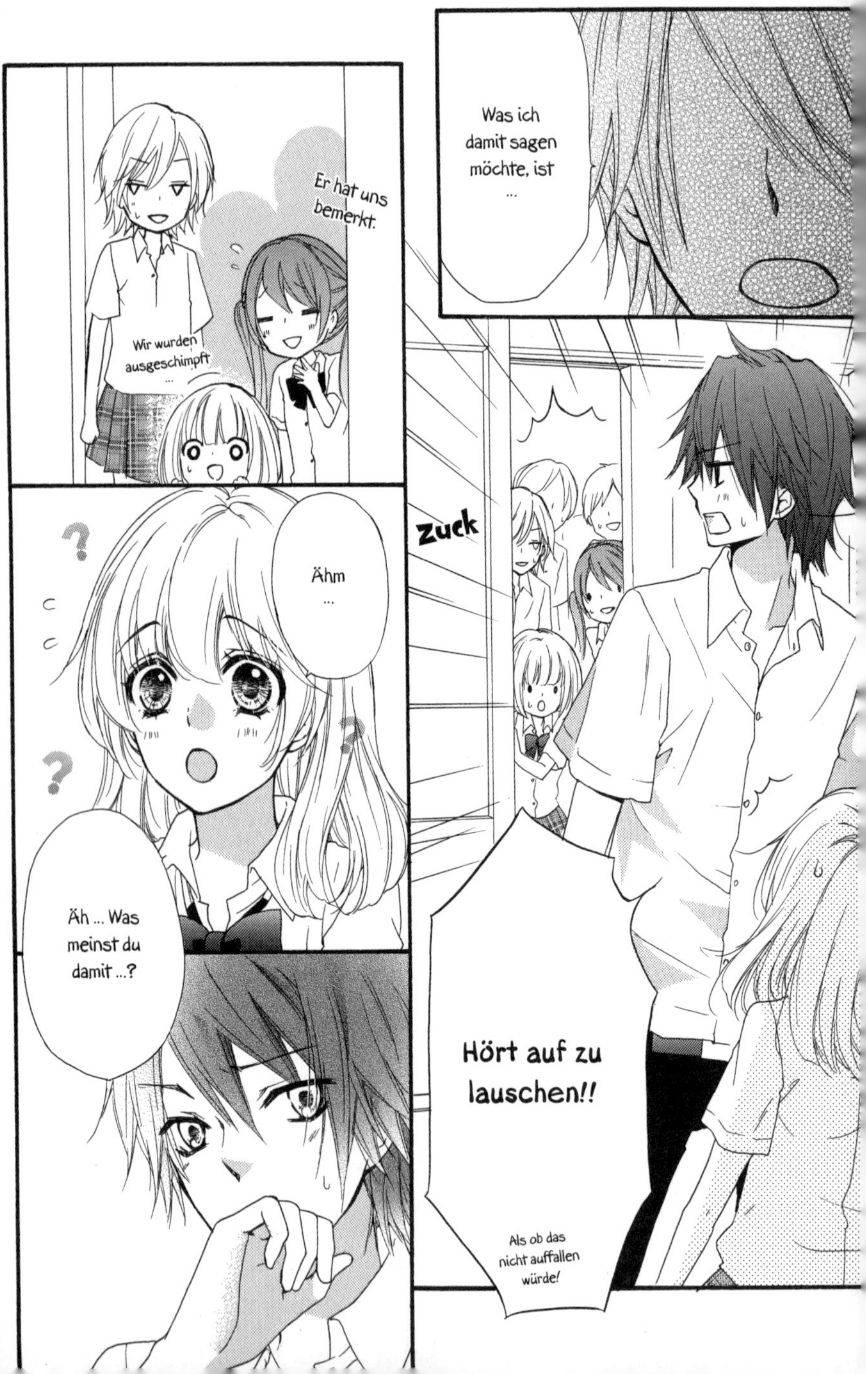
Was ich damit sagen möchte, ist ...
Zuck
Hört auf zu lauschen!!
Als ob das nicht auffallen würde!
Er hat uns bemerkt.
Wir wurden ausgeschimpft ...
Ähm ...
Äh ... Was meinst du damit ...?

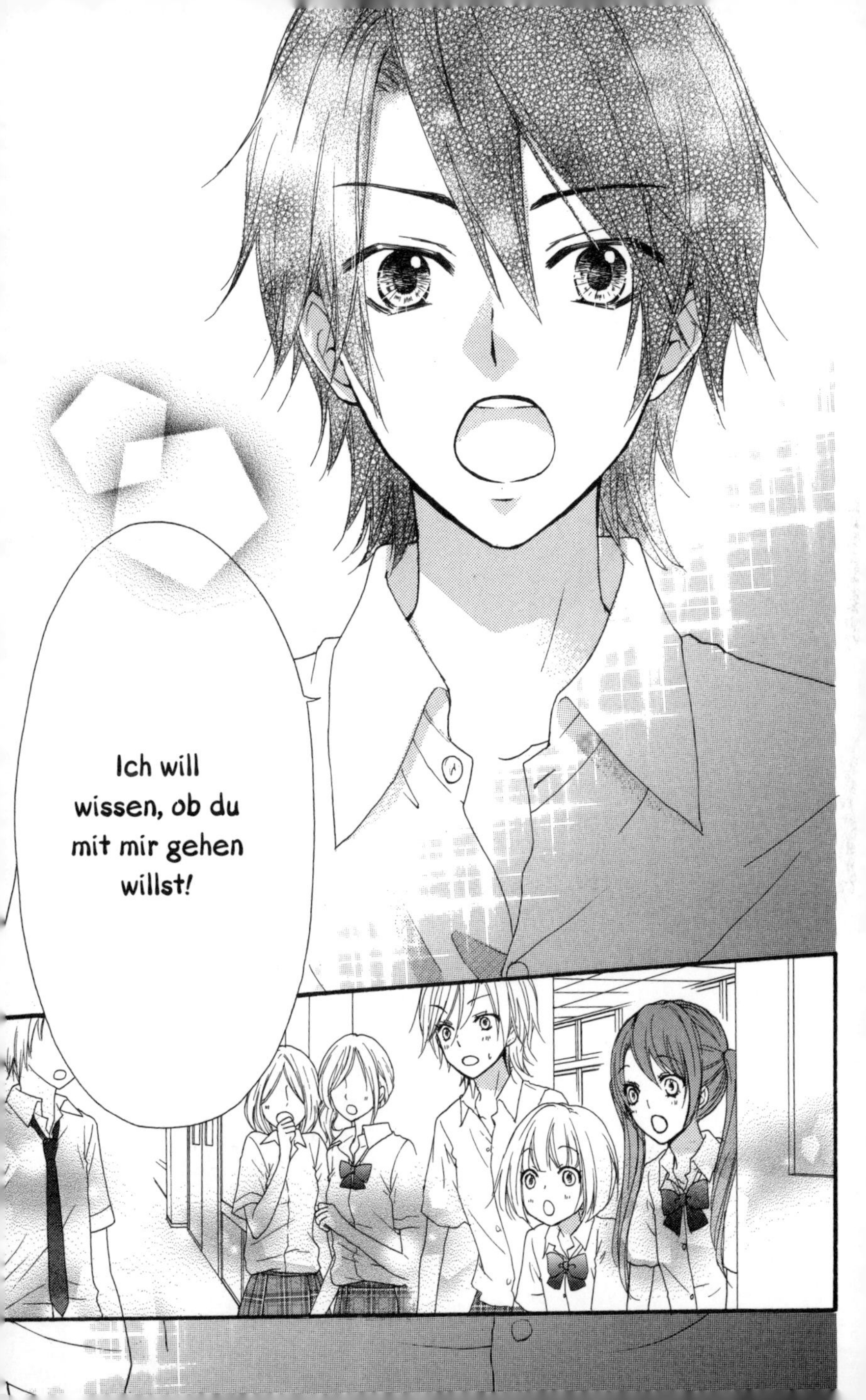
Ich will wissen, ob du mit mir gehen willst!

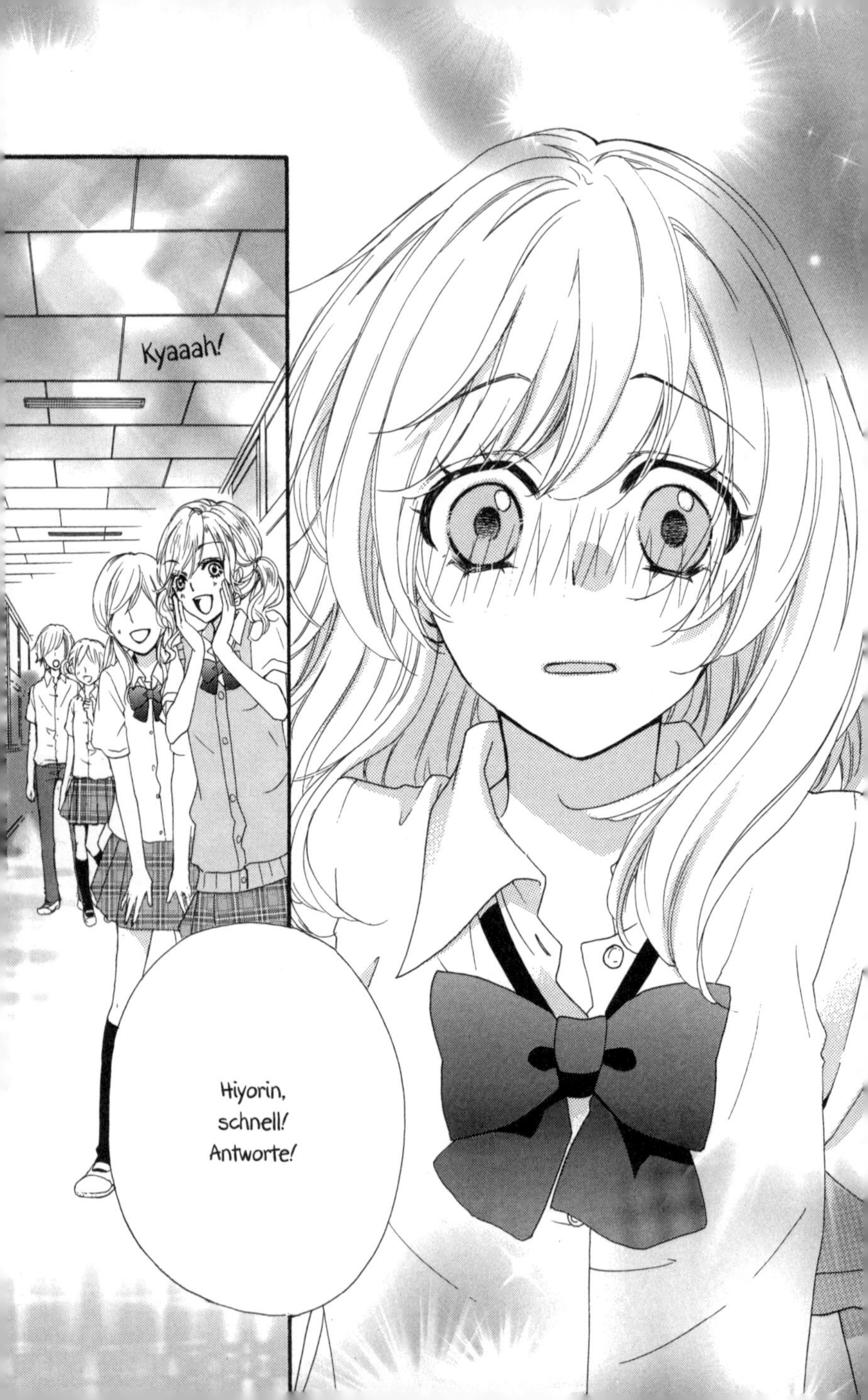
Hiyorin, schnell! Antworte!
Kyaaah!

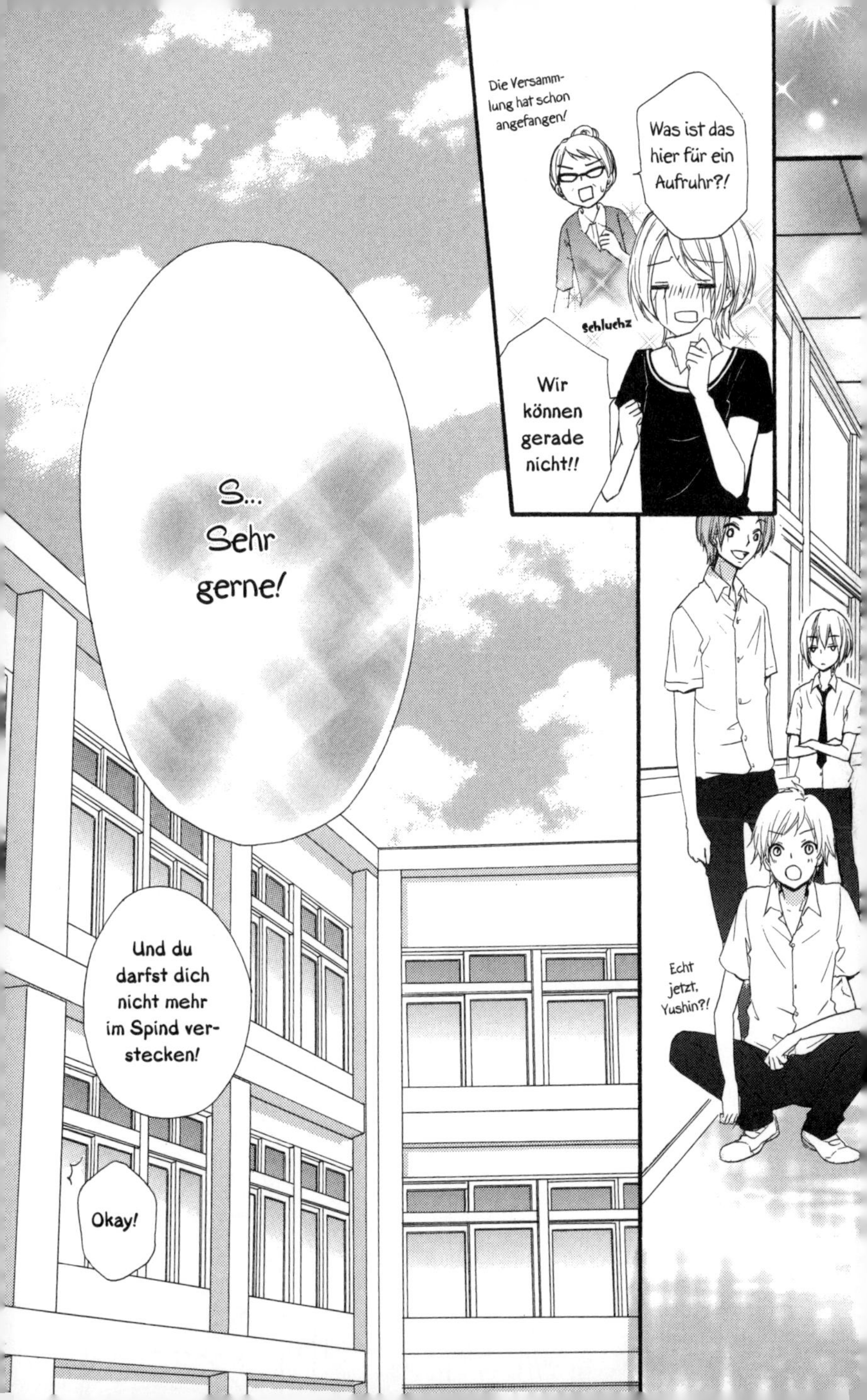
Was ist das hier für ein Aufruhr?!
Die Versammlung hat schon angefangen!
schluchz
Wir können gerade nicht!!
Echt jetzt, Yushin?!
S... Sehr gerne!
Und du darfst dich nicht mehr im Spind verstecken!
Okay!

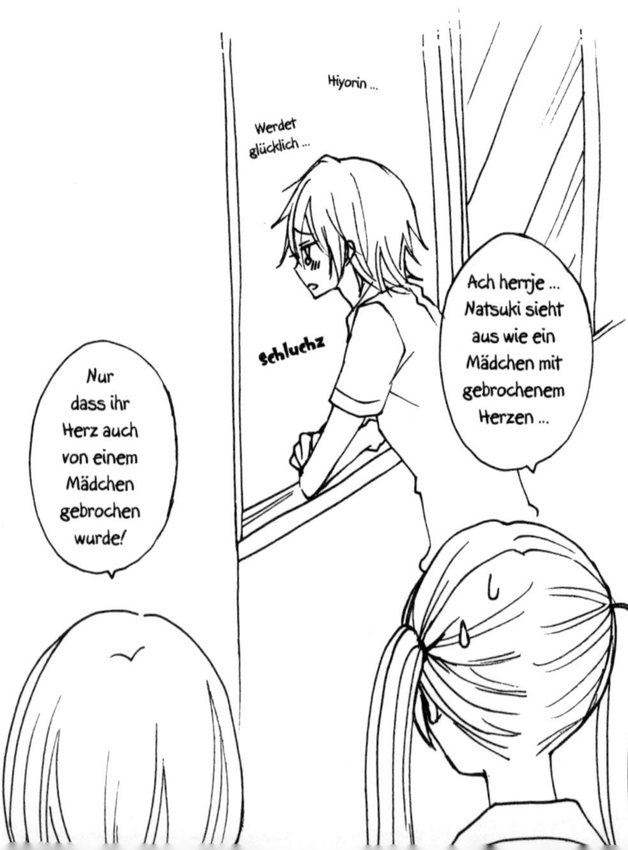
Hiyorin ...
Werdet glücklich ...
Schluchz
Ach herrje ... Natsuki sieht aus wie ein Mädchen mit gebrochenem Herzen ...
Nur dass ihr Herz auch von einem Mädchen gebrochen wurde!

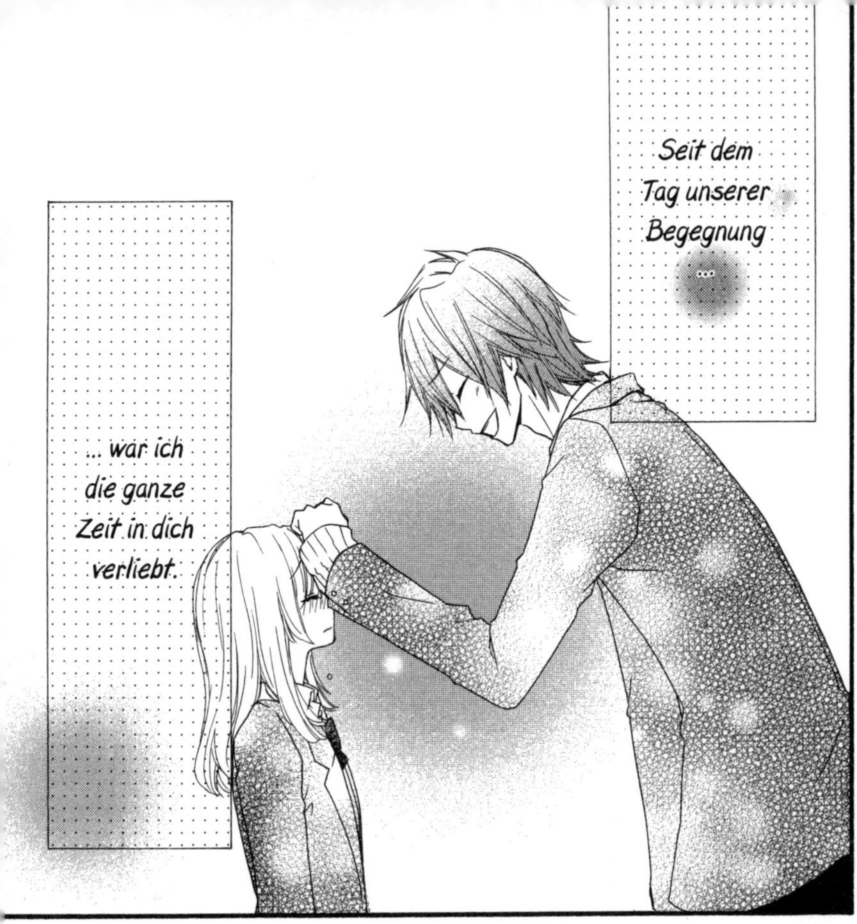
Seit dem Tag unserer Begegnung ...
... war ich die ganze Zeit in dich verliebt.

Hiyokoi

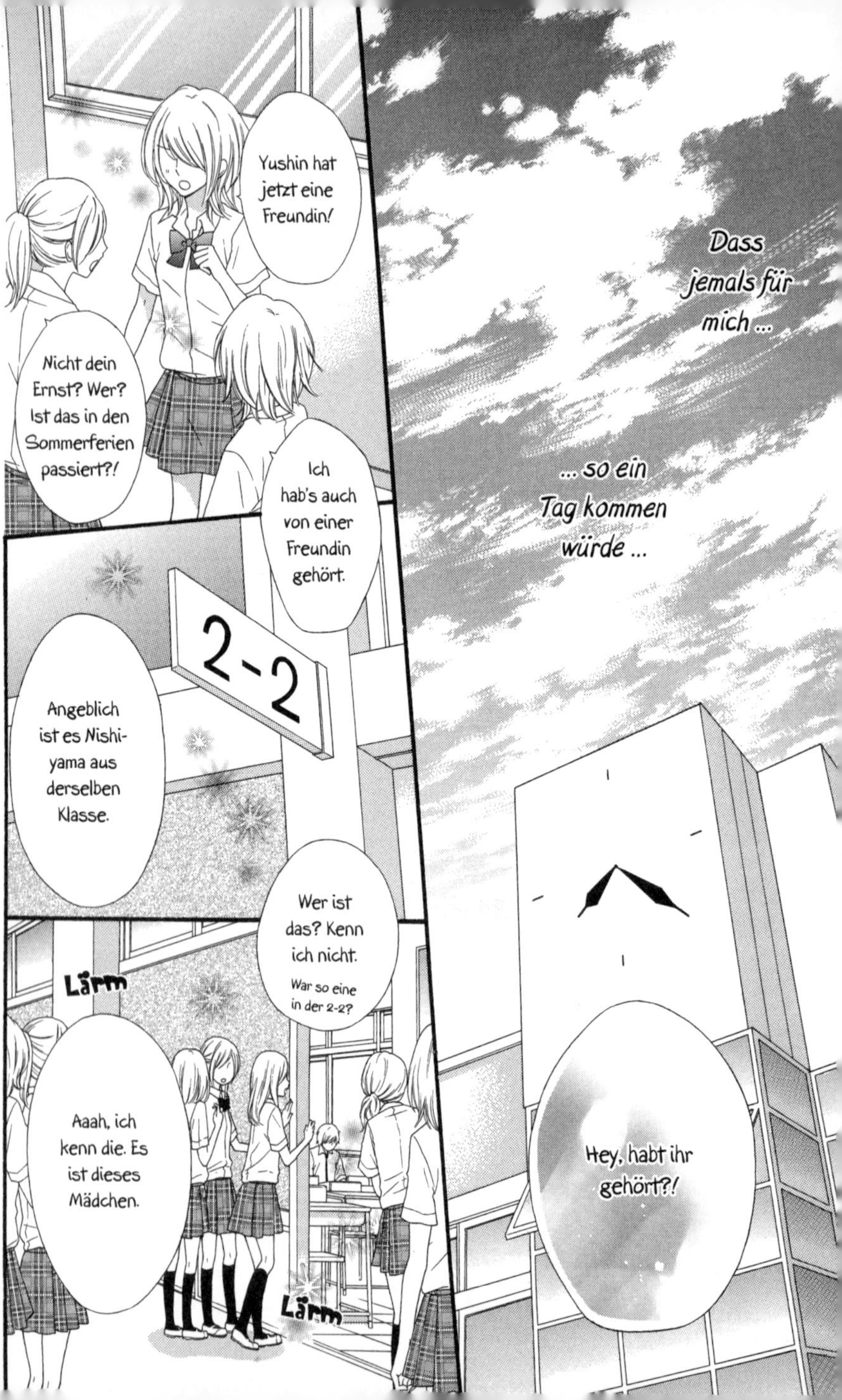
Dass jemals für mich ...
... so ein Tag kommen würde ...
Hey, habt ihr gehört?!
Yushin hat jetzt eine Freundin!
Nicht dein Ernst? Wer? Ist das in den Sommerferien passiert?!
Ich hab's auch von einer Freundin gehört.
2-2
Angeblich ist es Nishi-yama aus derselben Klasse.
Wer ist das? Kenn ich nicht.
War so eine in der 2-2?
Lärm
Aaah, ich kenn die. Es ist dieses Mädchen.
Lärm

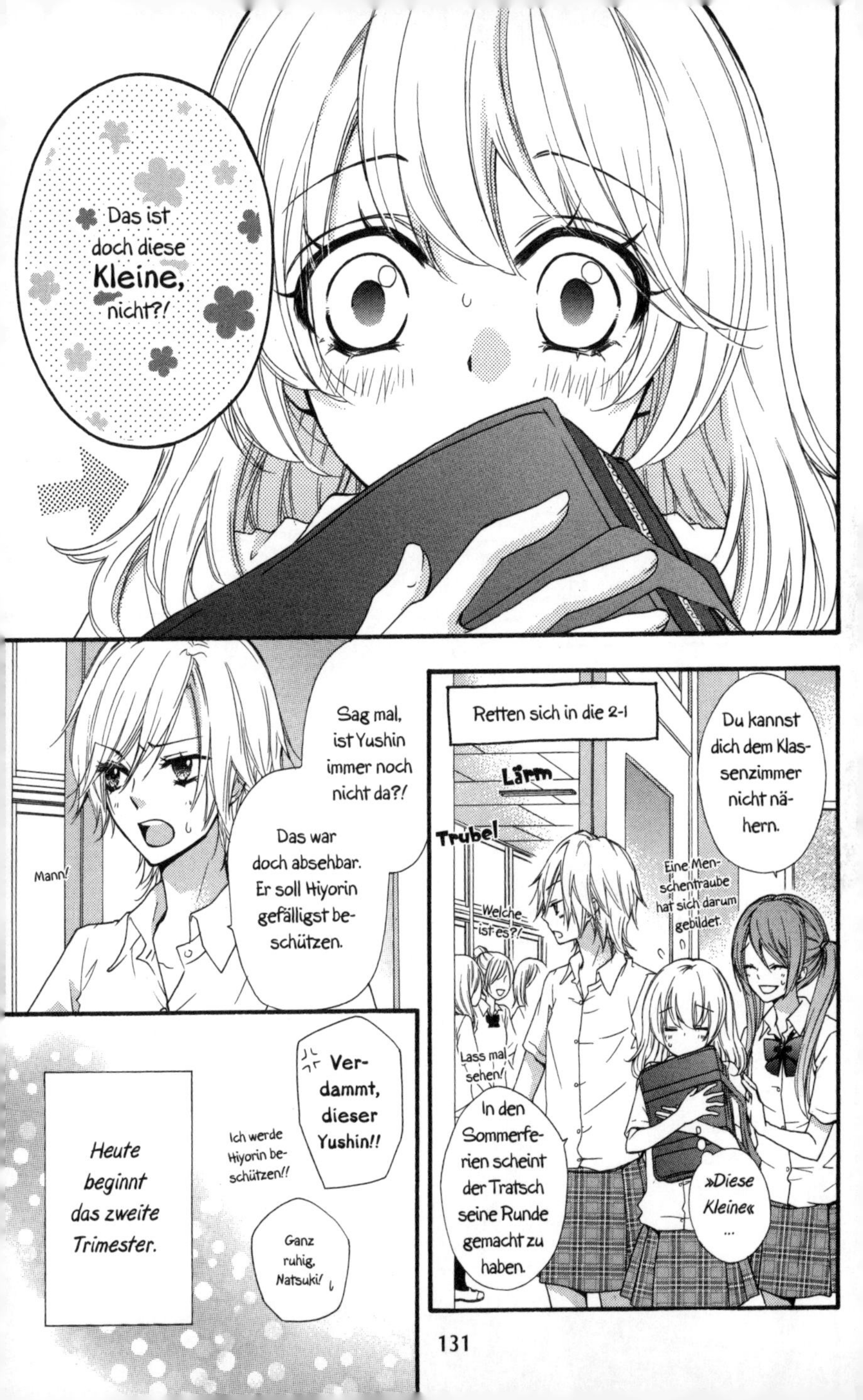

Das ist doch diese Kleine, nicht?!
Retten sich in die 2-1
Du kannst dich dem Klassenzimmer nicht nähern.
Eine Menschentraube hat sich darum gebildet.
Lärm
Trubel
Welche ist es?!
Lass mal sehen!
»Diese Kleine« ...
In den Sommerferien scheint der Tratsch seine Runde gemacht zu haben.
Sag mal, ist Yushin immer noch nicht da?!
Das war doch absehbar. Er soll Hiyorin gefälligst beschützen.
Mann!
Verdammt, dieser Yushin!!
Ich werde Hiyorin beschützen!!
Ganz ruhig, Natsuki!
Heute beginnt das zweite Trimester.

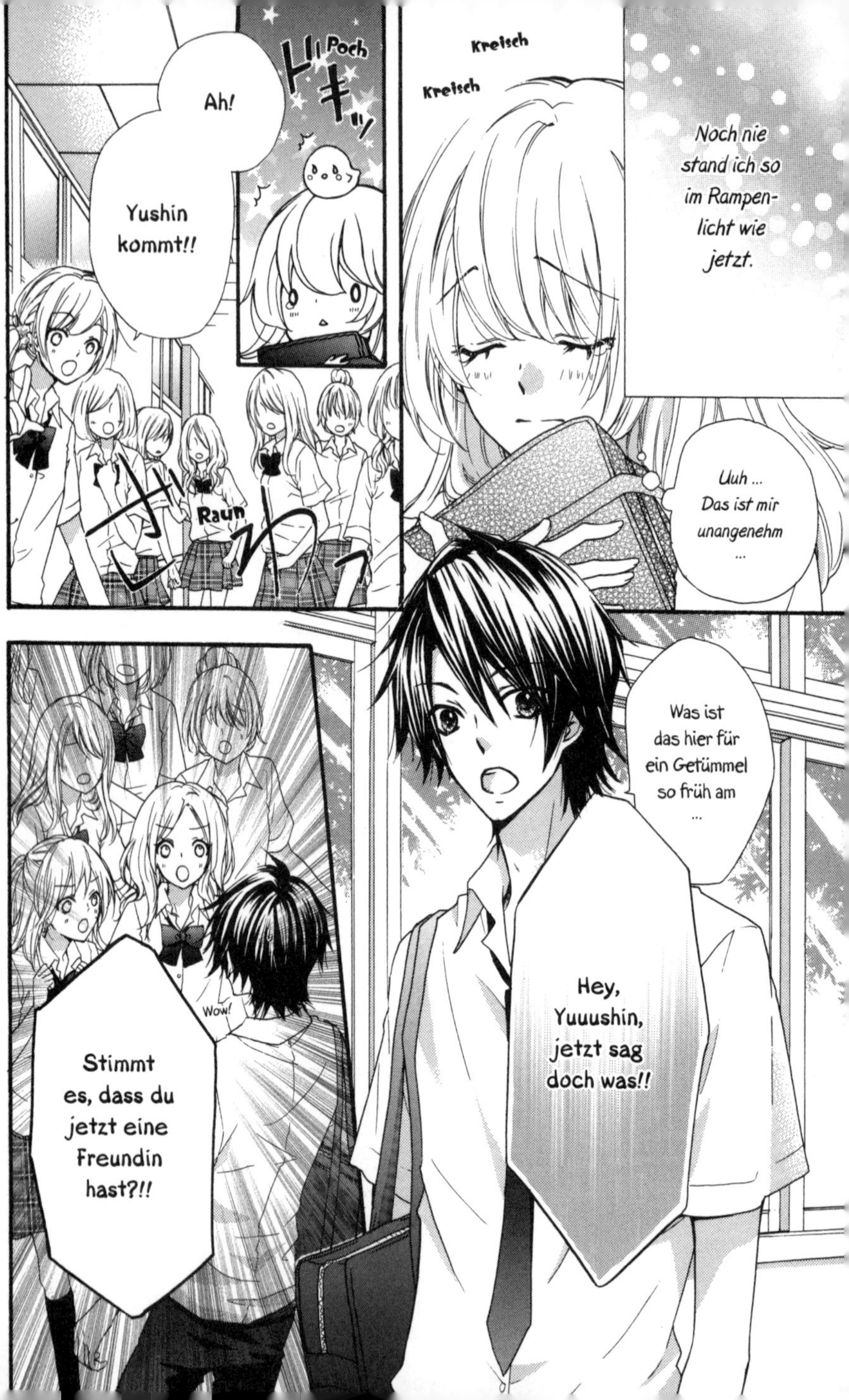
Poch
Ah!
Yushin kommt!!
Raun
Kreisch
Kreisch
Noch nie stand ich so im Rampenlicht wie jetzt.
Uuh ... Das ist mir unangenehm ...
Was ist das hier für ein Getümmel so früh am ...
Hey, Yuuushin, jetzt sag doch was!!
Wow!
Stimmt es, dass du jetzt eine Freundin hast?!!

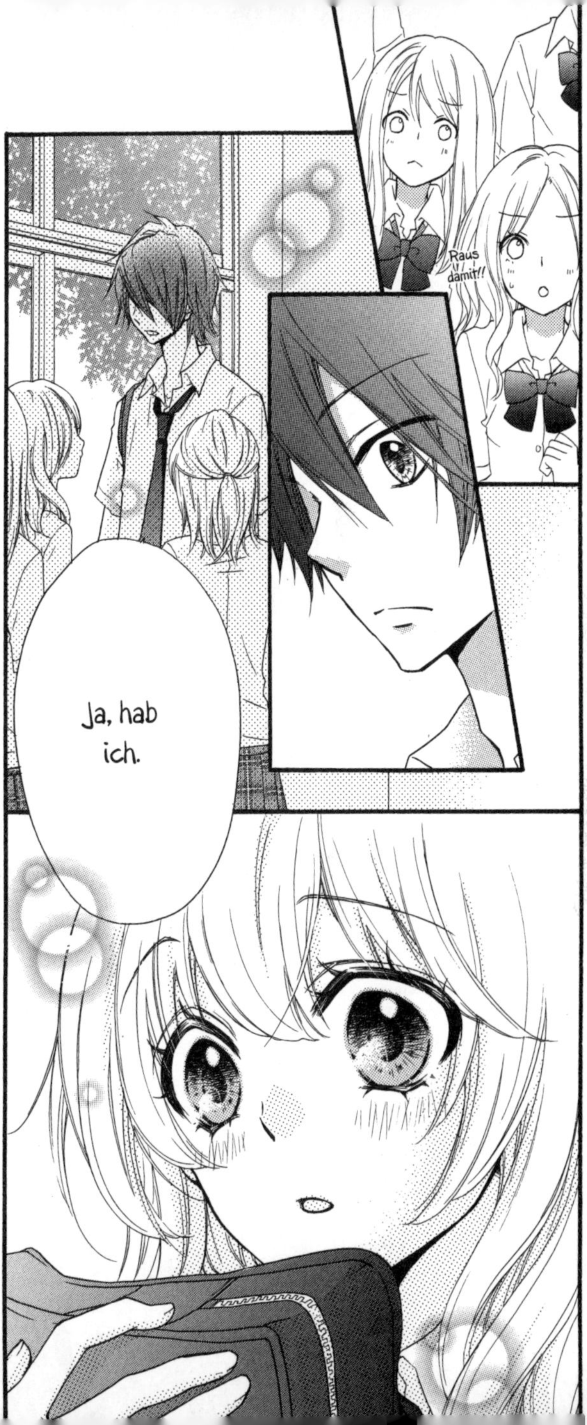
Raus damit!!
Ja, hab ich.

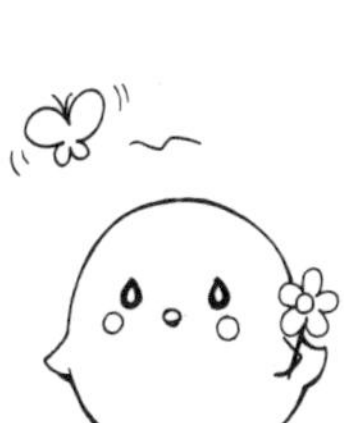

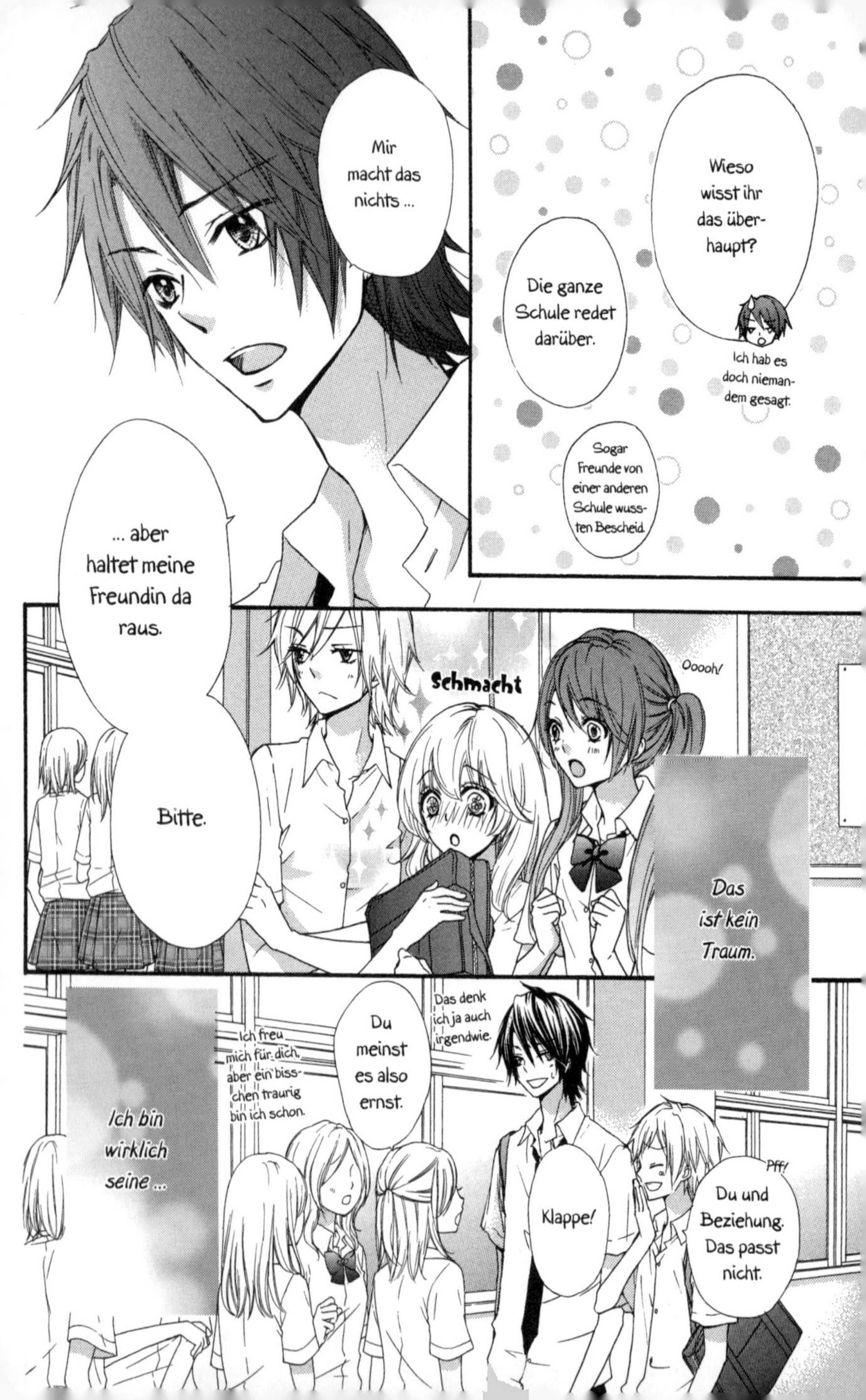

Wieso wisst ihr das überhaupt?
Ich hab es doch niemandem gesagt.
Die ganze Schule redet darüber.
Sogar Freunde von einer anderen Schule wussten Bescheid.
Mir macht das nichts ...
... aber haltet meine Freundin da raus.
Bitte.
Das ist kein Traum.
Ooooh!
Schmacht
Du und Beziehung. Das passt nicht.
Pff!
Klappe!
Das denk ich ja auch irgendwie.
Du meinst es also ernst.
Ich freu mich für dich, aber ein bisschen traurig bin ich schon.
Ich bin wirklich seine ...

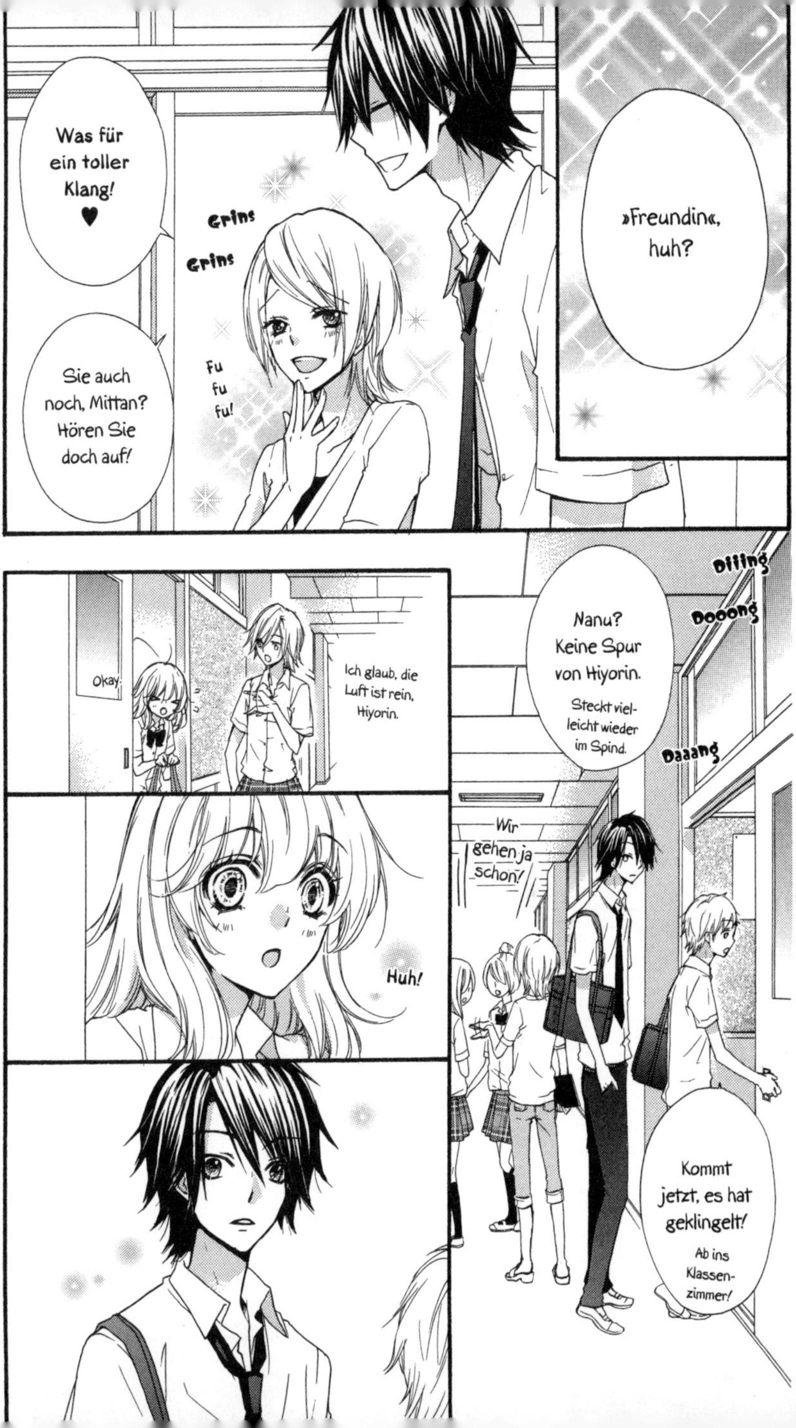
»Freundin«, huh?
Grins
Grins
Fu fu fu!
Was für ein toller Klang! ♥
Sie auch noch, Mittan? Hören Sie doch auf!
Diiing
Dooong
Daaang
Nanu? Keine Spur von Hiyorin.
Steckt vielleicht wieder im Spind.
Wir gehen ja schon!
Kommt jetzt, es hat geklingelt!
Ab ins Klassenzimmer!
Ich glaub, die Luft ist rein, Hiyorin.
Okay.
Huh!

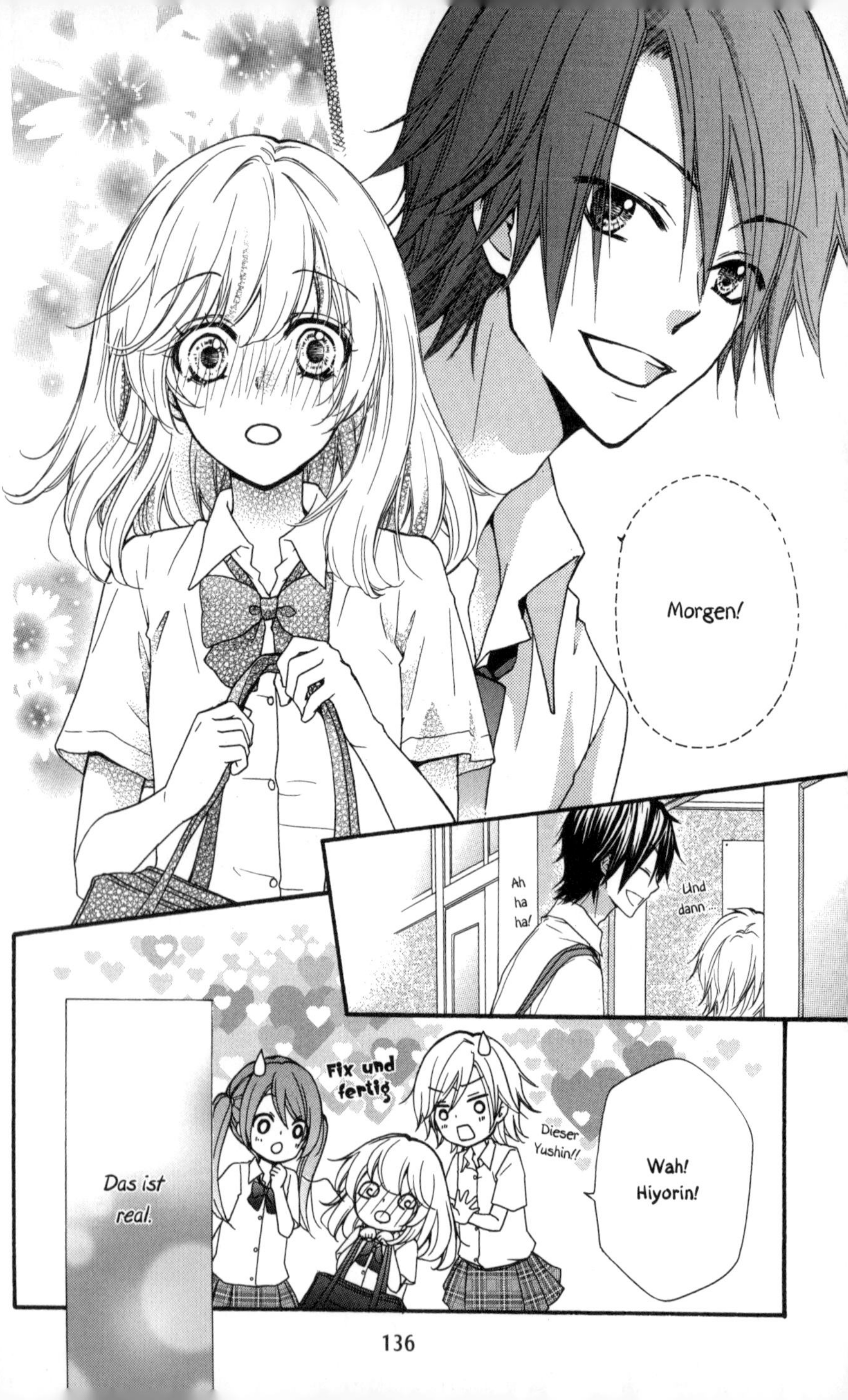
Morgen!
Und dann ...
Ah ha ha!
Wah! Hiyorin!
Dieser Yushin!!
Fix und fertig
Das ist real.

4

Fortsetzung.

Die Arbeit von Profis vor Augen geführt zu bekommen ist sehr lehrreich. Wenn sich die Möglichkeit ergibt, empfehle ich, die Erfahrung als Assistent mal zu machen.

Und ich muss widersprechen, wenn man meint, dass man dafür in der Großstadt leben muss. Ich habe jeden Monat drei Stunden Fahrt auf mich genommen, um von Ibaraki dorthin zu fahren. (Ich bin noch immer etwas beeindruckt, dass sie mich überhaupt angeheuert haben ...) Solche Fälle gibt es also auch. Ich hoffe, das hilft euch weiter.

Der Mangaka hat mir jedoch sehr vom Jobben abgeraten. Die Gesellschaft legt nun mal Wert auf den Werdegang ... Mein Klassenlehrer aus dem dritten Jahr der Highschool sowie meine Eltern haben aber in dieser Hinsicht Verständnis gezeigt und mich unterstützt. Dafür bin ich ihnen sehr dankbar.

Das war's für dieses Mal! Ich freue mich auf eure Meinungen zum Manga.☆

Shueisha *Ribon* Editorial
Ms Moe Yukimaru
119-0161 Tokyo, Japan

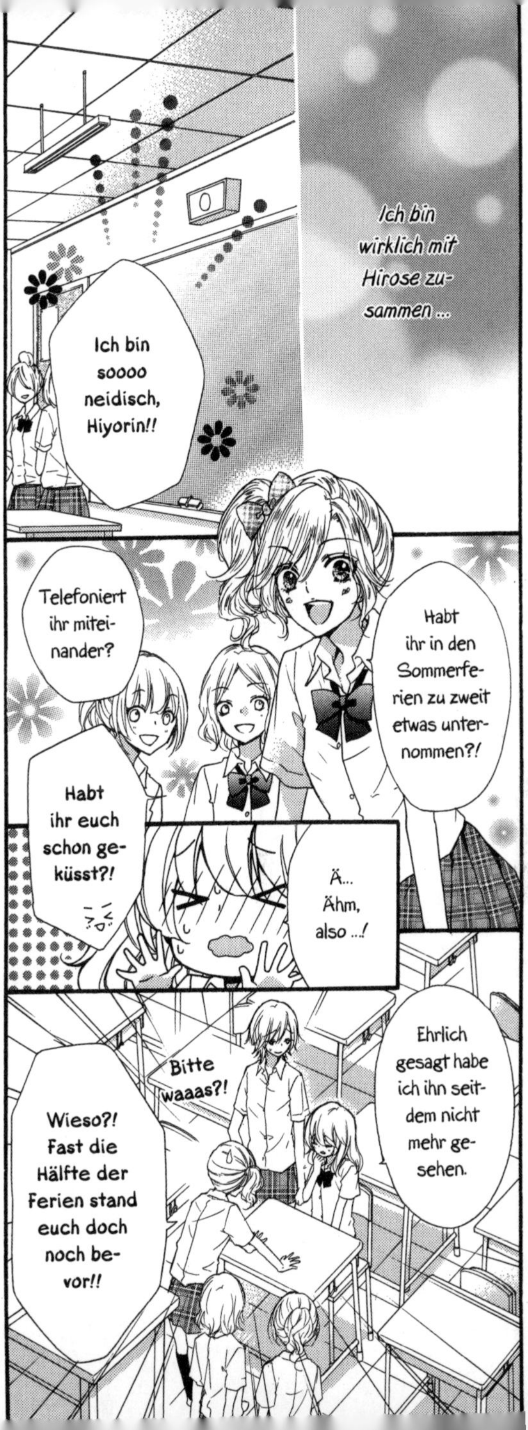

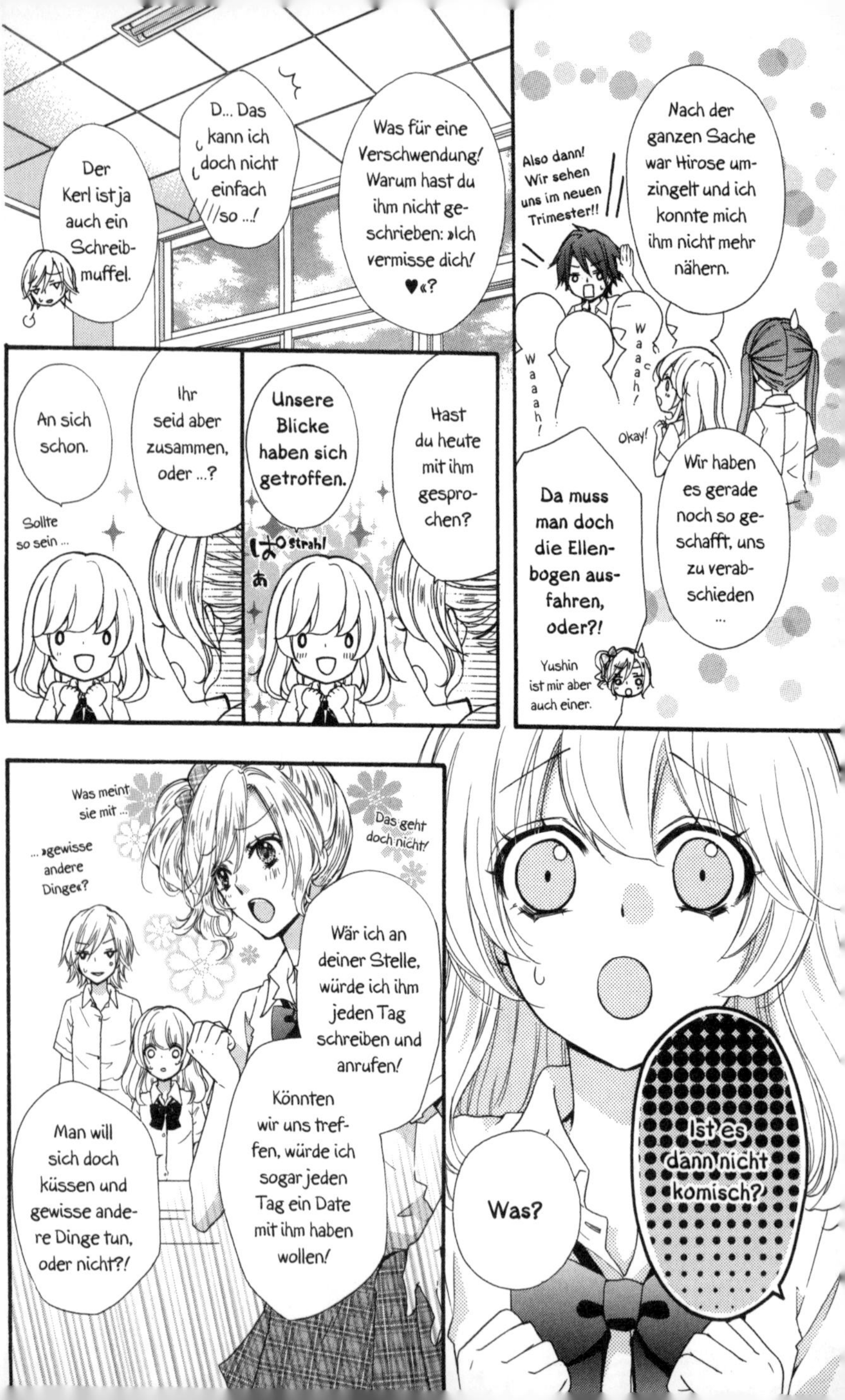
Nach der ganzen Sache war Hirose umzingelt und ich konnte mich ihm nicht mehr nähern.
Also dann! Wir sehen uns im neuen Trimester!!
Waaah!
Waaah!
Okay!
Wir haben es gerade noch so geschafft, uns zu verabschieden ...
Da muss man doch die Ellenbogen ausfahren, oder?!
Yushin ist mir aber auch einer.
Was für eine Verschwendung! Warum hast du ihm nicht geschrieben: »Ich vermisse dich! ♥«?
D... Das kann ich doch nicht einfach so ...!
Der Kerl ist ja auch ein Schreibmuffel.
Hast du heute mit ihm gesprochen?
Unsere Blicke haben sich getroffen.
strahl!
Ihr seid aber zusammen, oder ...?
An sich schon.
Sollte so sein ...
Ist es dann nicht komisch?
Was?
Das geht doch nicht!
Wär ich an deiner Stelle, würde ich ihm jeden Tag schreiben und anrufen!
Könnten wir uns treffen, würde ich sogar jeden Tag ein Date mit ihm haben wollen!
Man will sich doch küssen und gewisse andere Dinge tun, oder nicht?!
Was meint sie mit ...
... »gewisse andere Dinge«?

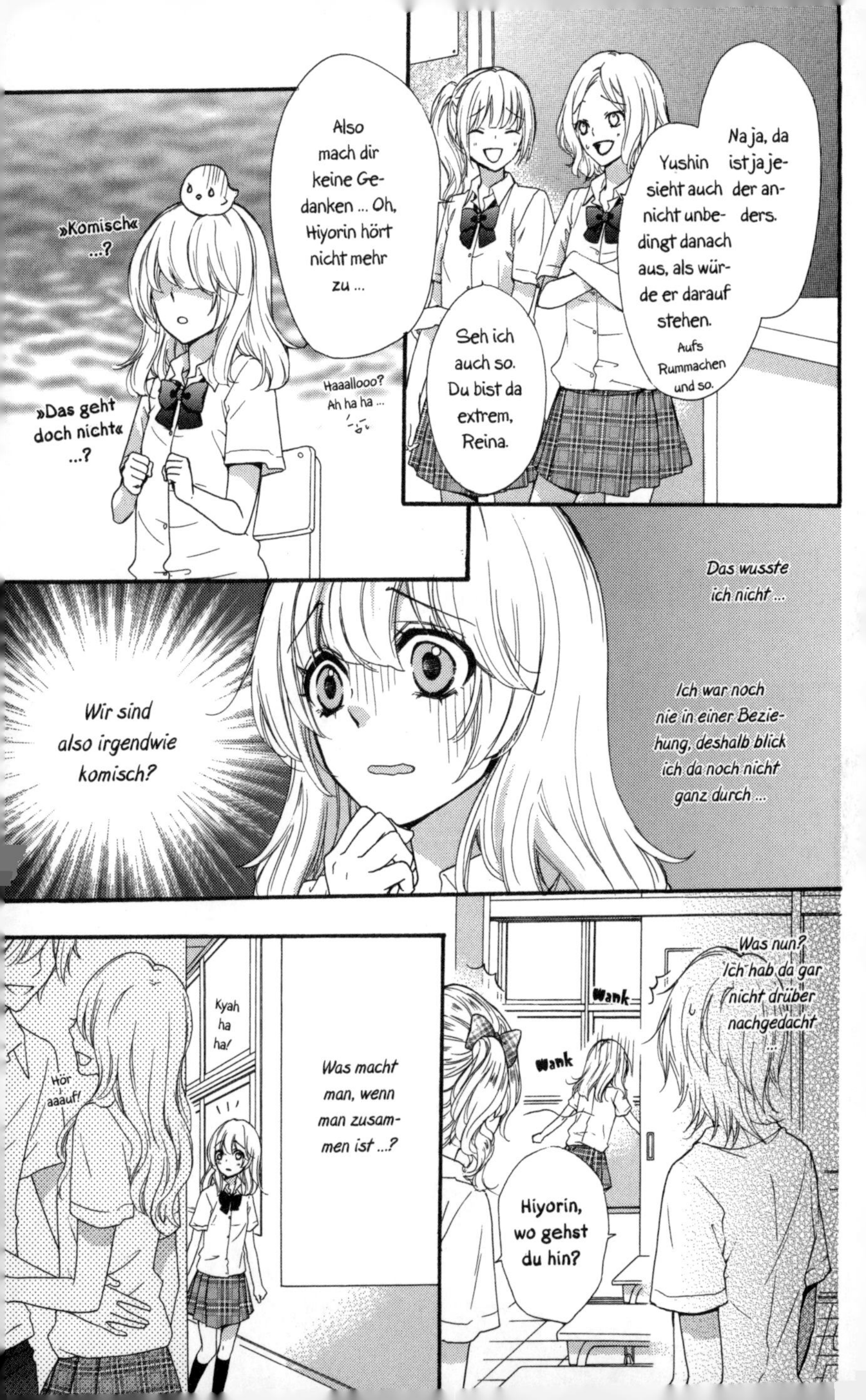
Na ja, da ist ja jeder anders.
Yushin sieht auch nicht unbedingt danach aus, als würde er darauf stehen.
Aufs Rummachen und so.
Seh ich auch so. Du bist da extrem, Reina.
Also mach dir keine Gedanken ... Oh, Hiyorin hört nicht mehr zu ...
»Komisch« ...?
»Das geht doch nicht« ...?
Haaallooo? Ah ha ha ...
Das wusste ich nicht ...
Ich war noch nie in einer Beziehung, deshalb blick ich da noch nicht ganz durch ...
Wir sind also irgendwie komisch?
Was nun? Ich hab da gar nicht drüber nachgedacht ...
Wank
Wank
Hiyorin, wo gehst du hin?
Was macht man, wenn man zusammen ist ...?
Kyah ha ha!
Hör aaauf!

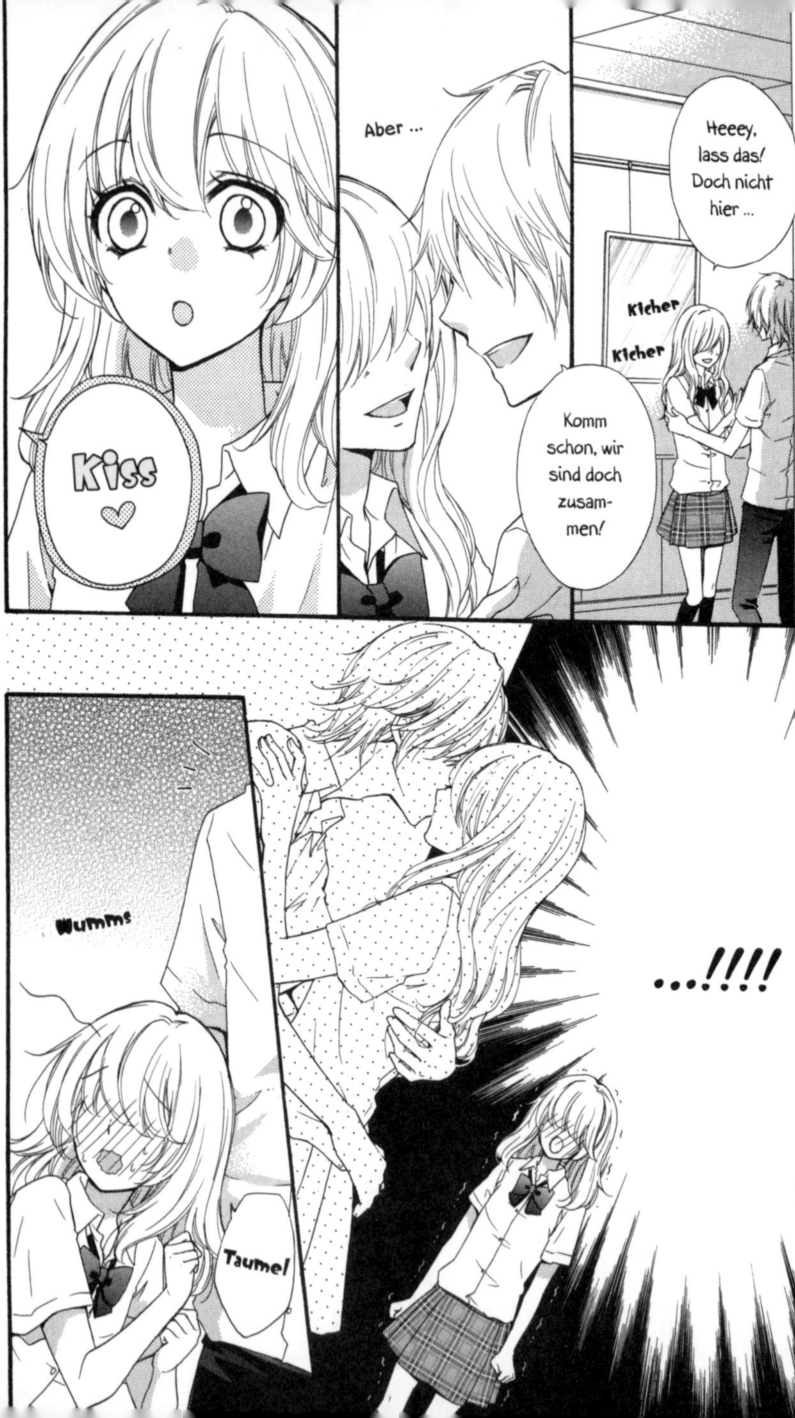
Heeey, lass das! Doch nicht hier ...
Kicher
Kicher
Komm schon, wir sind doch zusam-men!
Aber ...
Kiss
...!!!!
Wumms
Taumel

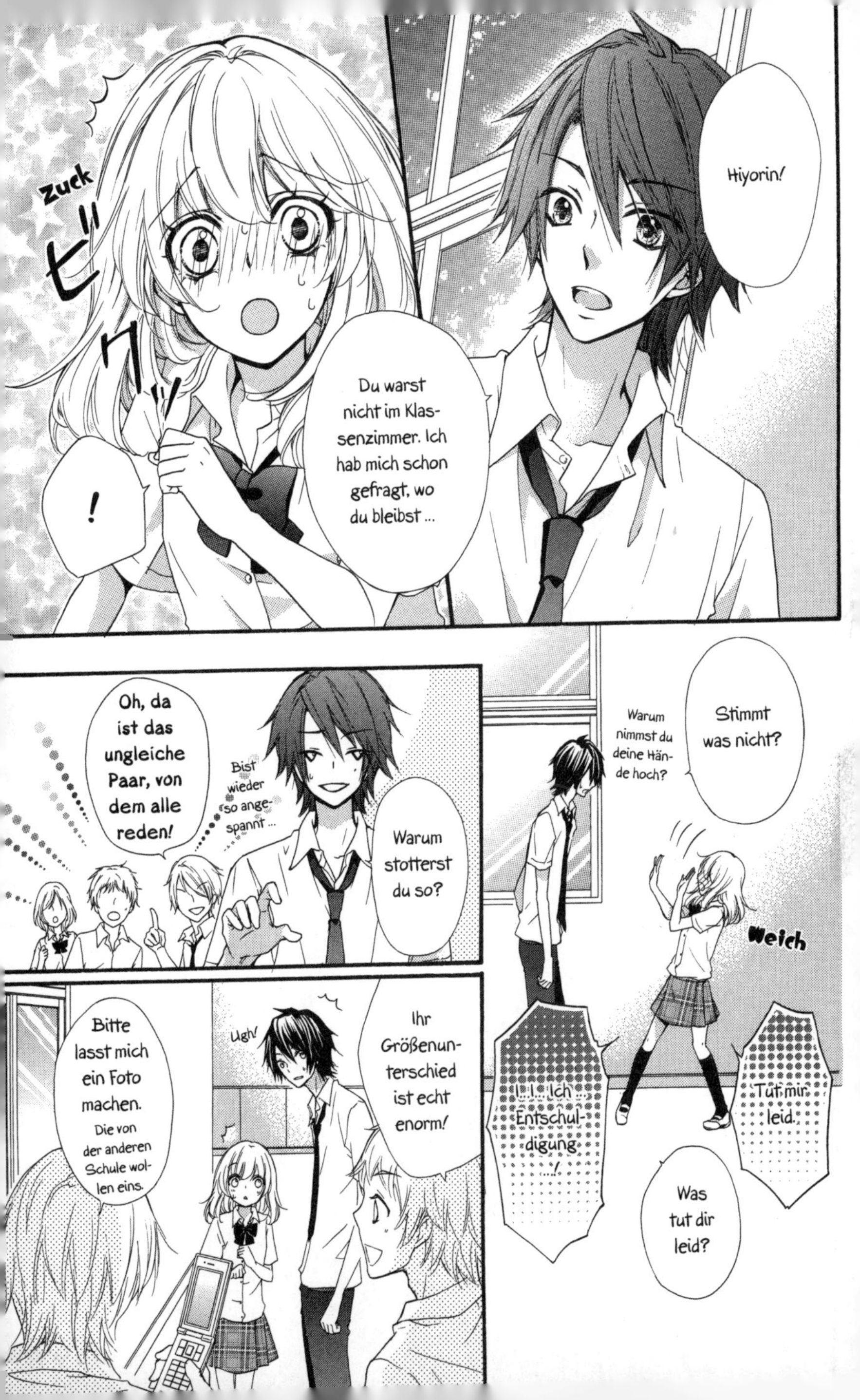
Hiyorin!
Du warst nicht im Klassenzimmer. Ich hab mich schon gefragt, wo du bleibst ...
Zuck
!
Stimmt was nicht?
Warum nimmst du deine Hände hoch?
Weich
Tut mir leid.
I... I... Ich ... Entschuldigung ...!
Was tut dir leid?
Warum stotterst du so?
Bist wieder so angespannt ...
Oh, da ist das ungleiche Paar, von dem alle reden!
Ihr Größenunterschied ist echt enorm!
Ugh!
Bitte lasst mich ein Foto machen.
Die von der anderen Schule wollen eins.

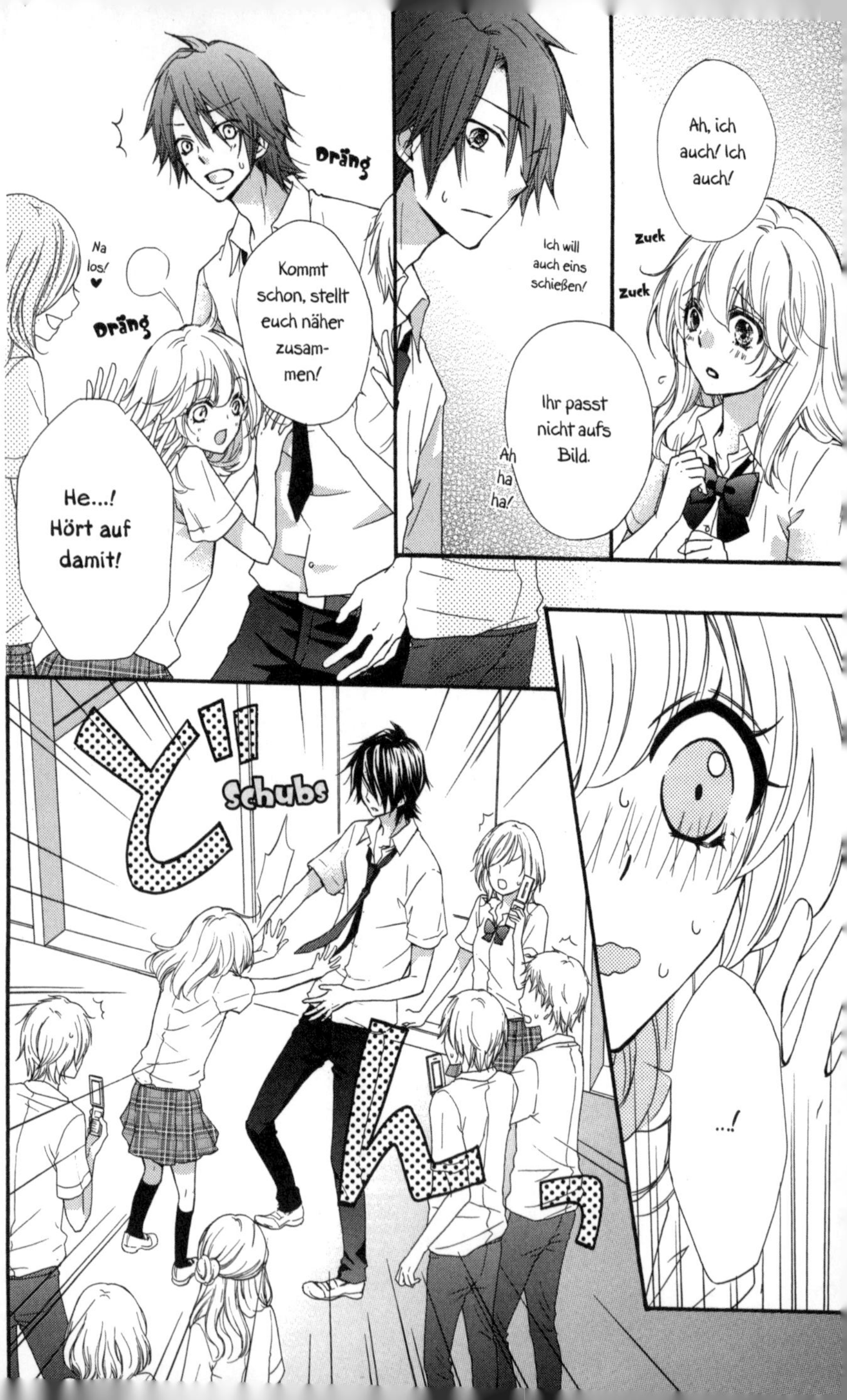
Ah, ich auch! Ich auch!
Zuck
Zuck
Ich will auch eins schießen!
Ihr passt nicht aufs Bild.
Ah ha ha!
Drāng
Kommt schon, stellt euch näher zusammen!
Na los! ♥
Drāng
He...! Hört auf damit!
...!
Schubs

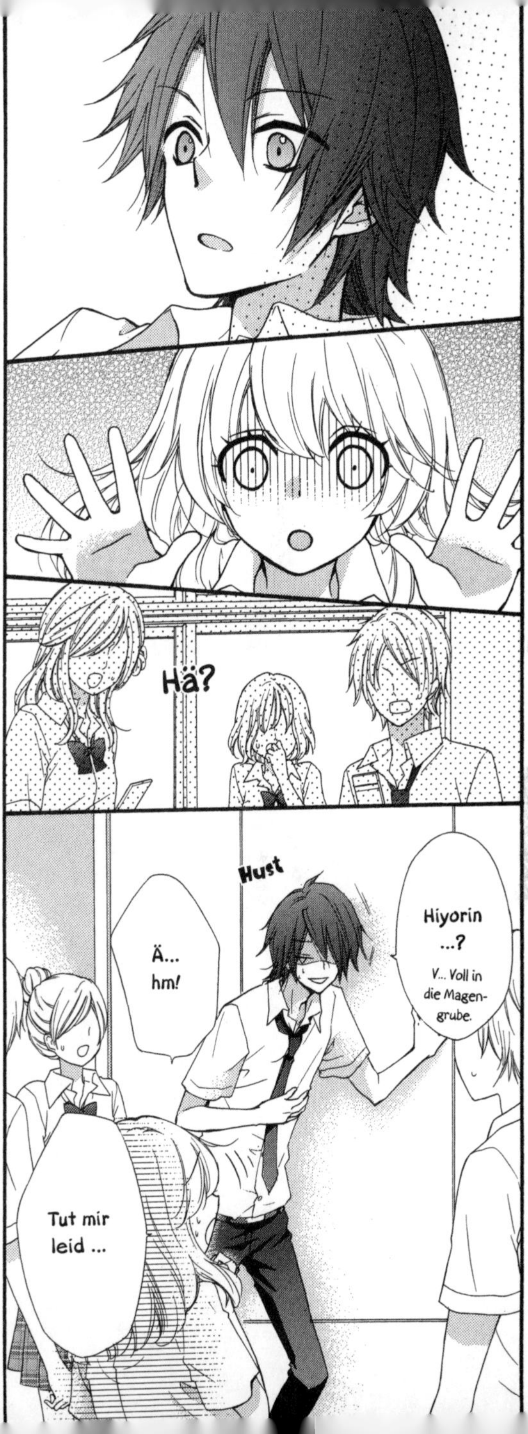
Hä?
Hiyorin ...?
V... Voll in die Magengrube.
Hust
Ä... hm!
Tut mir leid ...

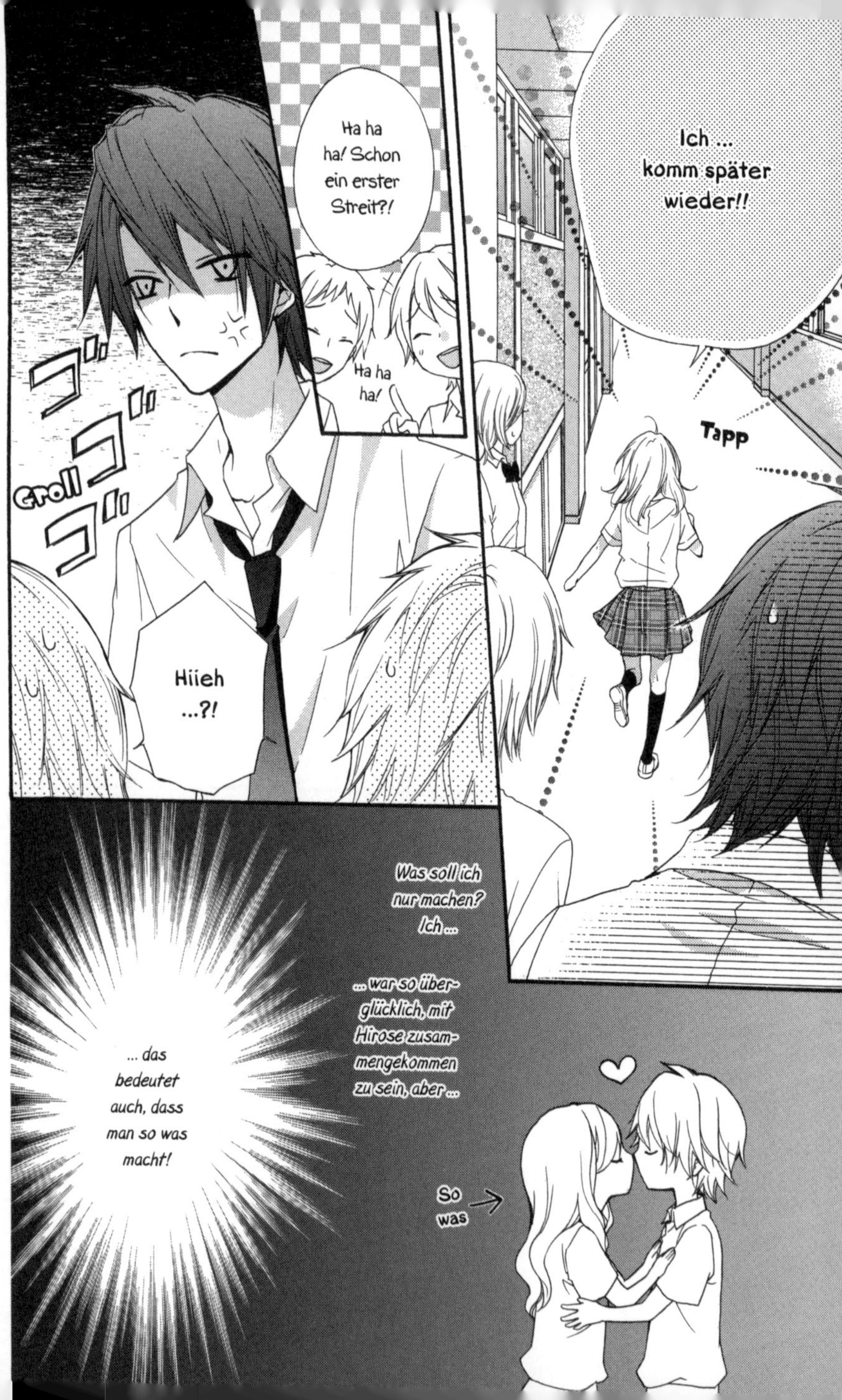
Ich ...
komm später
wieder!!
Tapp
Ha ha
ha! Schon
ein erster
Streit?!
Ha ha
ha!
Groll
Hiieh
...?!
Was soll ich
nur machen?
Ich ...
... war so über-
glücklich, mit
Hirose zusam-
mengekommen
zu sein, aber ...
... das
bedeutet
auch, dass
man so was
macht!
So
was

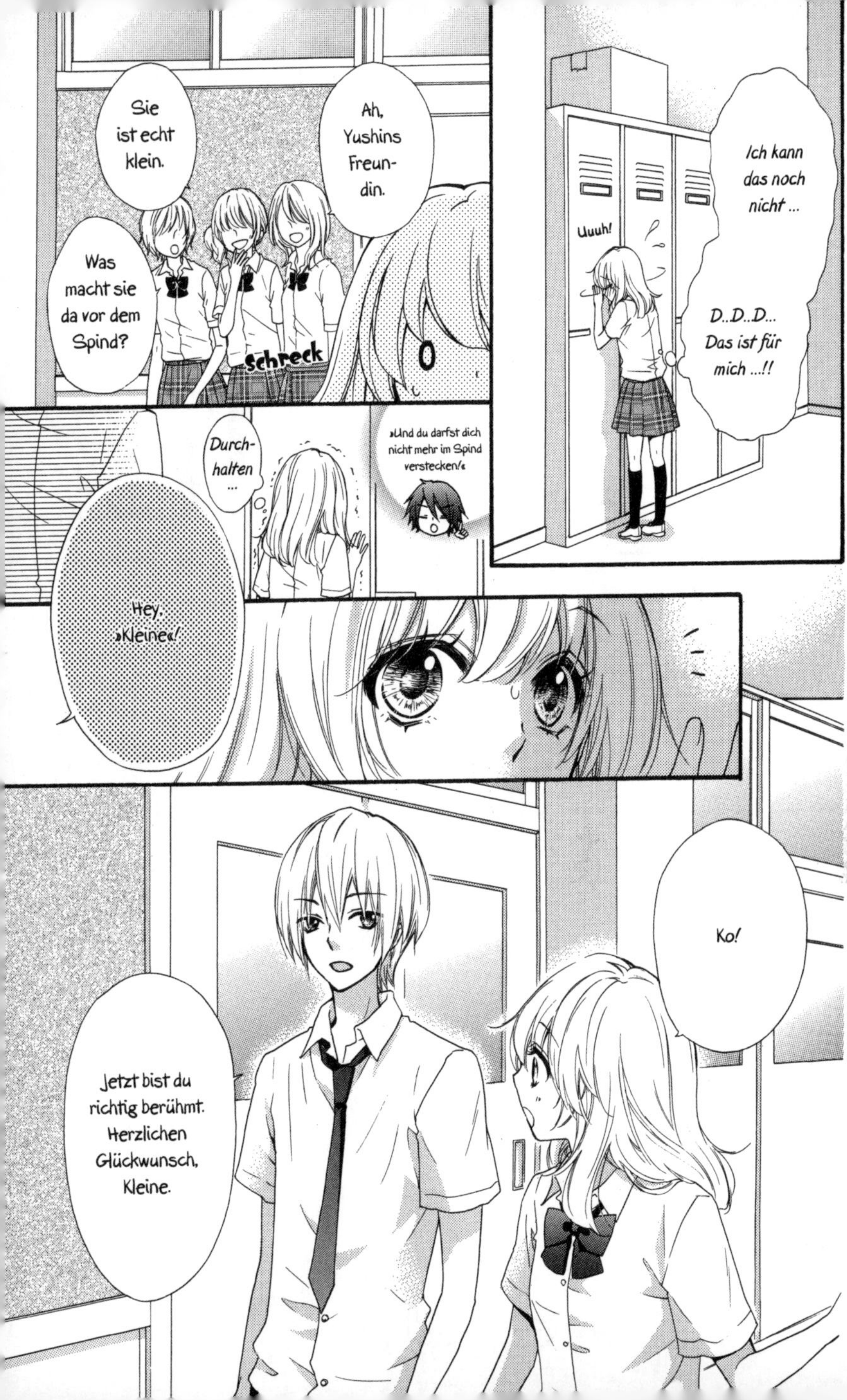
Uuuh!
Ich kann das noch nicht ...
D..D..D... Das ist für mich ...!!
Ah, Yushins Freundin.
Sie ist echt klein.
Was macht sie da vor dem Spind?
Schreck
»Und du darfst dich nicht mehr im Spind verstecken!«
Durchhalten ...
Hey, »Kleine«!
Ko!
Jetzt bist du richtig berühmt. Herzlichen Glückwunsch, Kleine.

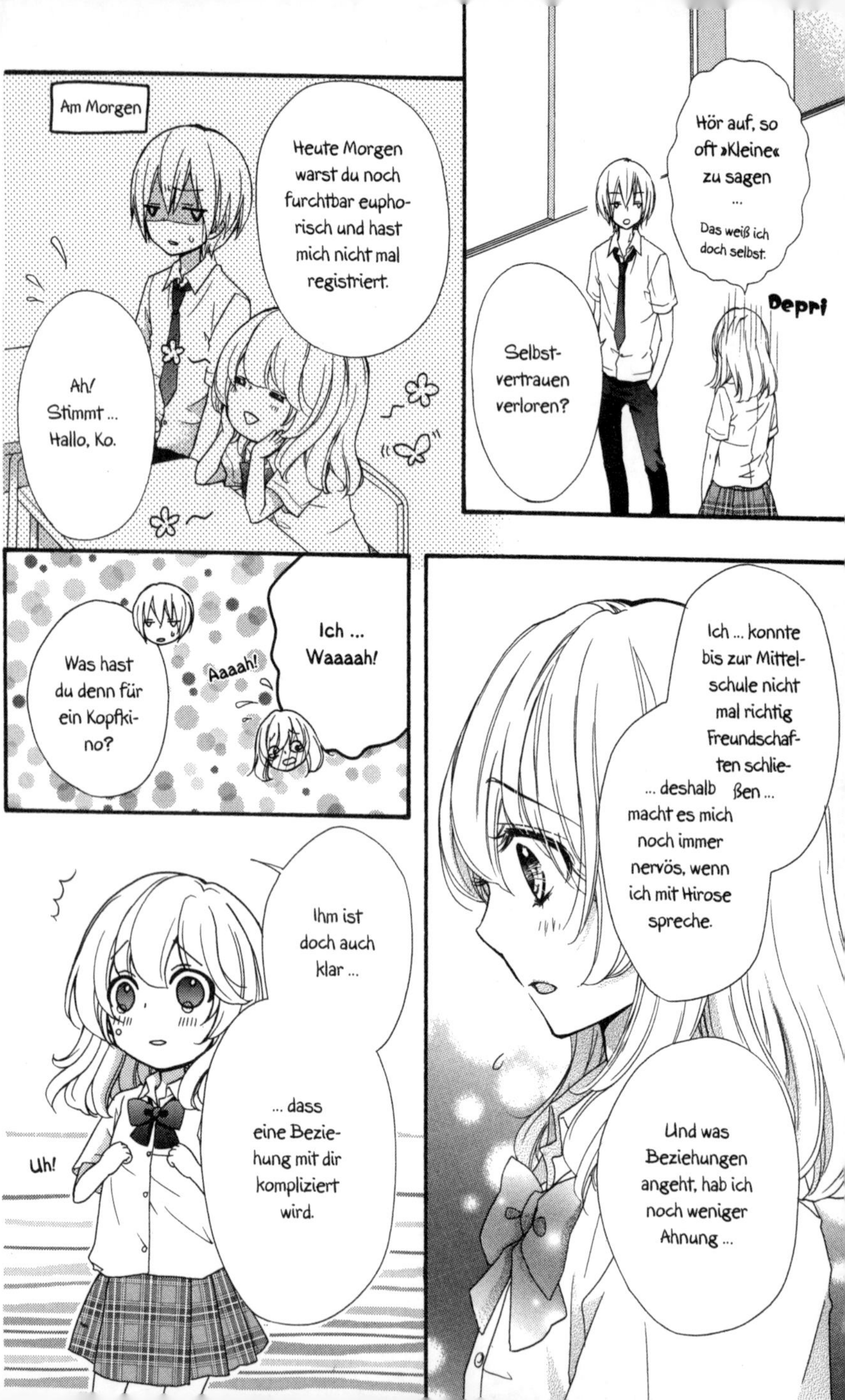

Hör auf, so oft »Kleine« zu sagen ...
Das weiß ich doch selbst.
Depri
Selbstvertrauen verloren?
Am Morgen
Heute Morgen warst du noch furchtbar euphorisch und hast mich nicht mal registriert.
Ah! Stimmt ... Hallo, Ko.
Ich ... Waaaah!
Aaaah!
Was hast du denn für ein Kopfkino?
Ich ... konnte bis zur Mittelschule nicht mal richtig Freundschaften schließen ...
... deshalb macht es mich noch immer nervös, wenn ich mit Hirose spreche.
Und was Beziehungen angeht, hab ich noch weniger Ahnung ...
Ihm ist doch auch klar ...
... dass eine Beziehung mit dir kompliziert wird.
Uh!

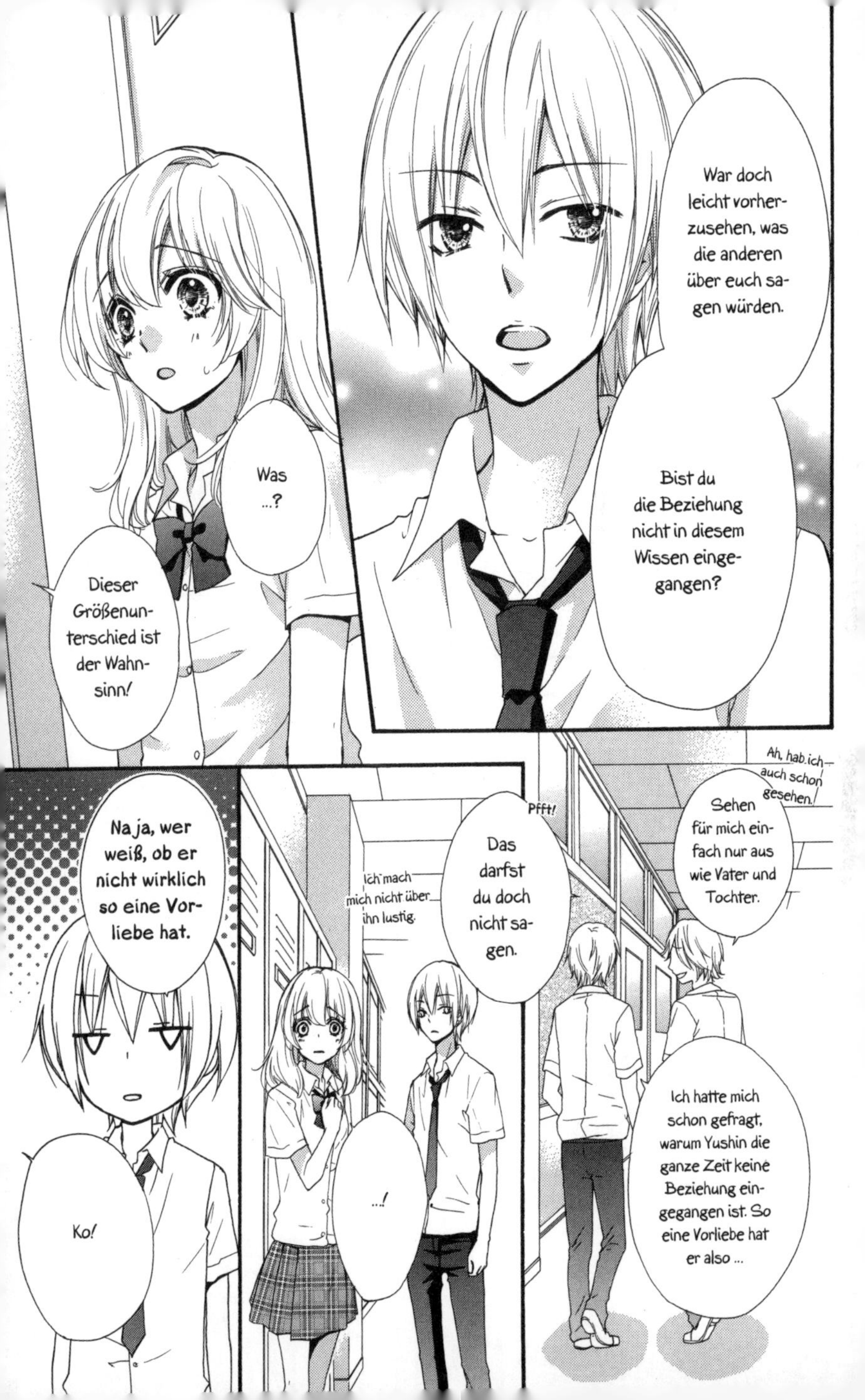

War doch leicht vorherzusehen, was die anderen über euch sagen würden.
Bist du die Beziehung nicht in diesem Wissen eingegangen?
Was ...?
Dieser Größenunterschied ist der Wahnsinn!
Ah, hab ich auch schon gesehen.
Sehen für mich einfach nur aus wie Vater und Tochter.
Ich hatte mich schon gefragt, warum Yushin die ganze Zeit keine Beziehung eingegangen ist. So eine Vorliebe hat er also ...
Pfft!
Das darfst du doch nicht sagen.
Ich mach mich nicht über ihn lustig.
...!
Na ja, wer weiß, ob er nicht wirklich so eine Vorliebe hat.
Ko!

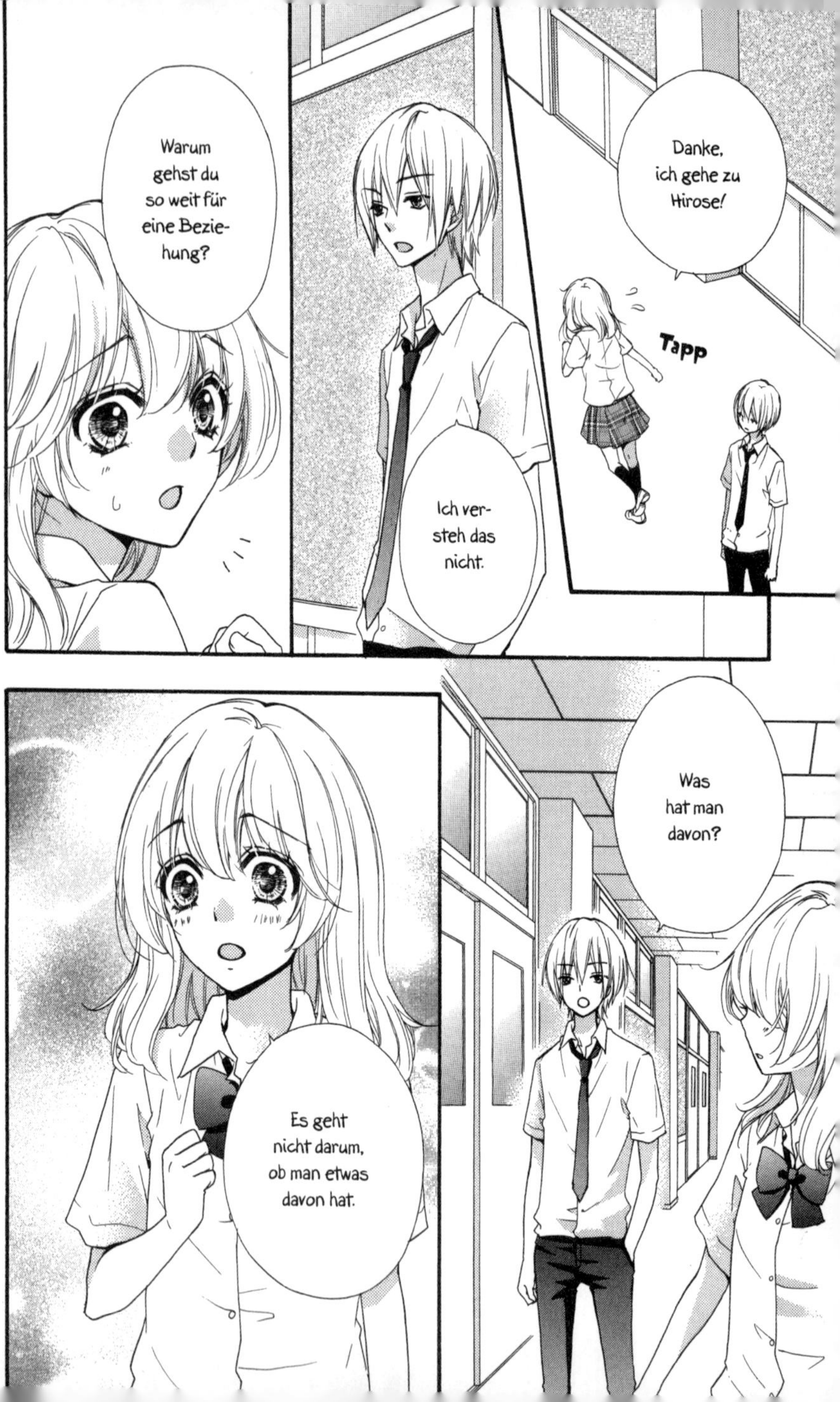
Danke, ich gehe zu Hirose!
Tapp
Ich versteh das nicht.
Warum gehst du so weit für eine Beziehung?
Was hat man davon?
Es geht nicht darum, ob man etwas davon hat.

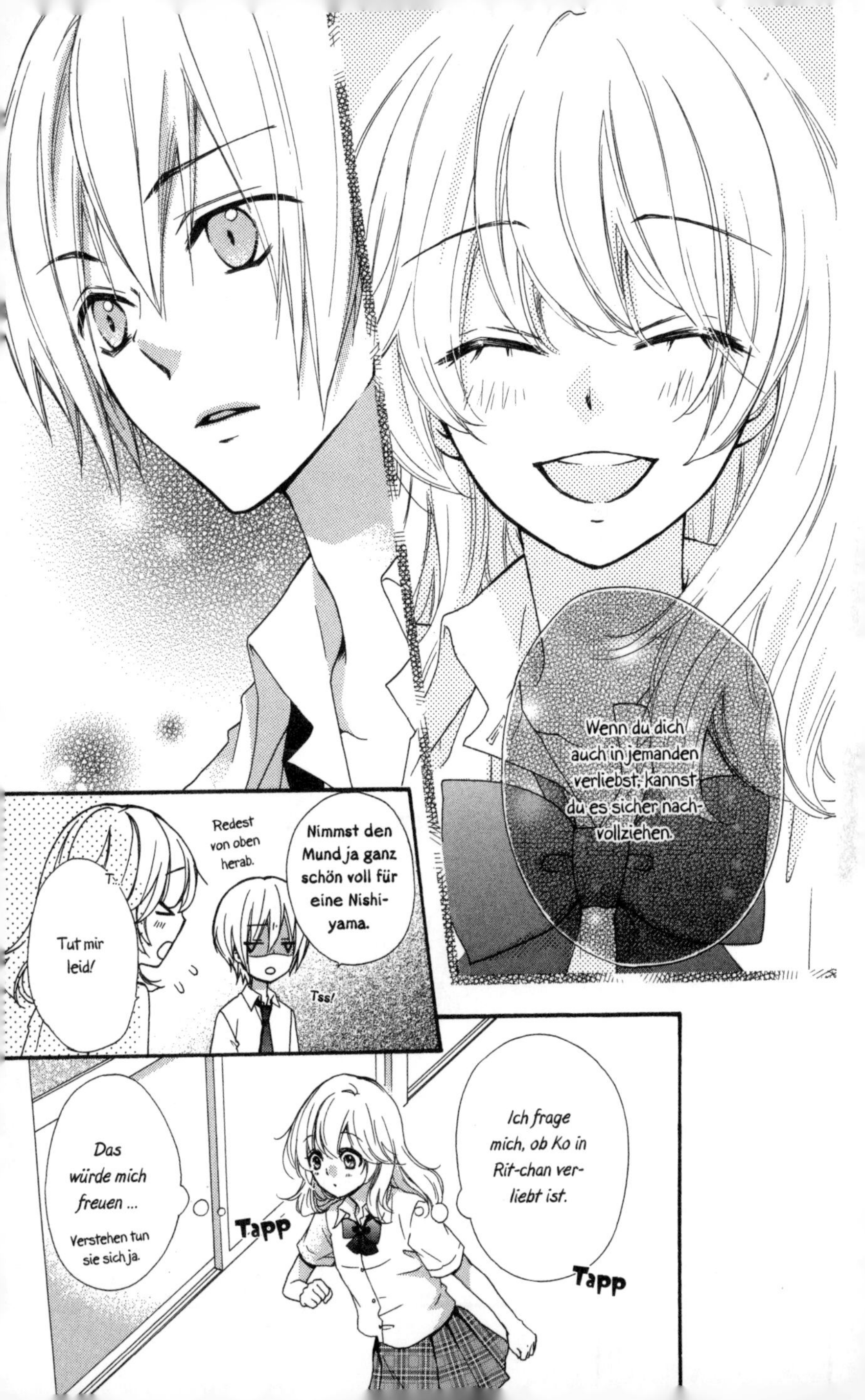
Wenn du dich auch in jemanden verliebst, kannst du es sicher nachvollziehen.
Nimmst den Mund ja ganz schön voll für eine Nishi-yama.
Redest von oben herab.
Tss!
Tut mir leid!
Ich frage mich, ob Ko in Rit-chan verliebt ist.
Tapp
Tapp
Das würde mich freuen ...
Verstehen tun sie sich ja.

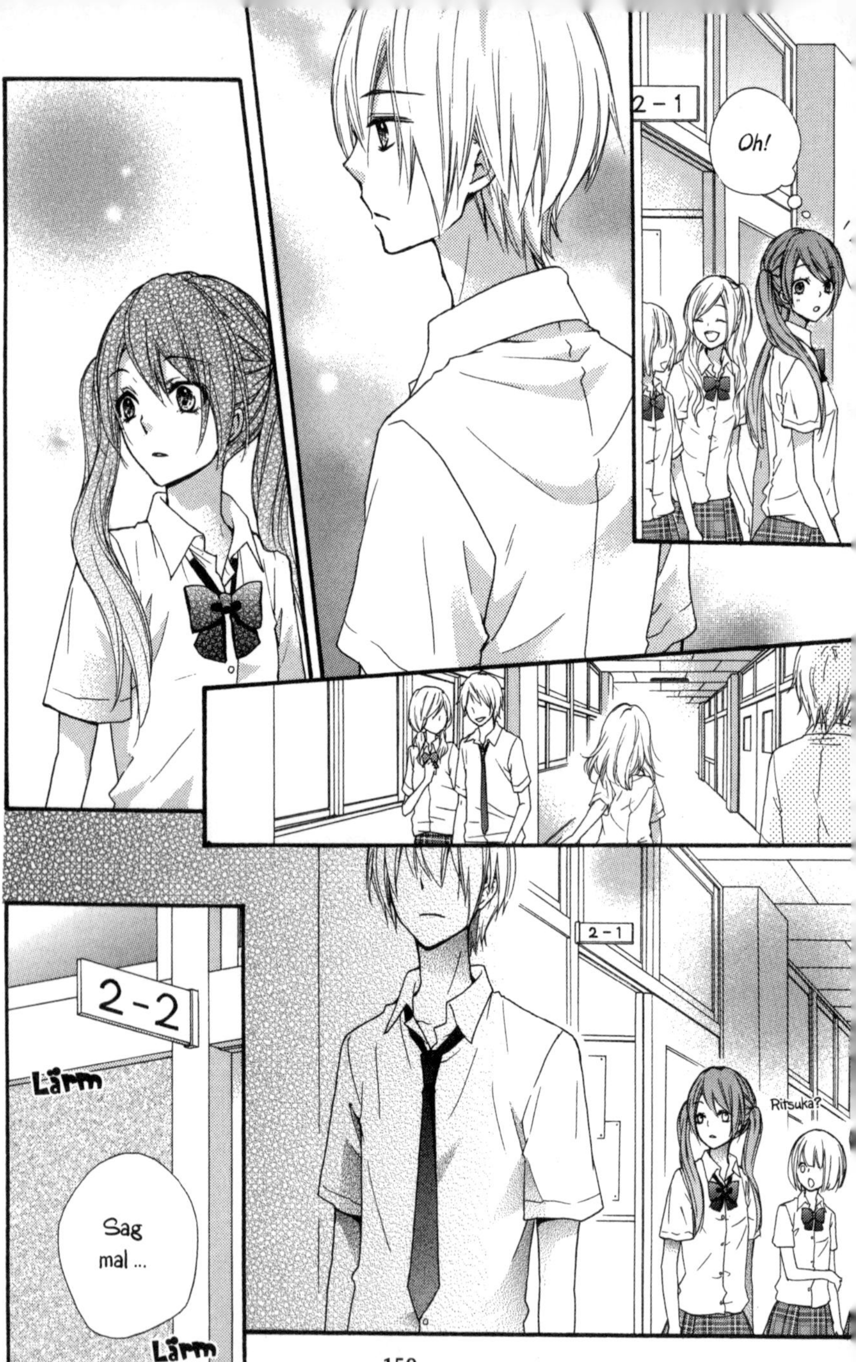
2-1
Oh!
2-1
Ritsuka?
2-2
Lärm
Sag mal ...
Lärm

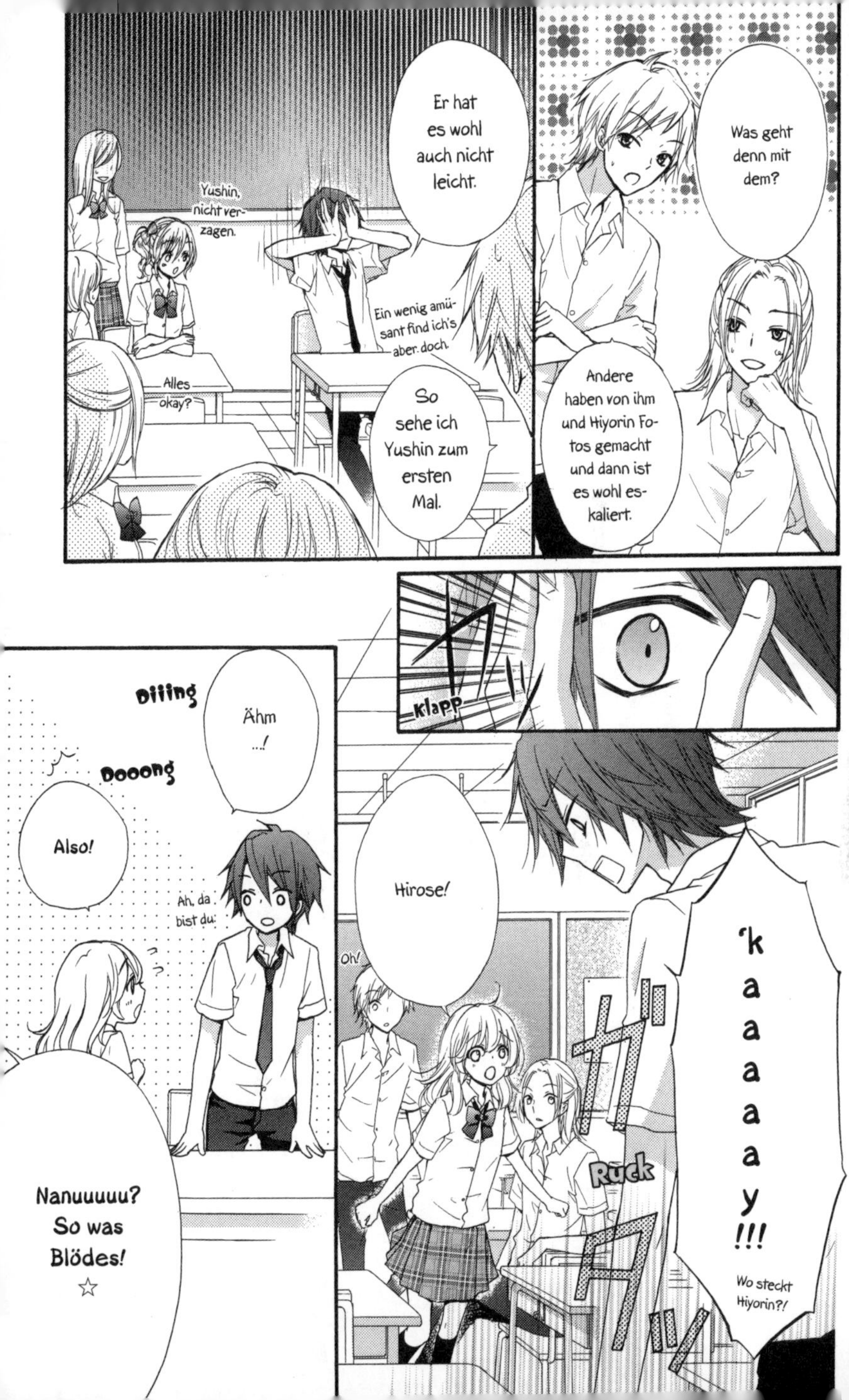
Was geht denn mit dem?
Andere haben von ihm und Hiyorin Fotos gemacht und dann ist es wohl eskaliert.
Er hat es wohl auch nicht leicht.
Yushin, nicht verzagen.
Ein wenig amüsant find ich's aber doch.
So sehe ich Yushin zum ersten Mal.
Alles okay?
Klapp
'kaaaaaay!!!
Ruck
Wo steckt Hiyorin?!
Hirose!
Oh!
Diiing
Dooong
Ähm ...!
Also!
Ah, da bist du.
Nanuuuuu? So was Blödes! ☆

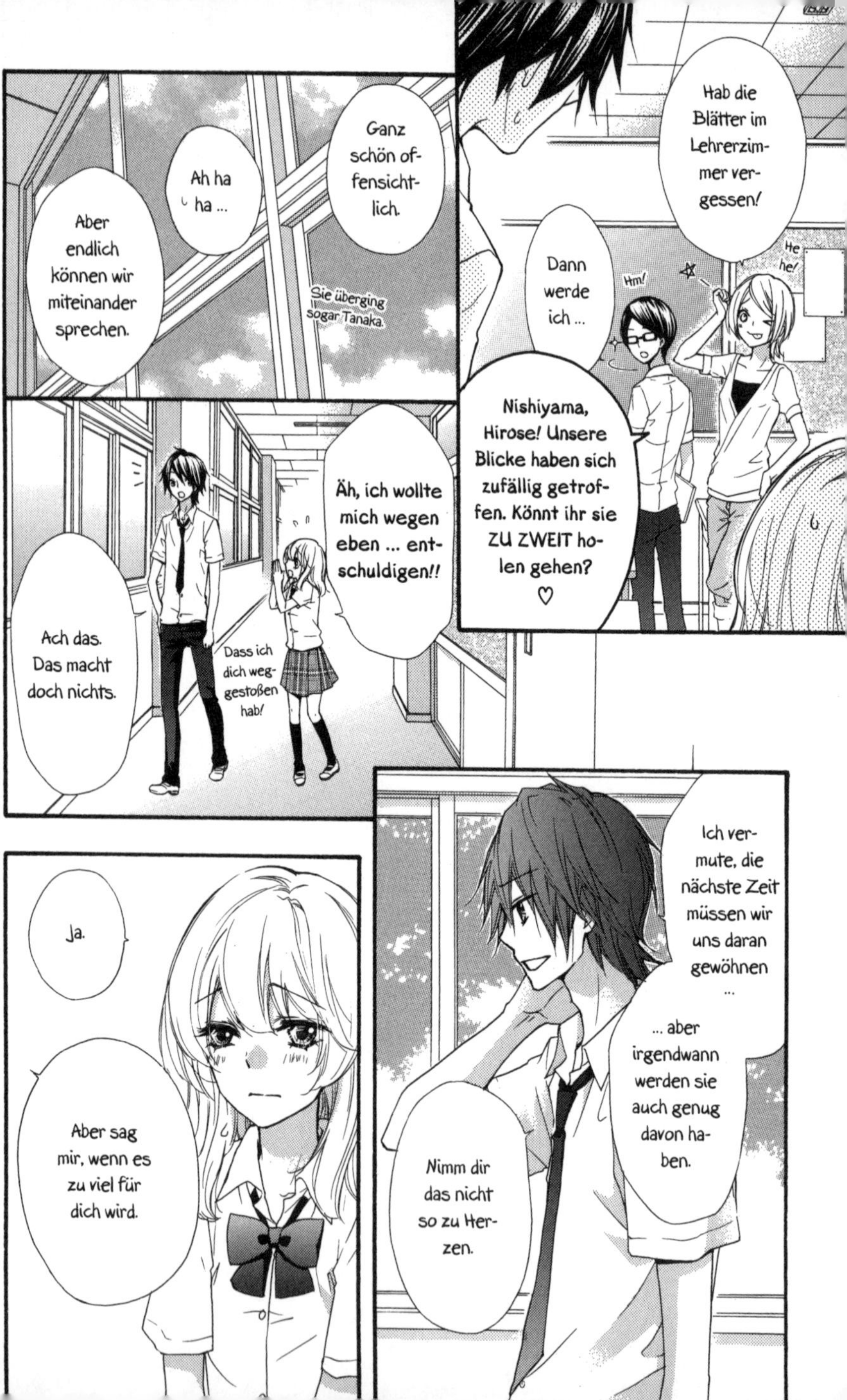

Hab die Blätter im Lehrerzimmer vergessen!
He he!
Hm!
Dann werde ich ...
Nishiyama, Hirose! Unsere Blicke haben sich zufällig getroffen. Könnt ihr sie ZU ZWEIT holen gehen? ♡
Ganz schön offensichtlich.
Ah ha ha ...
Sie überging sogar Tanaka.
Aber endlich können wir miteinander sprechen.
Äh, ich wollte mich wegen eben ... entschuldigen!!
Dass ich dich weggestoßen hab!
Ach das. Das macht doch nichts.
Ich vermute, die nächste Zeit müssen wir uns daran gewöhnen ...
... aber irgendwann werden sie auch genug davon haben.
Nimm dir das nicht so zu Herzen.
Ja.
Aber sag mir, wenn es zu viel für dich wird.

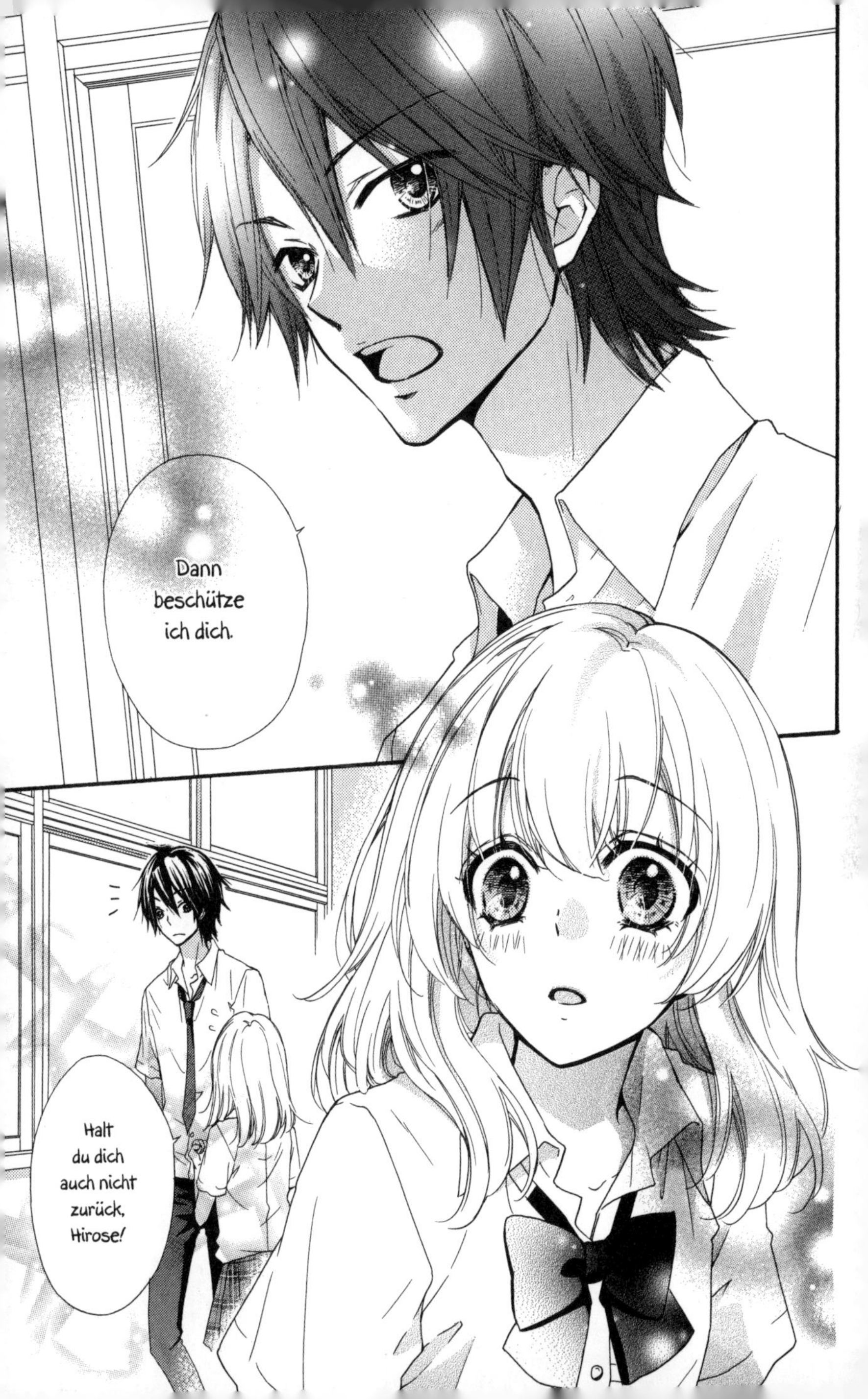
Dann beschütze ich dich.
Halt du dich auch nicht zurück, Hirose!

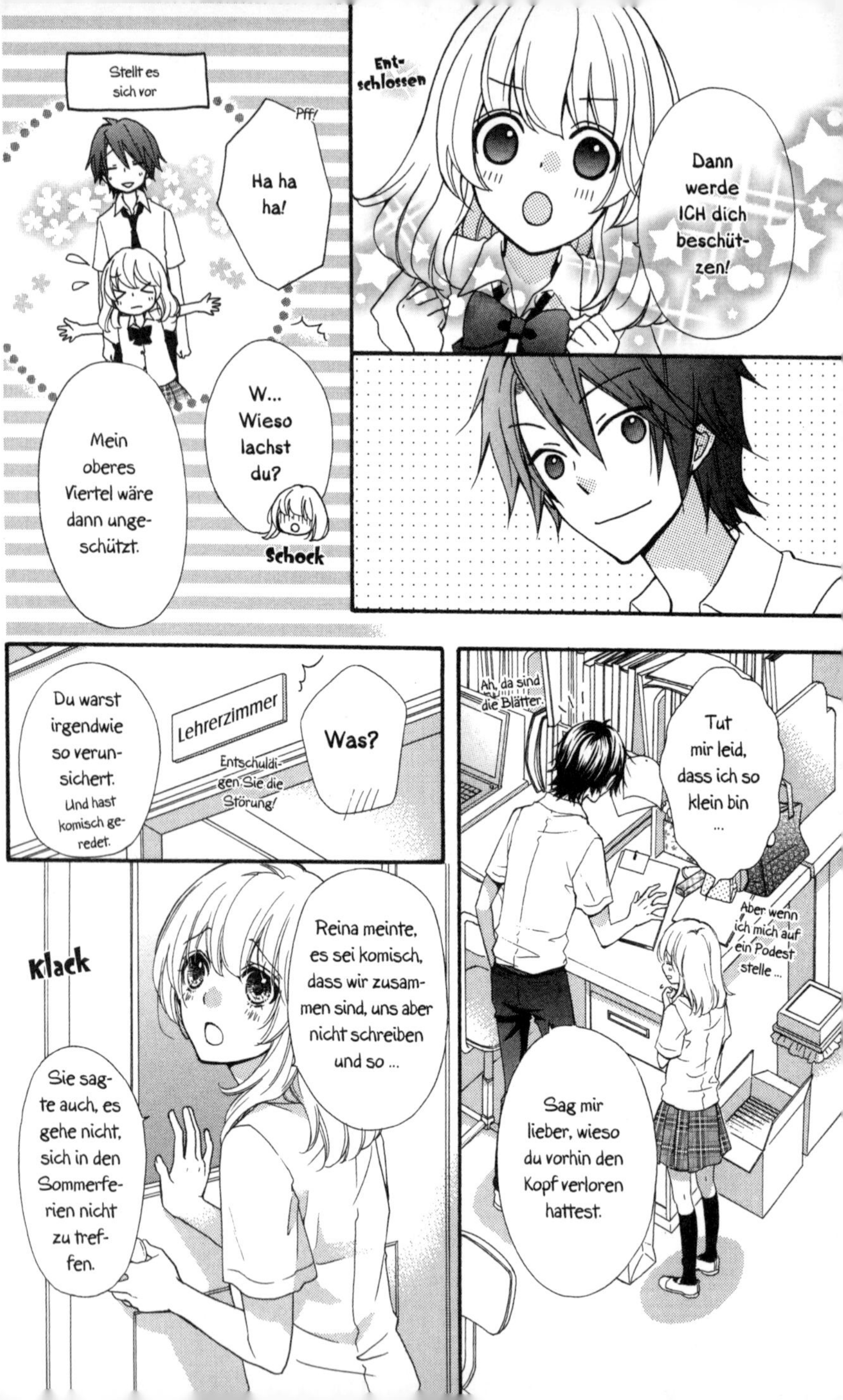

Entschlossen
Dann werde ICH dich beschützen!
Stellt es sich vor
Pff!
Ha ha ha!
W... Wieso lachst du?
Schock
Mein oberes Viertel wäre dann ungeschützt.
Ah, da sind die Blätter.
Tut mir leid, dass ich so klein bin ...
Aber wenn ich mich auf ein Podest stelle ...
Sag mir lieber, wieso du vorhin den Kopf verloren hattest.
Was?
Lehrerzimmer
Entschuldigen Sie die Störung!
Du warst irgendwie so verunsichert. Und hast komisch geredet.
Klack
Reina meinte, es sei komisch, dass wir zusammen sind, uns aber nicht schreiben und so ...
Sie sagte auch, es gehe nicht, sich in den Sommerferien nicht zu treffen.

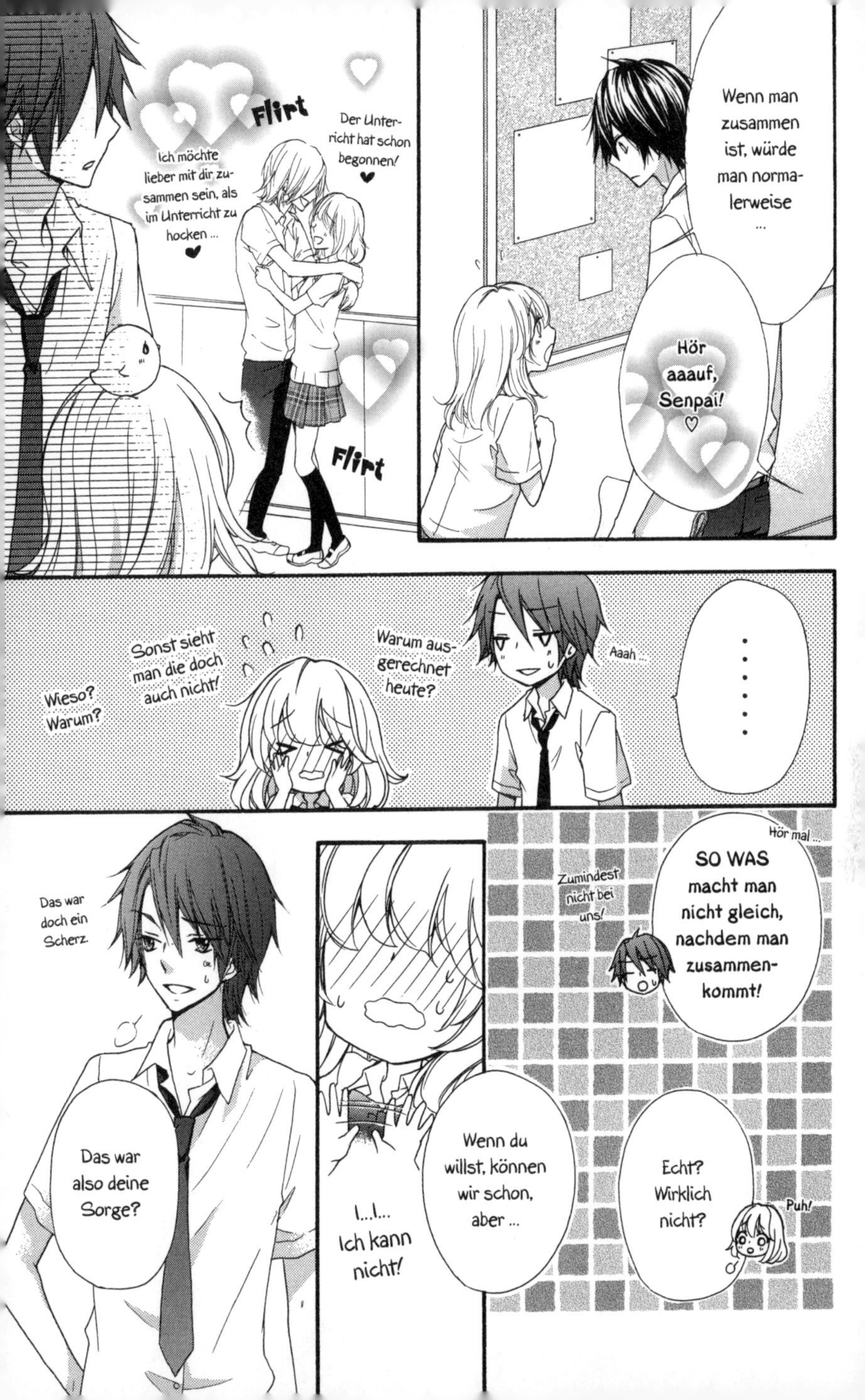
Wenn man zusammen ist, würde man normalerweise …
Hör aaauf, Senpai! ♡
Der Unterricht hat schon begonnen! ♥
Flirt
Ich möchte lieber mit dir zusammen sein, als im Unterricht zu hocken … ♥
Flirt
…………
Aaah …
Warum ausgerechnet heute?
Sonst sieht man die doch auch nicht!
Wieso? Warum?
Hör mal …
SO WAS macht man nicht gleich, nachdem man zusammenkommt!
Zumindest nicht bei uns!
Echt? Wirklich nicht?
Puh!
Wenn du willst, können wir schon, aber …
I…I… Ich kann nicht!
Das war doch ein Scherz.
Das war also deine Sorge?

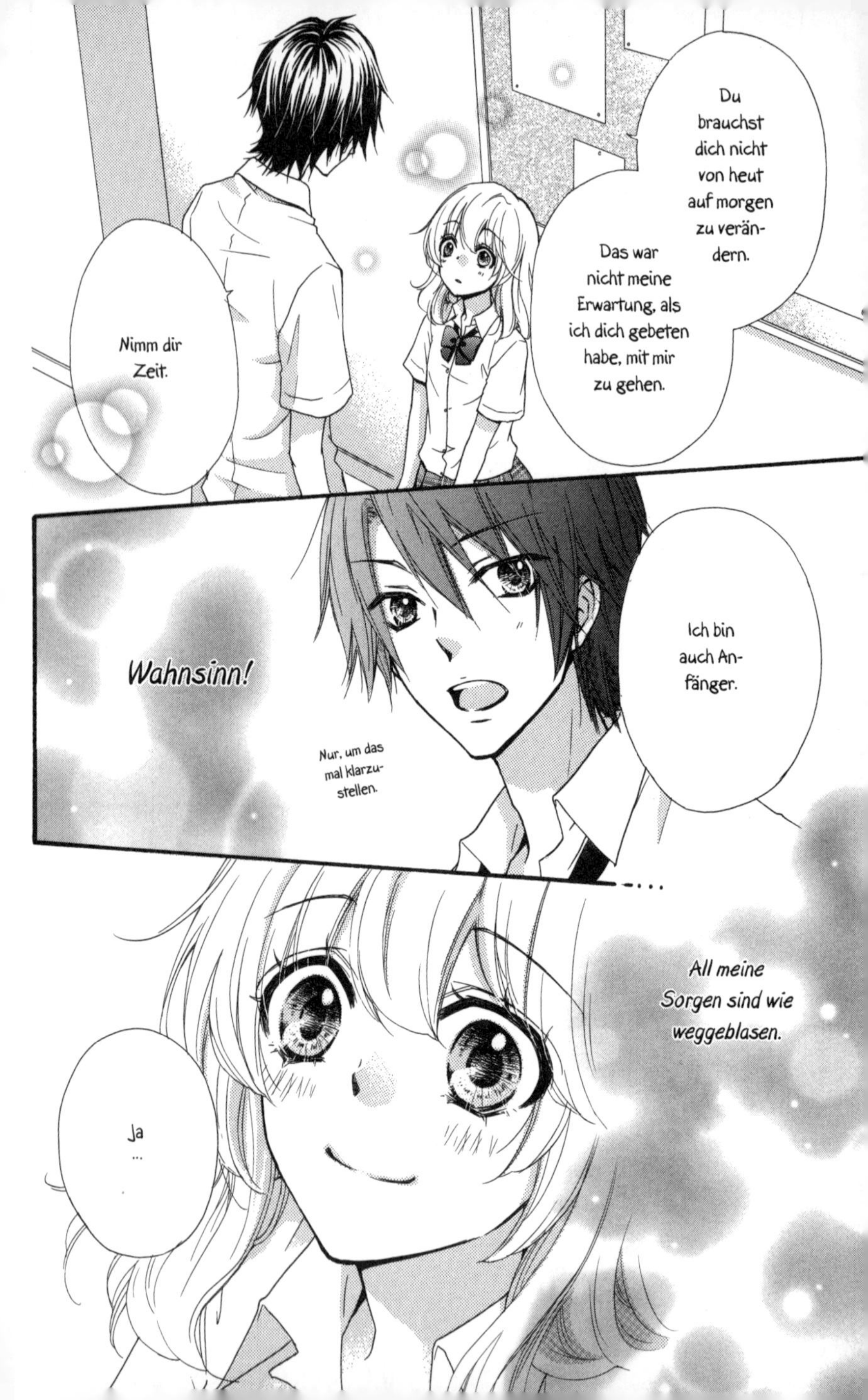
Du brauchst dich nicht von heut auf morgen zu verändern.
Das war nicht meine Erwartung, als ich dich gebeten habe, mit mir zu gehen.
Nimm dir Zeit.
Ich bin auch Anfänger.
Nur, um das mal klarzustellen.
Wahnsinn!
All meine Sorgen sind wie weggeblasen.
Ja ...

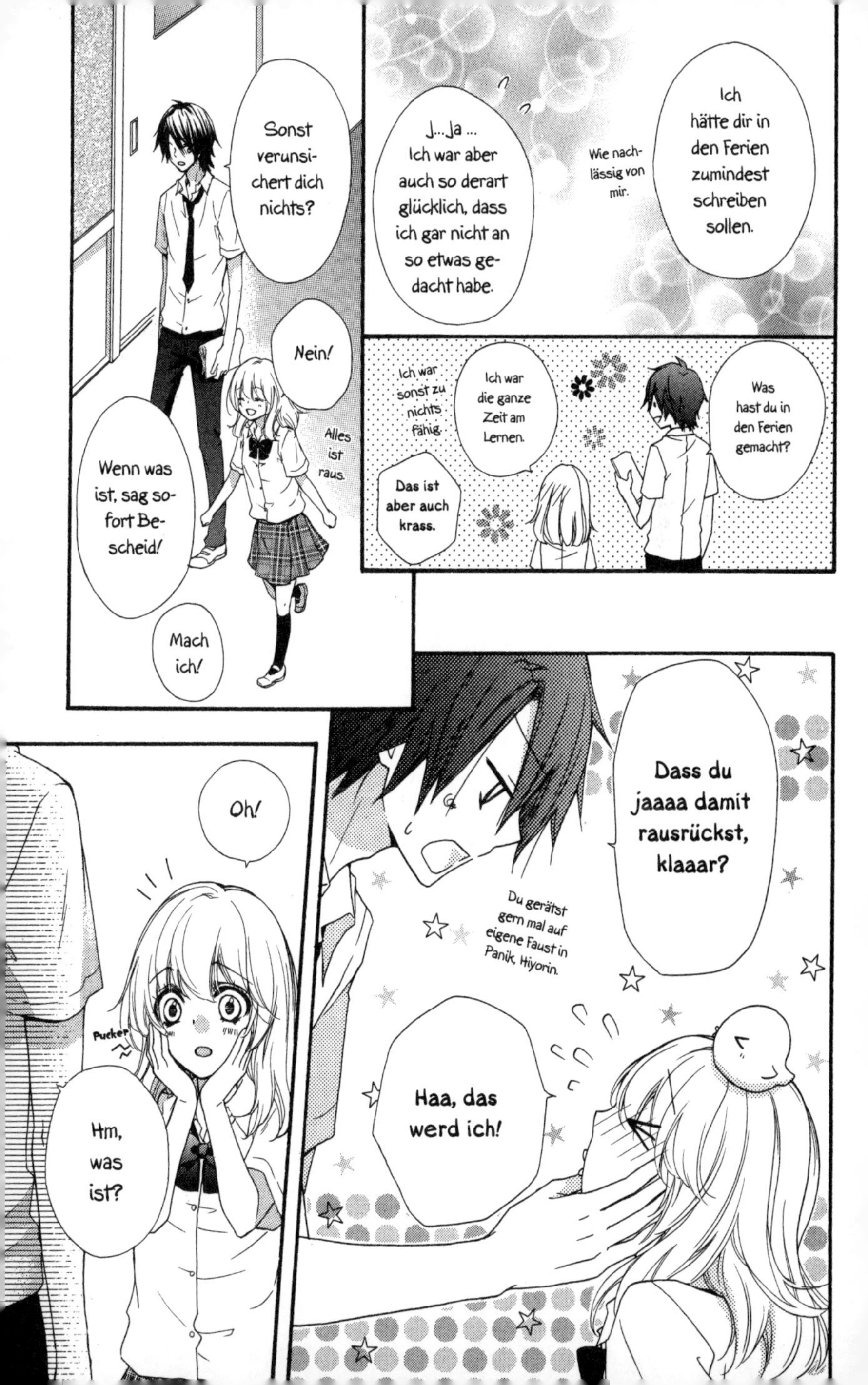

Ich hätte dir in den Ferien zumindest schreiben sollen.
Wie nachlässig von mir.
J...Ja ... Ich war aber auch so derart glücklich, dass ich gar nicht an so etwas gedacht habe.
Was hast du in den Ferien gemacht?
Ich war die ganze Zeit am Lernen.
Ich war sonst zu nichts fähig.
Das ist aber auch krass.
Sonst verunsichert dich nichts?
Nein!
Alles ist raus.
Wenn was ist, sag sofort Bescheid!
Mach ich!
Dass du jaaaa damit rausrückst, klaaar?
Du gerätst gern mal auf eigene Faust in Panik, Hiyorin.
Haa, das werd ich!
Oh!
Pucker
Hm, was ist?

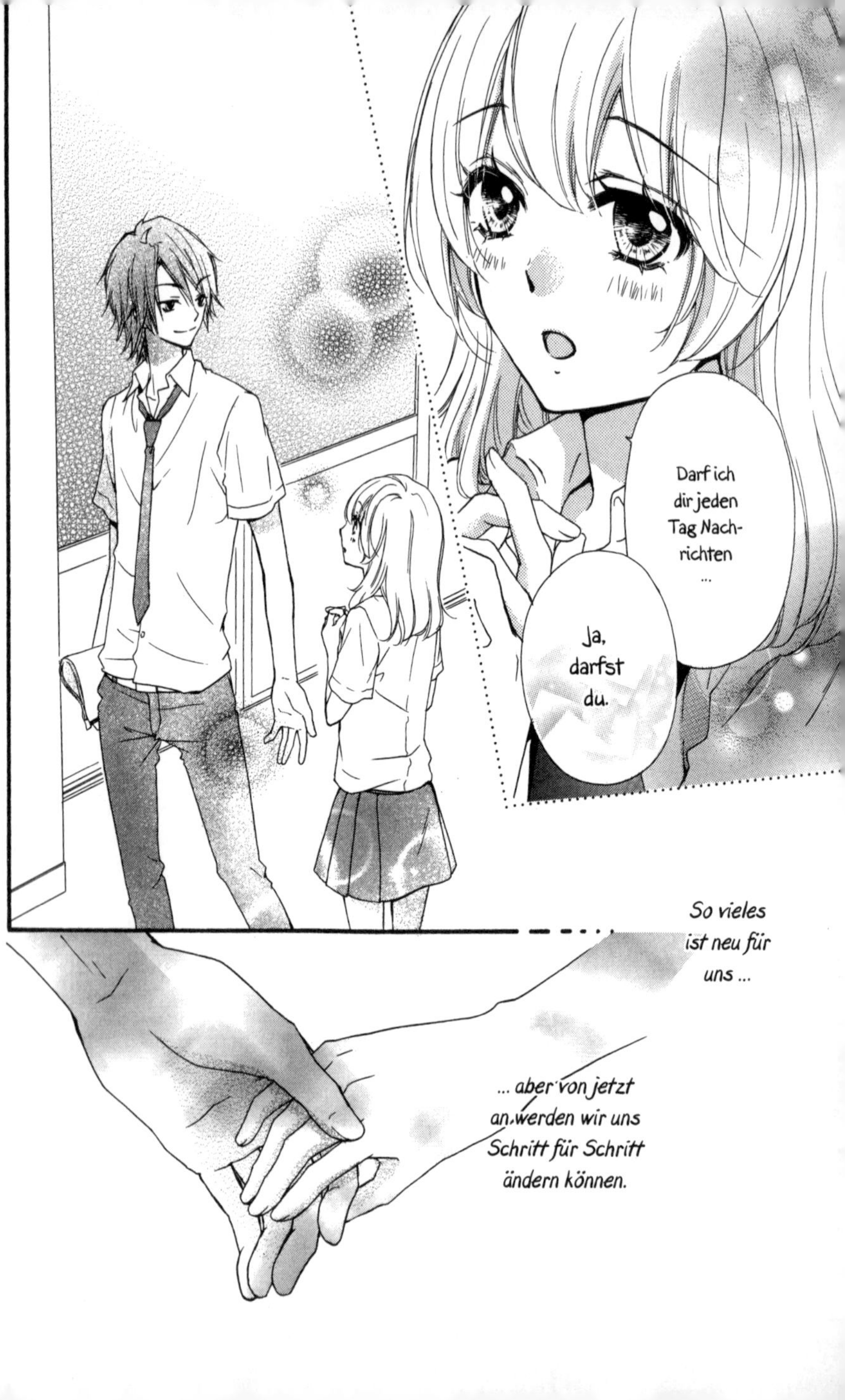
Darf ich dir jeden Tag Nachrichten ...
Ja, darfst du.
So vieles ist neu für uns ...
... aber von jetzt an werden wir uns Schritt für Schritt ändern können.

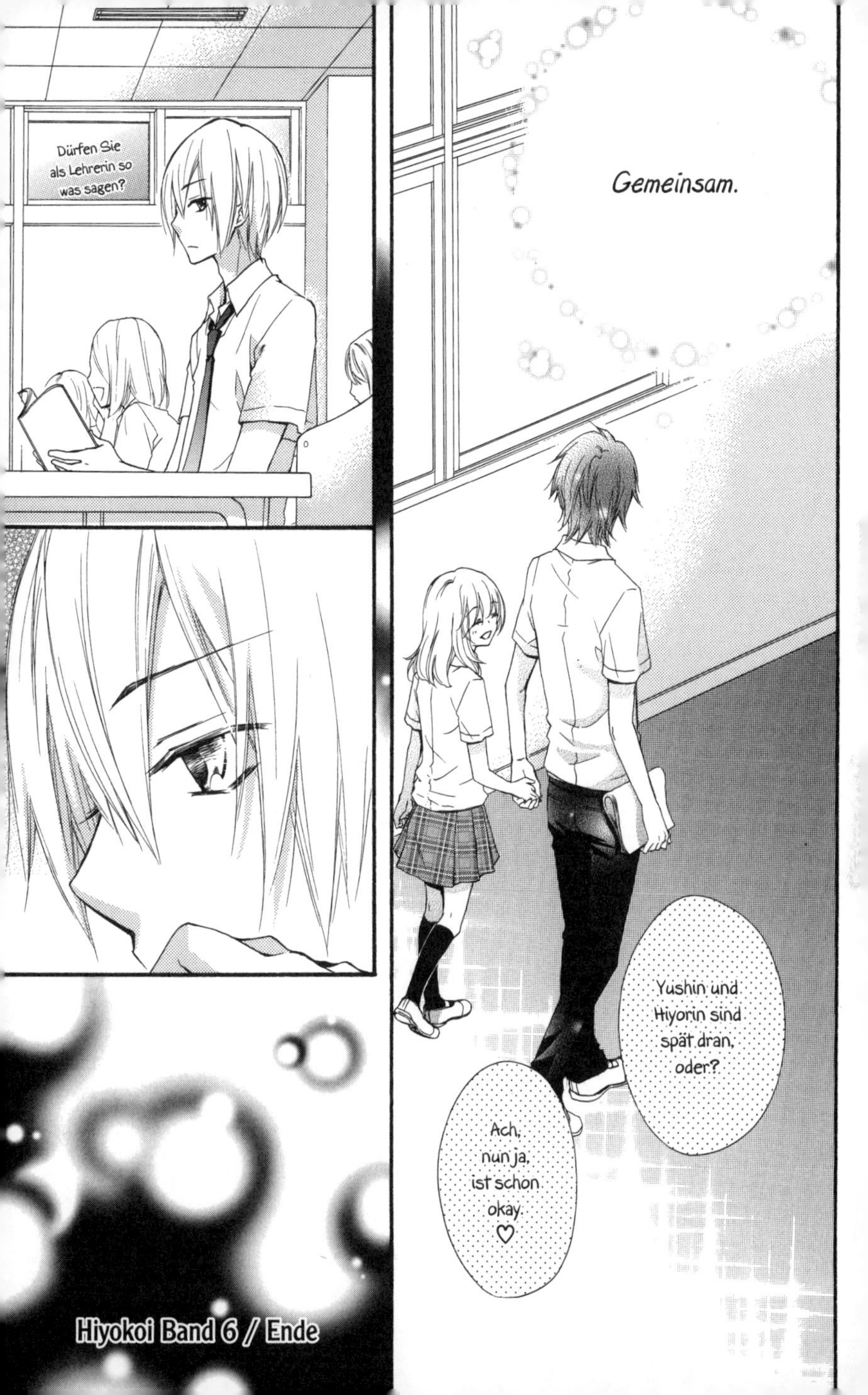
Gemeinsam.
Yushin und Hiyorin sind spät dran, oder?
Ach, nun ja, ist schon okay. ♡
Dürfen Sie als Lehrerin so was sagen?
Hiyokoi Band 6 / Ende

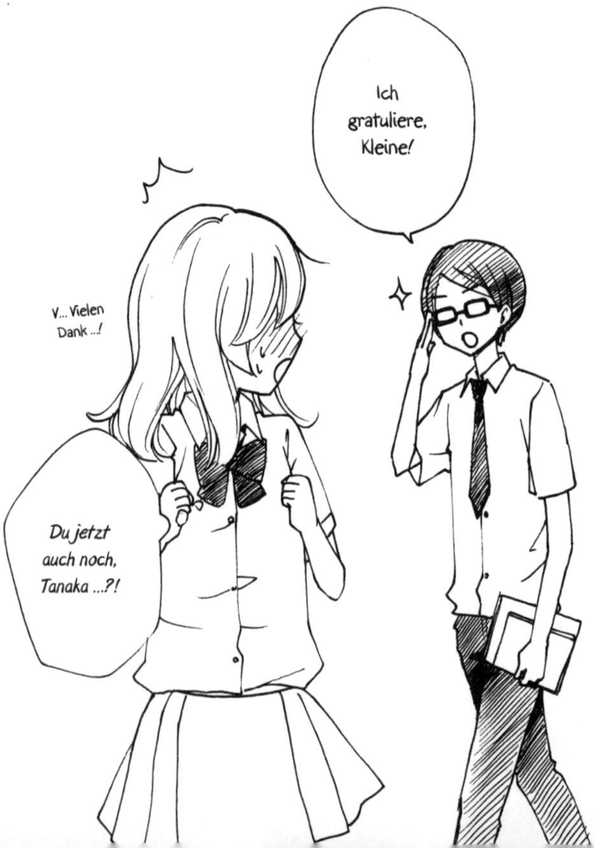
Ich gratuliere, Kleine!
V... Vielen Dank ...!
Du jetzt auch noch, Tanaka ...?!

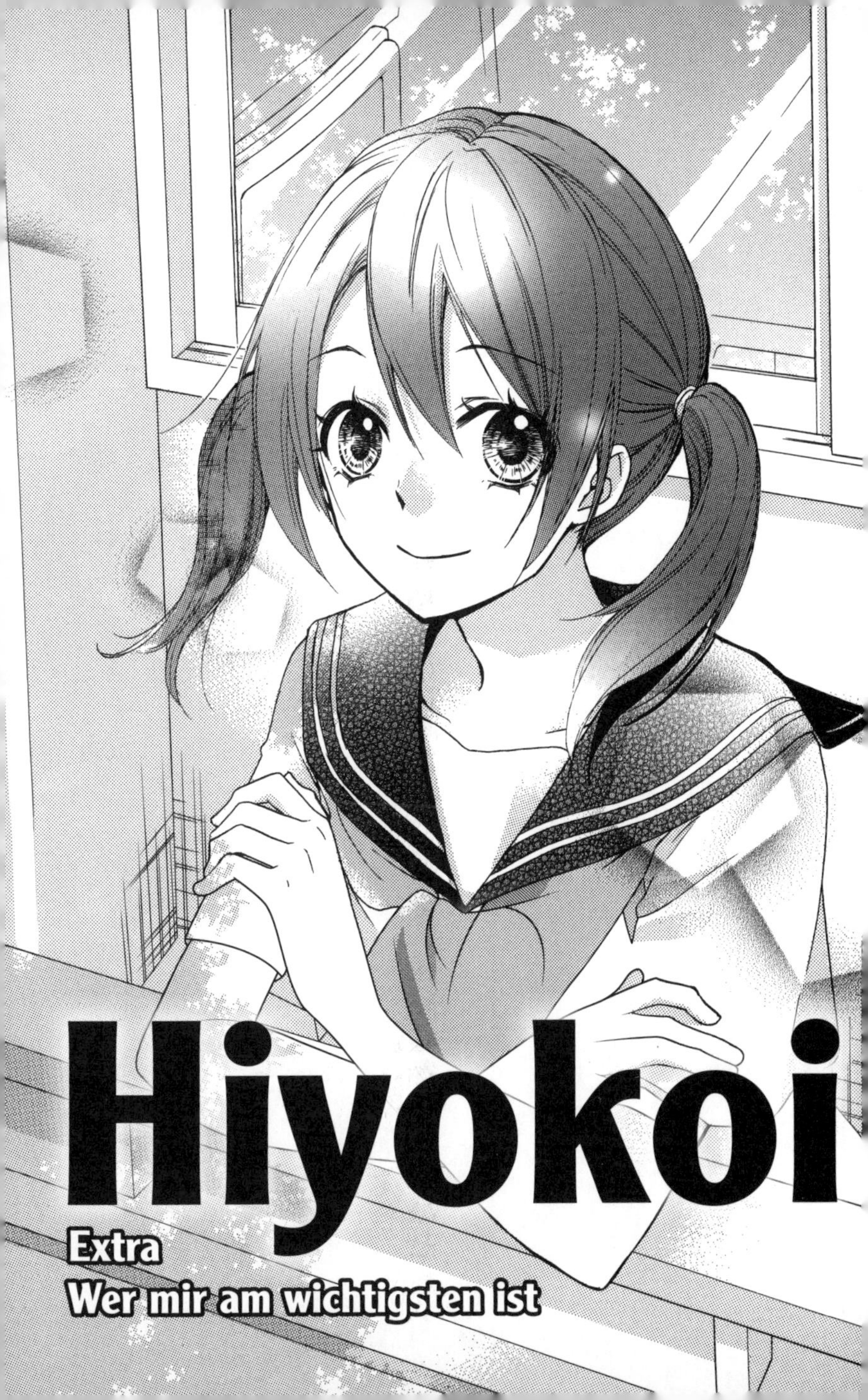
Hiyokoi
Extra
Wer mir am wichtigsten ist

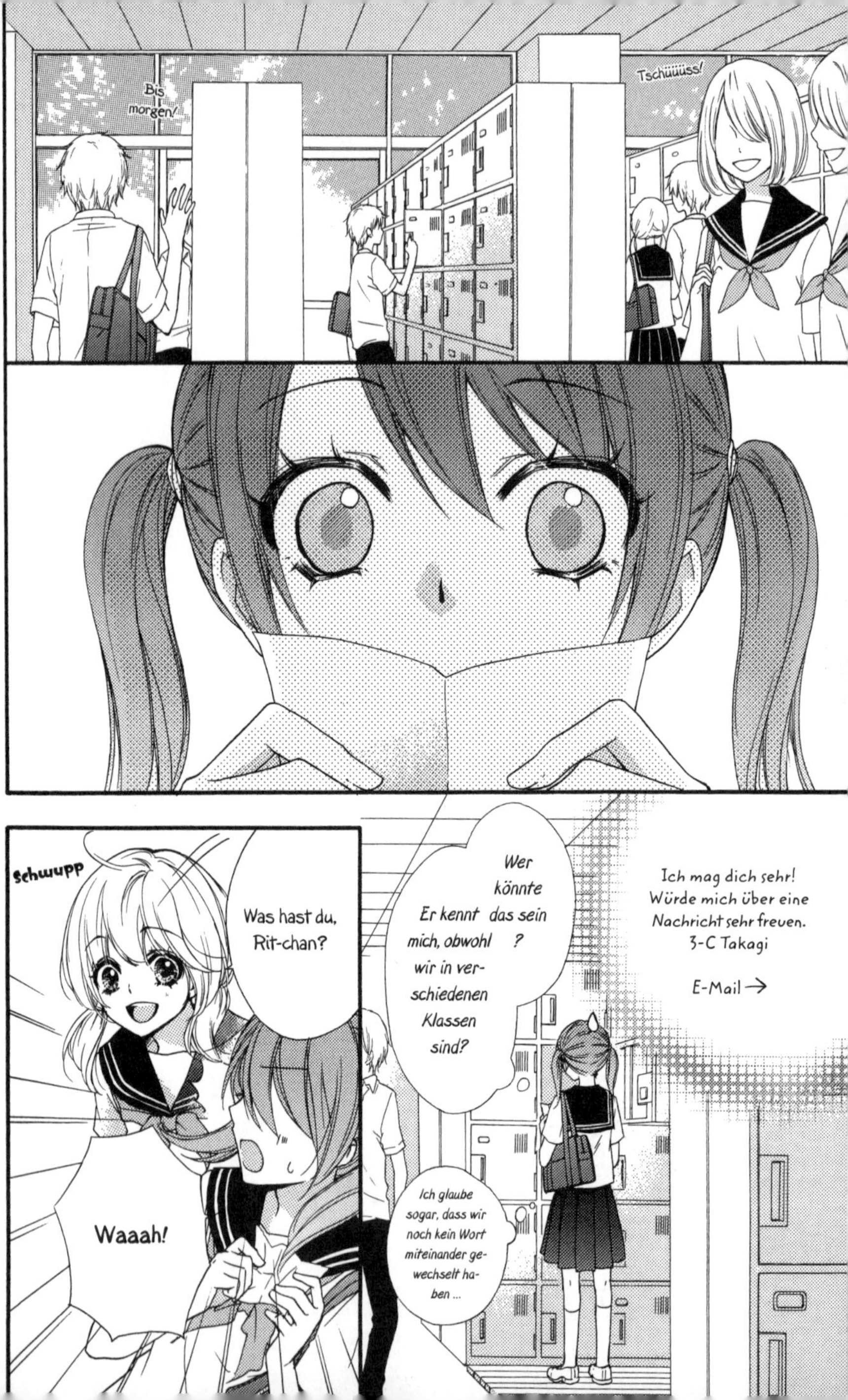
Tschüüüss!
Bis morgen!
Ich mag dich sehr! Würde mich über eine Nachricht sehr freuen. 3-C Takagi
E-Mail →
Wer könnte das sein?
Er kennt mich, obwohl wir in verschiedenen Klassen sind?
Ich glaube sogar, dass wir noch kein Wort miteinander gewechselt haben ...
Schwupp
Was hast du, Rit-chan?
Waaah!

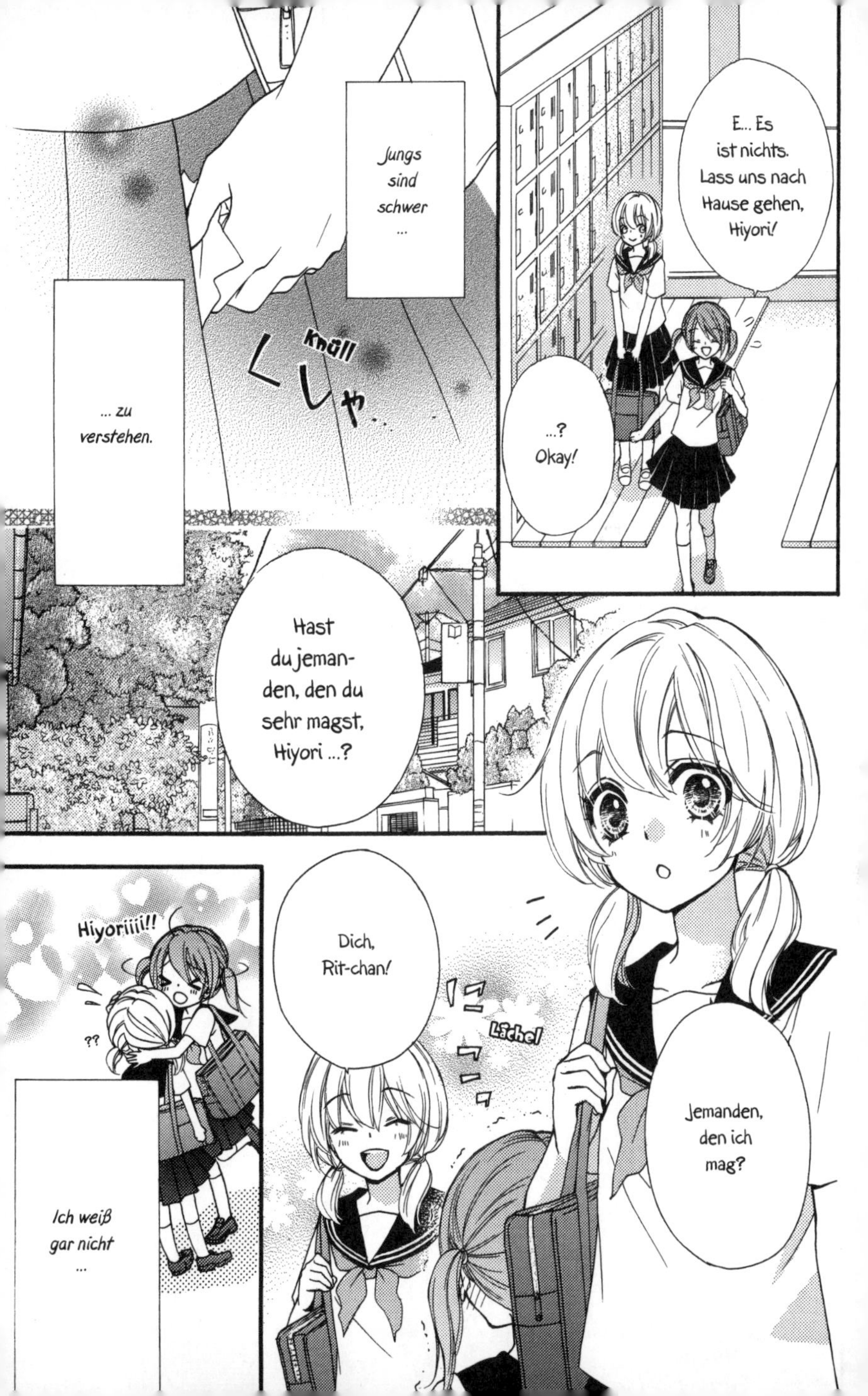
E... Es ist nichts. Lass uns nach Hause gehen, Hiyori!
...? Okay!
Jungs sind schwer ...
Knüll
くしゃ...
... zu verstehen.
Hast du jemanden, den du sehr magst, Hiyori ...?
Jemanden, den ich mag?
Lächel
Dich, Rit-chan!
Hiyoriiii!!
??
Ich weiß gar nicht ...

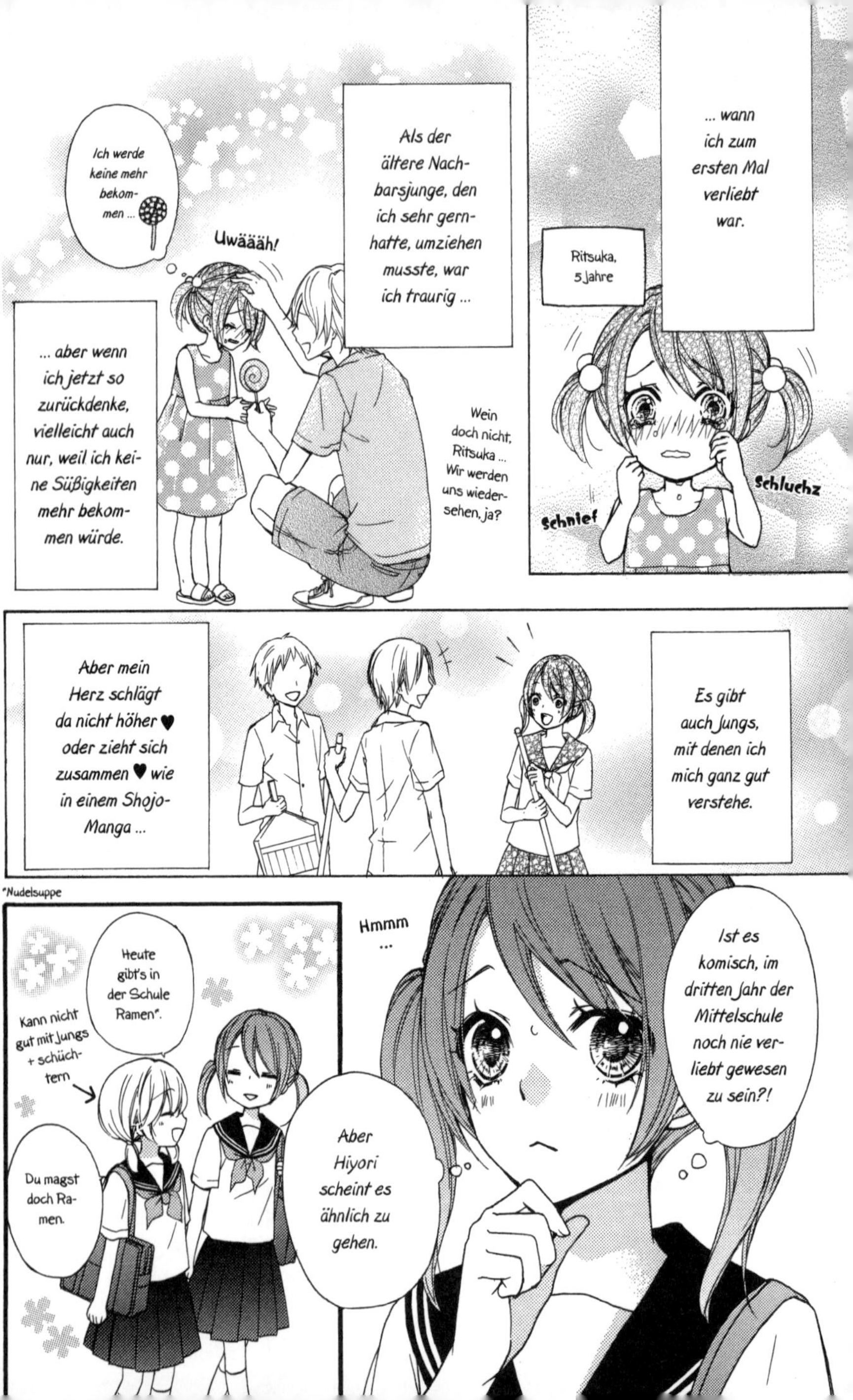
... wann ich zum ersten Mal verliebt war.
Ritsuka, 5 Jahre
Schluchz
Schnief
Als der ältere Nachbarsjunge, den ich sehr gernhatte, umziehen musste, war ich traurig ...
Uwääääh!
Ich werde keine mehr bekommen ...
Wein doch nicht, Ritsuka ... Wir werden uns wiedersehen, ja?
... aber wenn ich jetzt so zurückdenke, vielleicht auch nur, weil ich keine Süßigkeiten mehr bekommen würde.
Es gibt auch Jungs, mit denen ich mich ganz gut verstehe.
Aber mein Herz schlägt da nicht höher ♥ oder zieht sich zusammen ♥ wie in einem Shojo-Manga ...
Hmmm ...
Ist es komisch, im dritten Jahr der Mittelschule noch nie verliebt gewesen zu sein?!
Aber Hiyori scheint es ähnlich zu gehen.
Heute gibt's in der Schule Ramen*.
Kann nicht gut mit Jungs + schüchtern
Du magst doch Ramen.

*Nudelsuppe

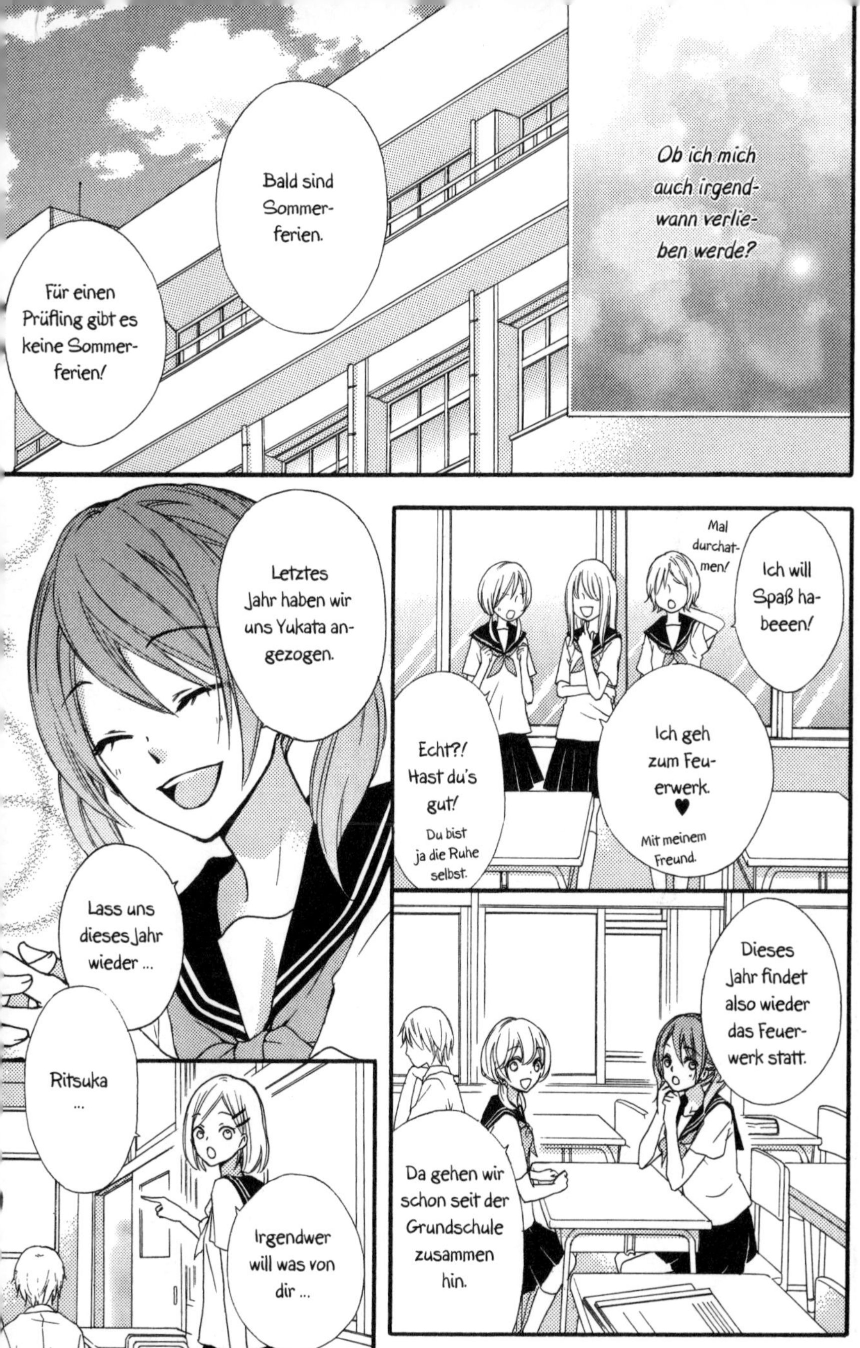

Ob ich mich auch irgendwann verlieben werde?
Bald sind Sommerferien.
Für einen Prüfling gibt es keine Sommerferien!
Ich will Spaß habeeen!
Mal durchatmen!
Ich geh zum Feuerwerk. ♥
Mit meinem Freund.
Echt?! Hast du's gut!
Du bist ja die Ruhe selbst.
Dieses Jahr findet also wieder das Feuerwerk statt.
Da gehen wir schon seit der Grundschule zusammen hin.
Letztes Jahr haben wir uns Yukata angezogen.
Lass uns dieses Jahr wieder ...
Ritsuka ...
Irgendwer will was von dir ...

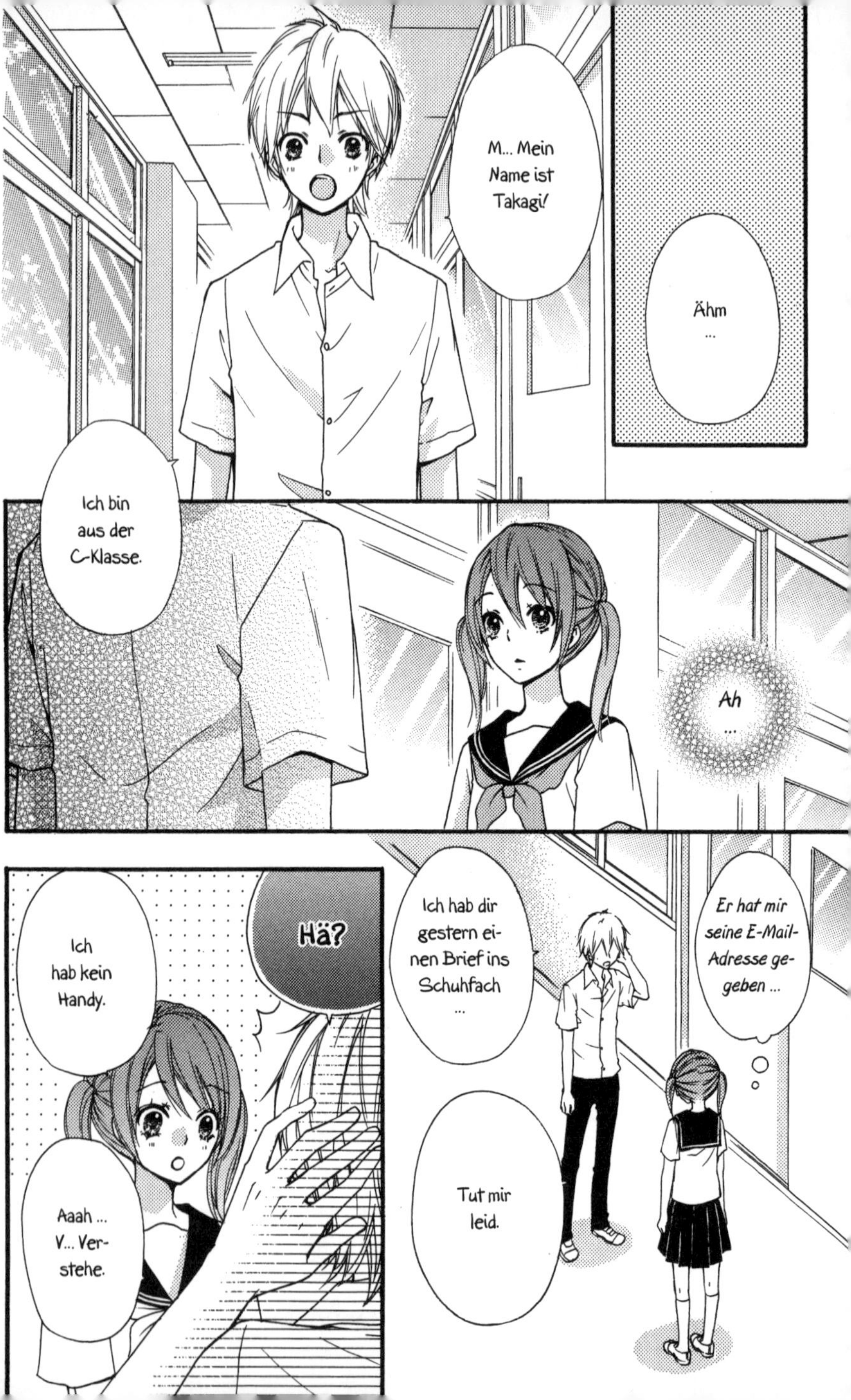

Ähm ...
M... Mein Name ist Takagi!
Ah ...
Ich bin aus der C-Klasse.
Er hat mir seine E-Mail-Adresse gegeben ...
Ich hab dir gestern einen Brief ins Schuhfach ...
Tut mir leid.
Hä?
Ich hab kein Handy.
Aaah ... V... Verstehe.

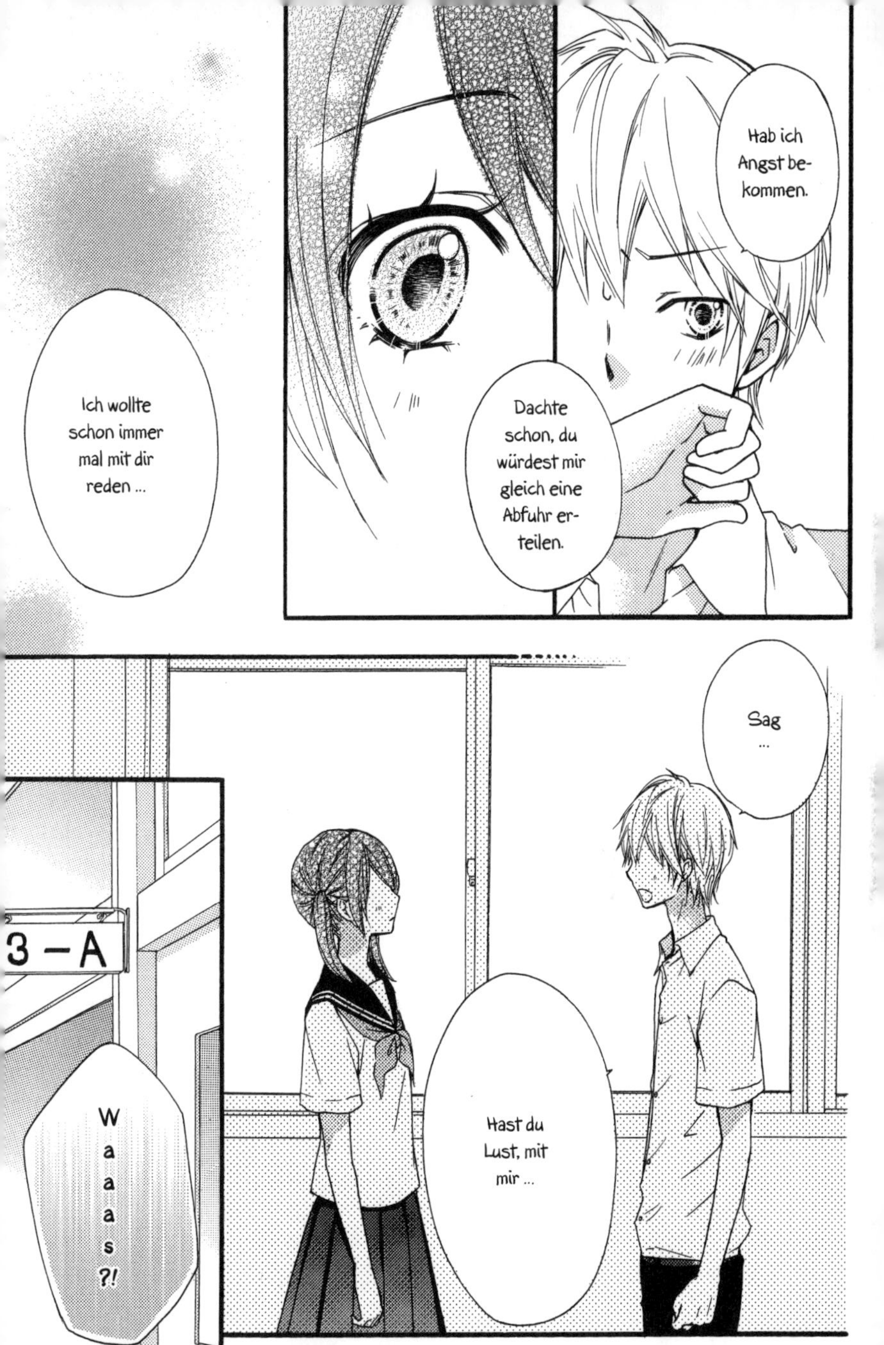
Hab ich Angst bekommen.
Dachte schon, du würdest mir gleich eine Abfuhr erteilen.
Ich wollte schon immer mal mit dir reden ...
Sag ...
Hast du Lust, mit mir ...
3-A
Waaas?!

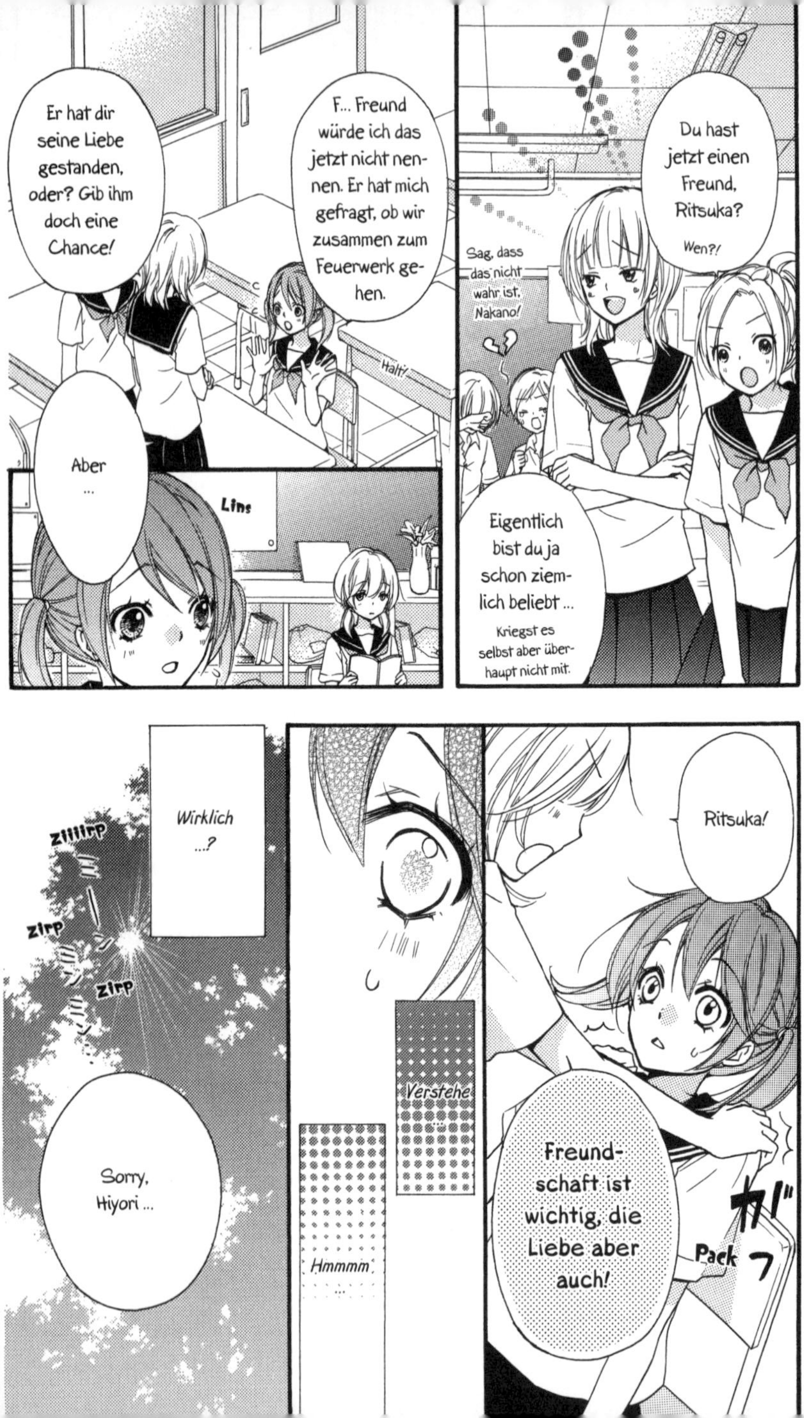

Du hast jetzt einen Freund, Ritsuka?
Wen?!
Sag, dass das nicht wahr ist, Nakano!
Eigentlich bist du ja schon ziemlich beliebt ...
Kriegst es selbst aber überhaupt nicht mit.
F... Freund würde ich das jetzt nicht nennen. Er hat mich gefragt, ob wir zusammen zum Feuerwerk gehen.
Halt!
Er hat dir seine Liebe gestanden, oder? Gib ihm doch eine Chance!
Aber ...
Lins
Ritsuka!
Freundschaft ist wichtig, die Liebe aber auch!
Pack
Verstehe ...
Hmmmm ...
Wirklich ...?
Ziiiirp
Zirp
Zirp
Sorry, Hiyori ...

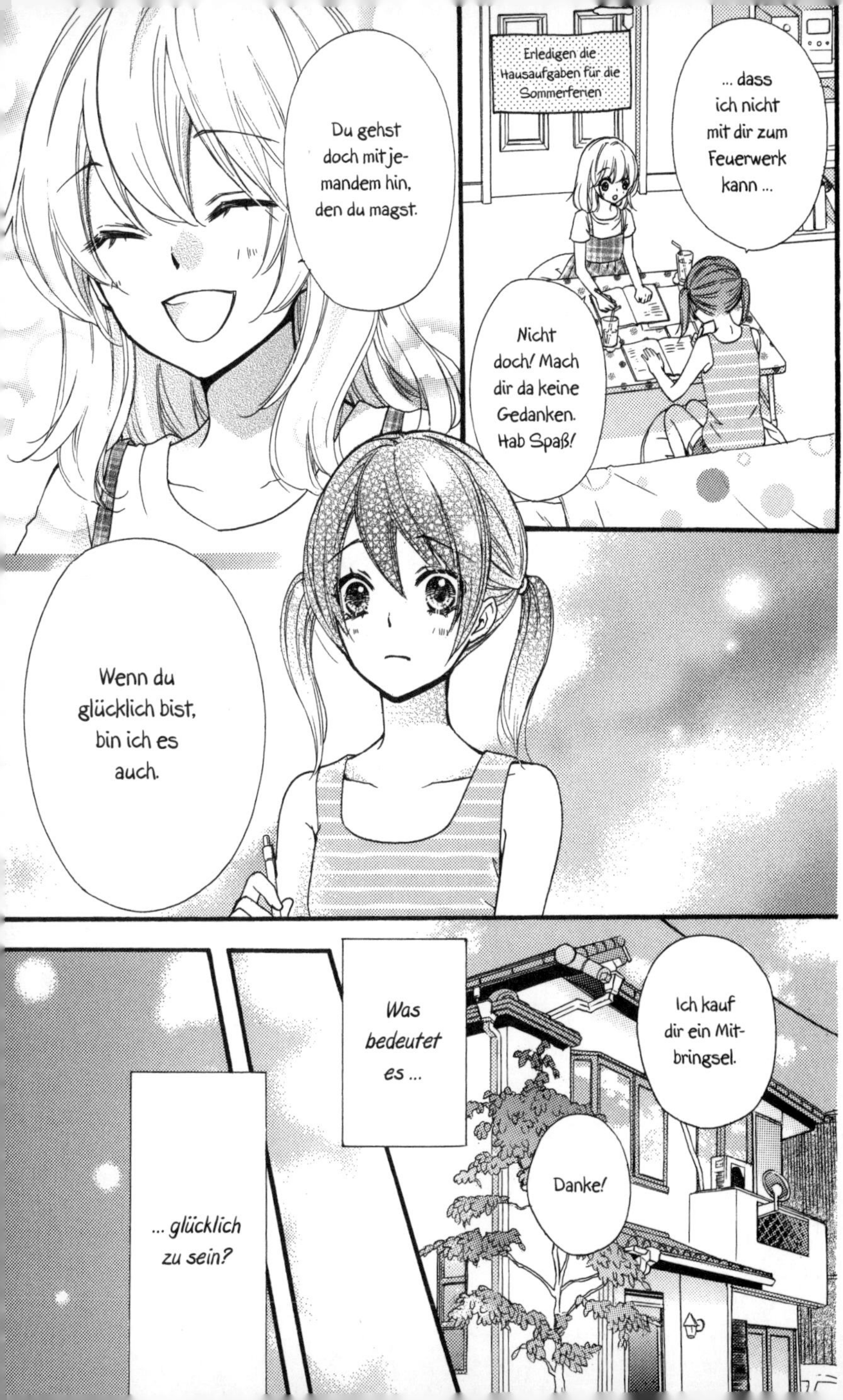
Erledigen die Hausaufgaben für die Sommerferien
... dass ich nicht mit dir zum Feuerwerk kann ...
Nicht doch! Mach dir da keine Gedanken. Hab Spaß!
Du gehst doch mit jemandem hin, den du magst.
Wenn du glücklich bist, bin ich es auch.
Ich kauf dir ein Mitbringsel.
Danke!
Was bedeutet es ...
... glücklich zu sein?

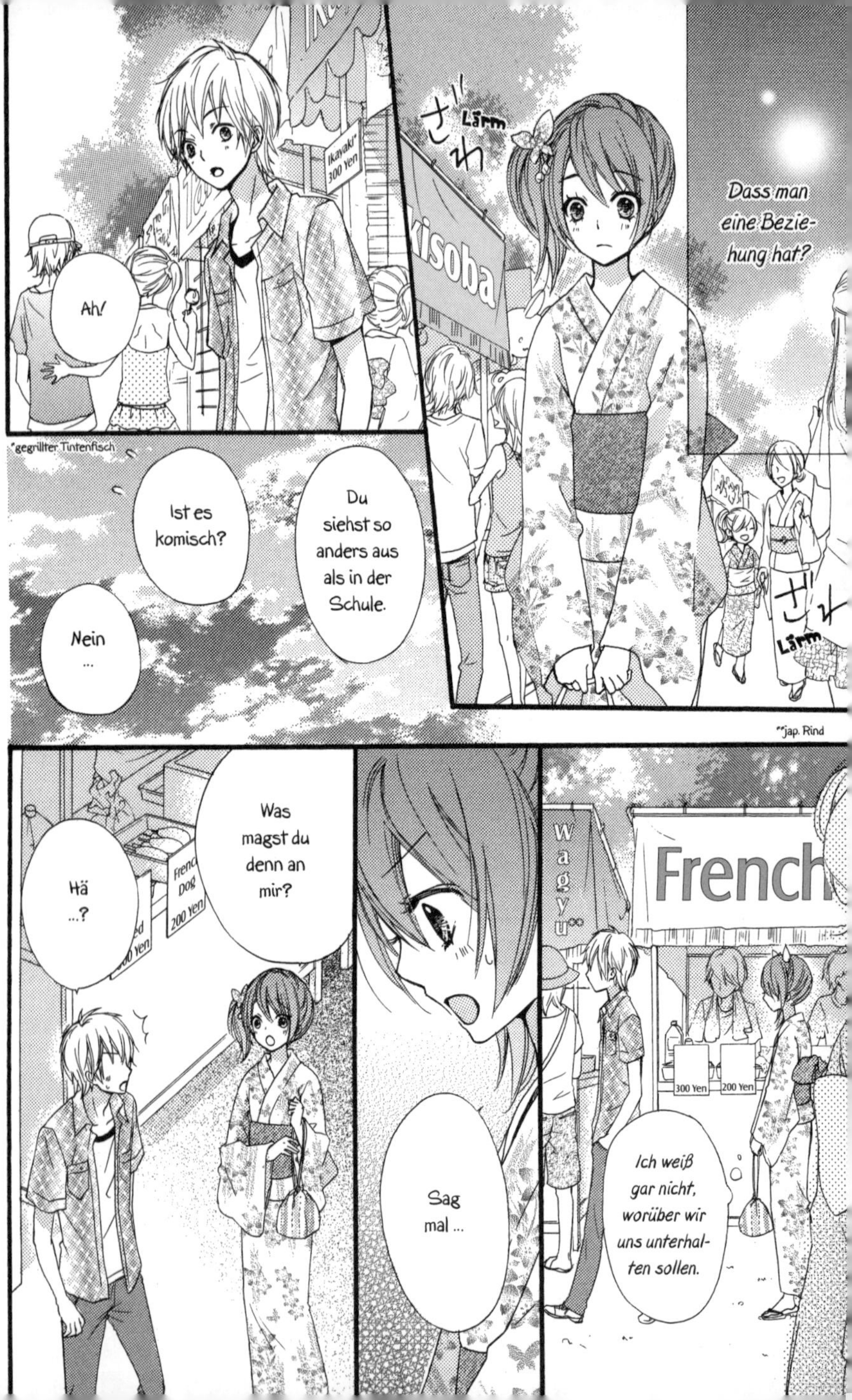
Dass man eine Beziehung hat?
さわ Lärm
Ikayaki* 300 Yen
Yakisoba
Ah!
*gegrillter Tintenfisch
Du siehst so anders aus als in der Schule.
Ist es komisch?
Nein ...
ざわ Lärm
**jap. Rind
wagyu**
French
300 Yen
200 Yen
Ich weiß gar nicht, worüber wir uns unterhalten sollen.
Sag mal ...
Was magst du denn an mir?
French Dog 200 Yen
Hä ...?

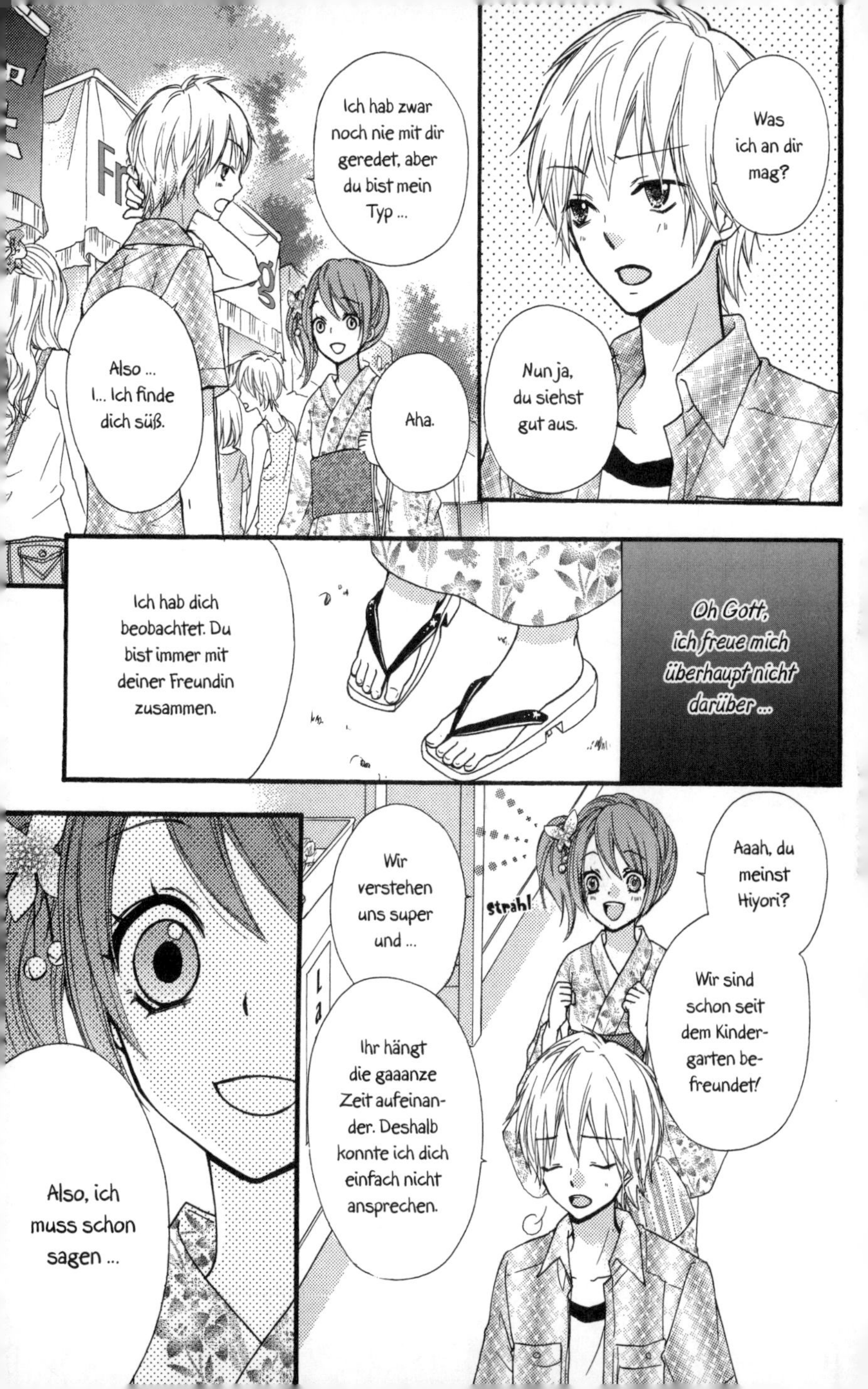
Was ich an dir mag?
Nun ja, du siehst gut aus.
Ich hab zwar noch nie mit dir geredet, aber du bist mein Typ ...
Aha.
Also ... I... Ich finde dich süß.
Oh Gott, ich freue mich überhaupt nicht darüber ...
Ich hab dich beobachtet. Du bist immer mit deiner Freundin zusammen.
Aaah, du meinst Hiyori?
strahl
Wir sind schon seit dem Kindergarten befreundet!
Wir verstehen uns super und ...
Ihr hängt die gaaanze Zeit aufeinander. Deshalb konnte ich dich einfach nicht ansprechen.
Also, ich muss schon sagen ...

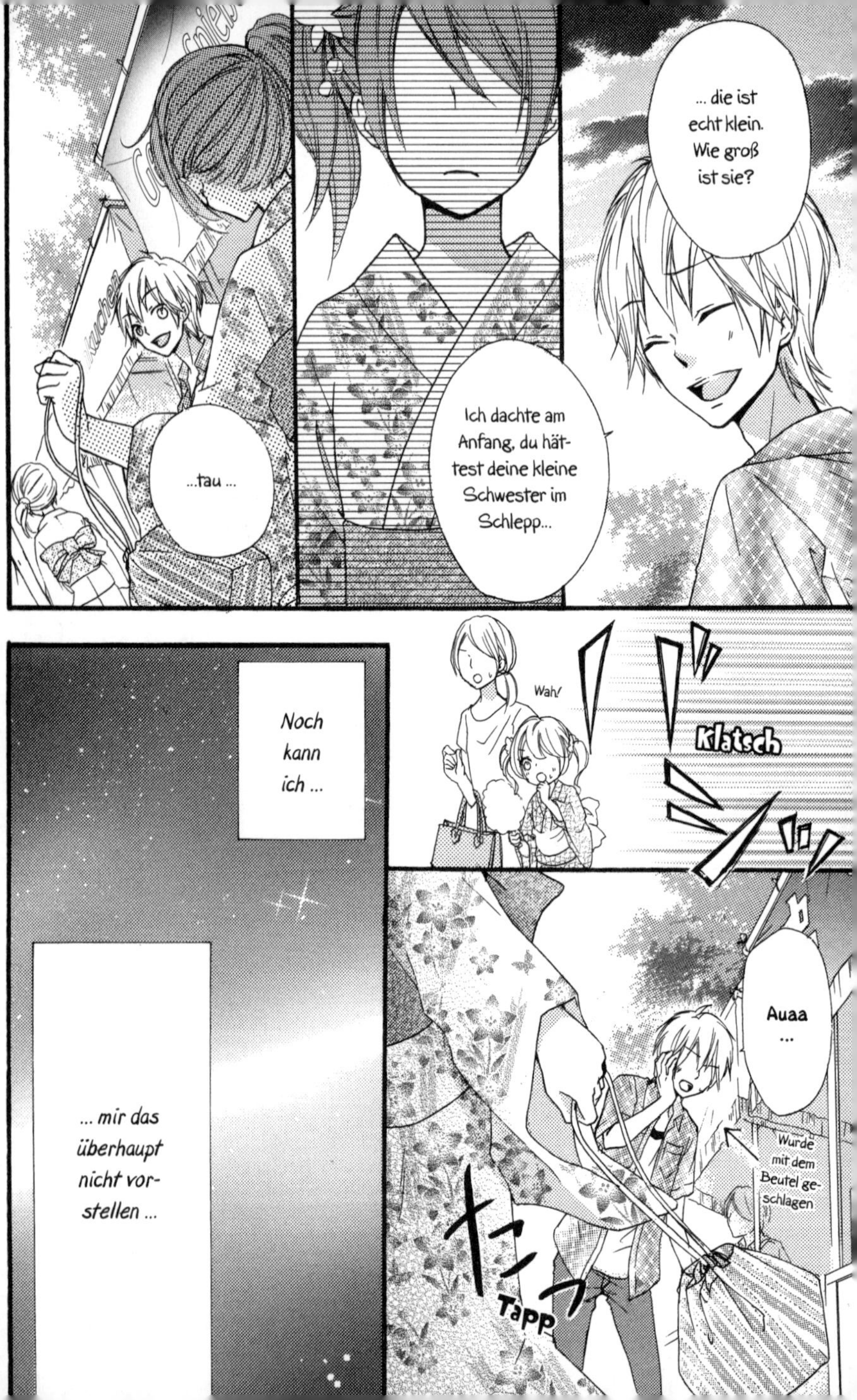
... die ist echt klein. Wie groß ist sie?
Ich dachte am Anfang, du hättest deine kleine Schwester im Schlepp...
...tau ...
Klatsch
Wah!
Auaa ...
Wurde mit dem Beutel geschlagen
Tapp
Noch kann ich ...
... mir das überhaupt nicht vorstellen ...

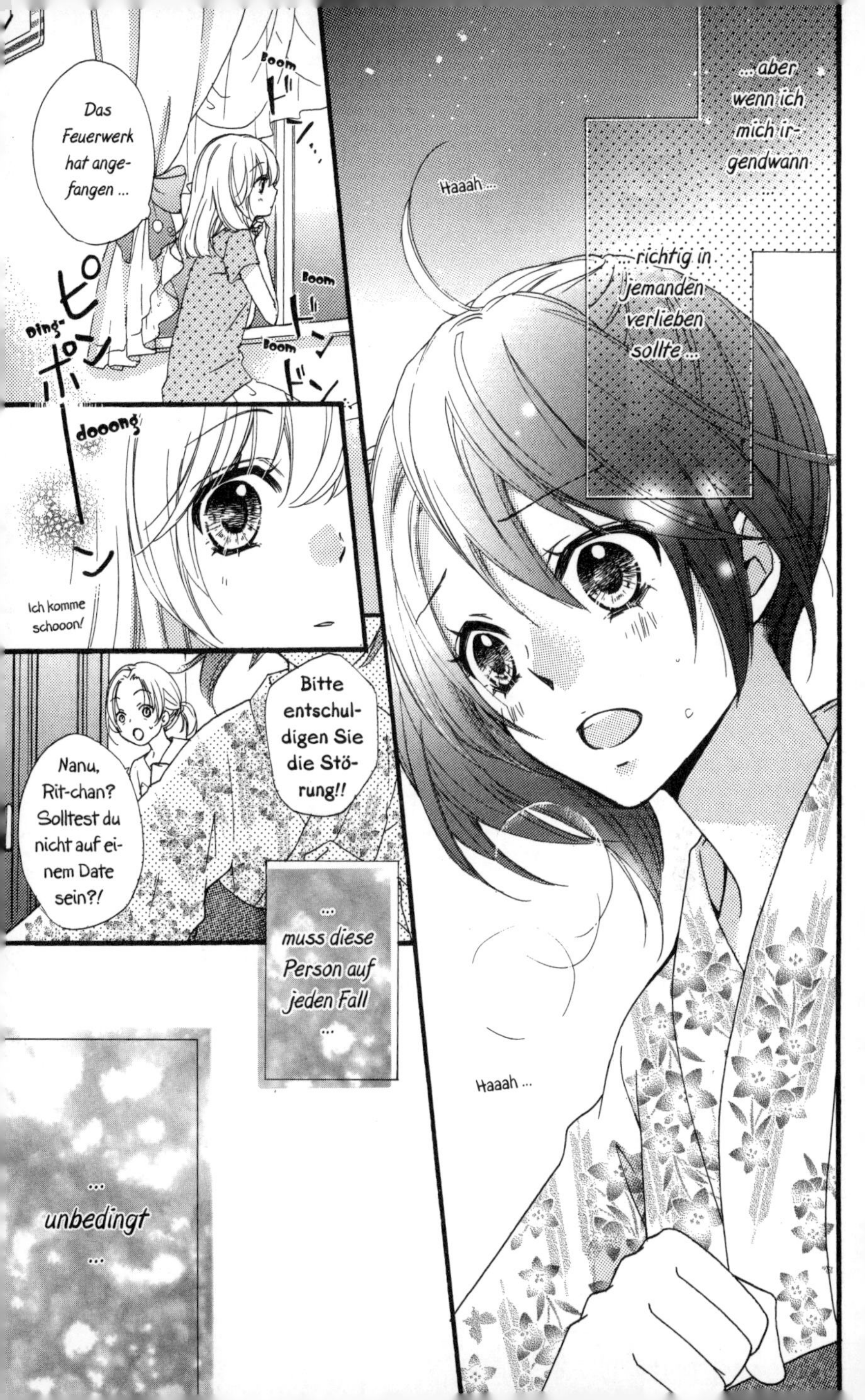

... aber wenn ich mich irgendwann ...
... richtig in jemanden verlieben sollte ...
Haaah ...
Das Feuerwerk hat angefangen ...
Boom
Boom
Boom
Ding-dooong
Ich komme schooon!
Bitte entschuldigen Sie die Störung!!
Nanu, Rit-chan? Solltest du nicht auf einem Date sein?!
... muss diese Person auf jeden Fall ...
Haaah ...
... unbedingt ...

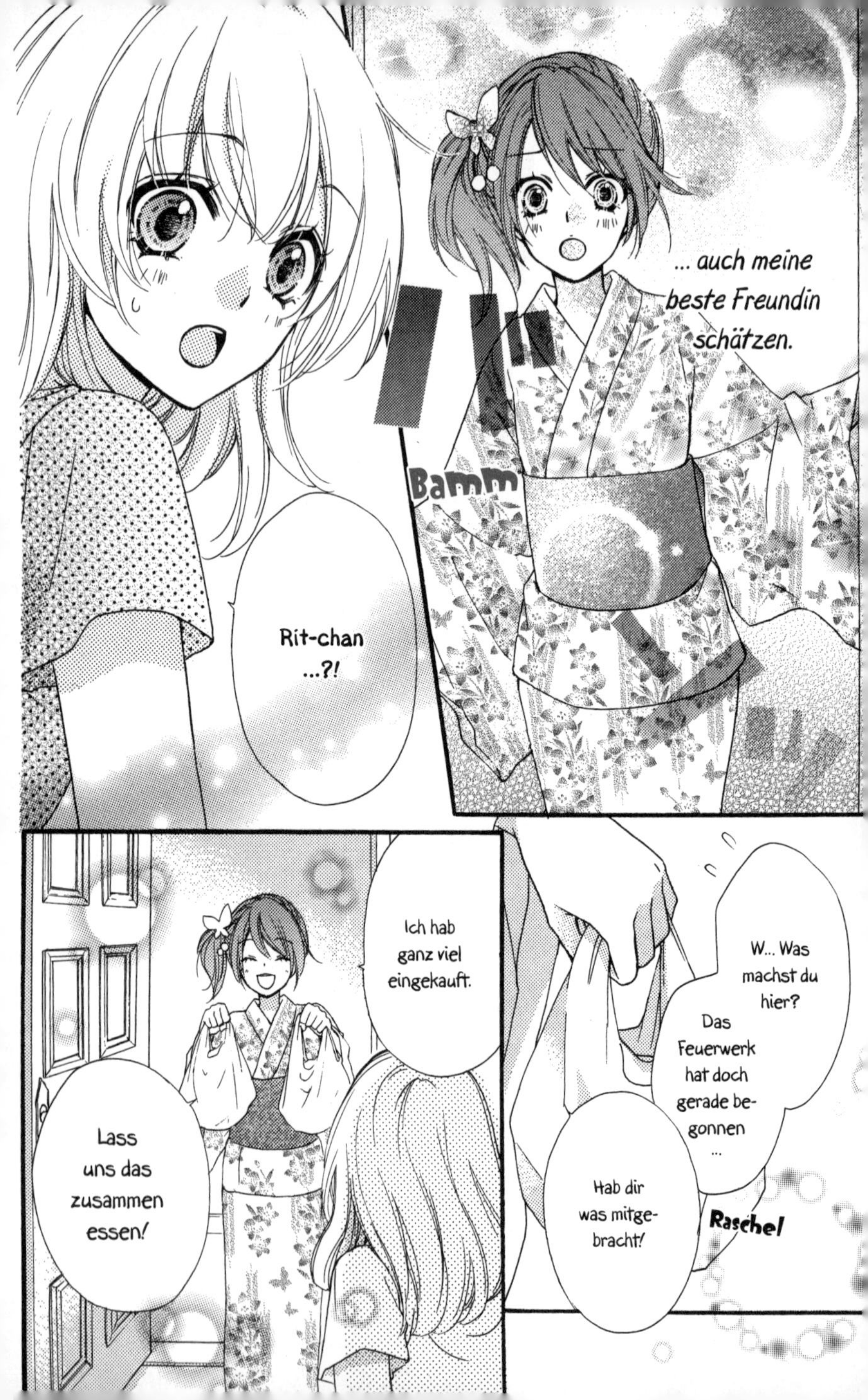
... auch meine beste Freundin schätzen.
Bamm
Rit-chan ...?!
W... Was machst du hier? Das Feuerwerk hat doch gerade begonnen ...
Raschel
Hab dir was mitgebracht!
Ich hab ganz viel eingekauft.
Lass uns das zusammen essen!

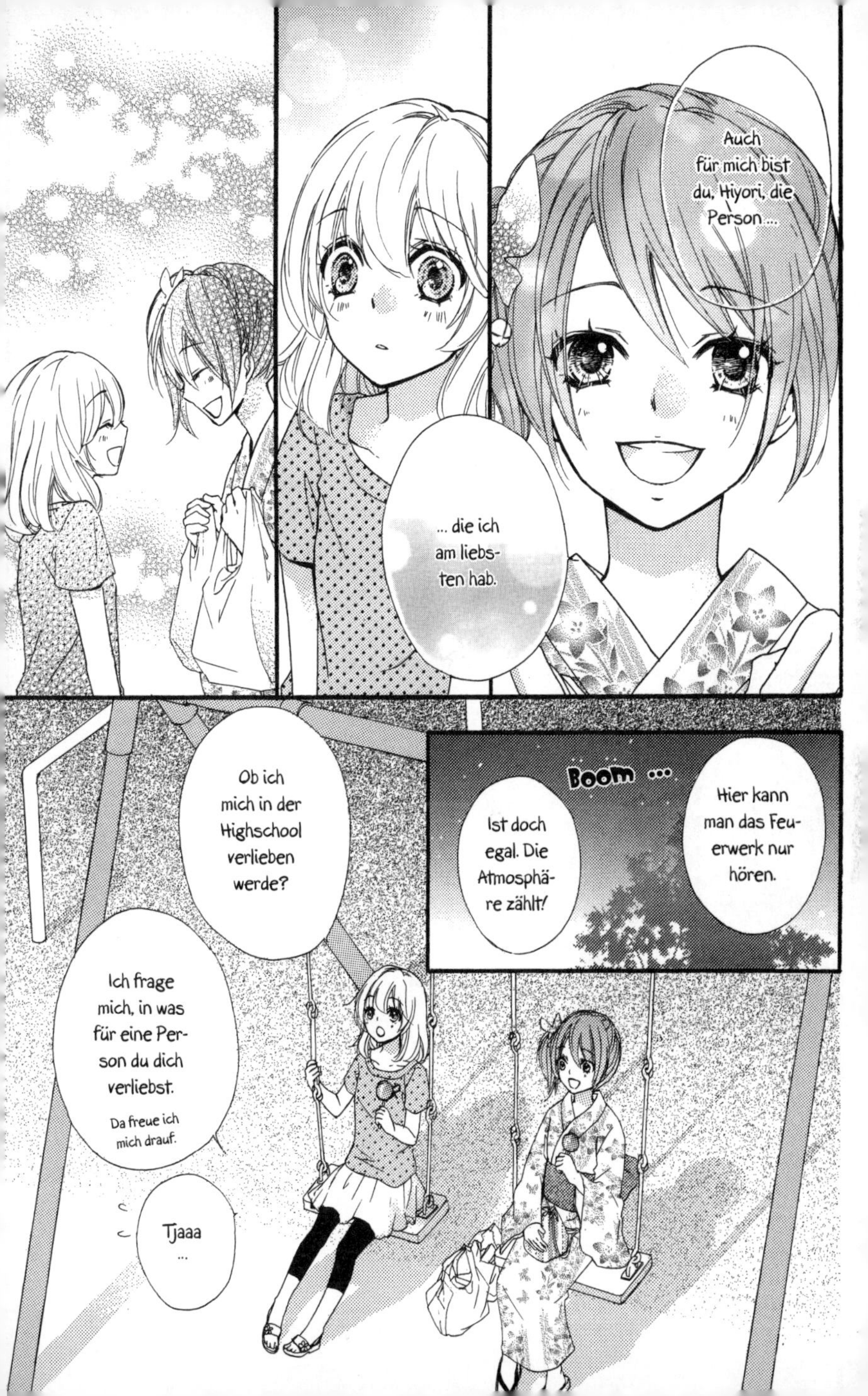
Auch für mich bist du, Hiyori, die Person ...
... die ich am liebsten hab.
Hier kann man das Feuerwerk nur hören.
Boom ...
Ist doch egal. Die Atmosphäre zählt!
Ob ich mich in der Highschool verlieben werde?
Ich frage mich, in was für eine Person du dich verliebst.
Da freue ich mich drauf.
Tjaaa ...

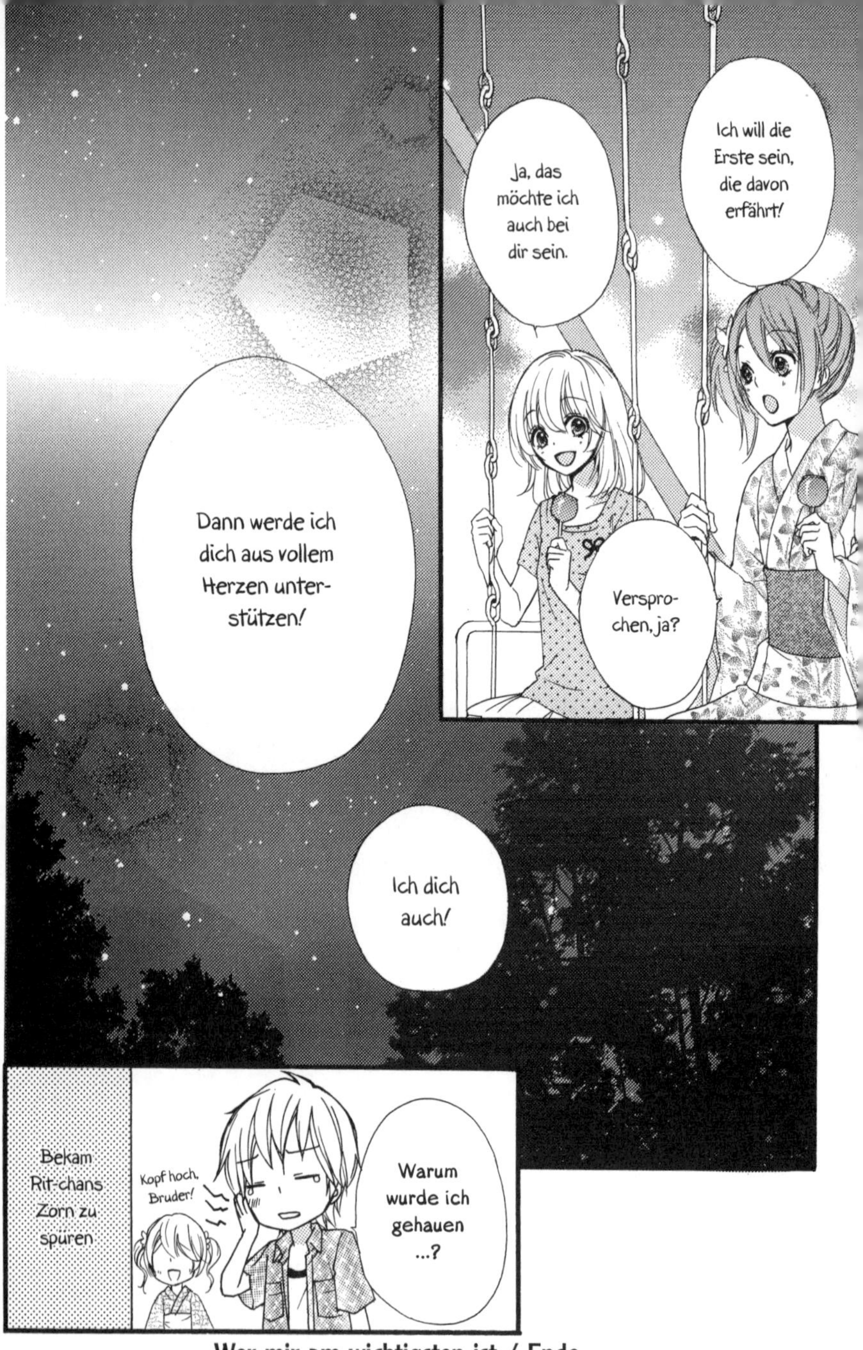

Wer mir am wichtigsten ist / Ende

♥ **Katzenfutter** ♥

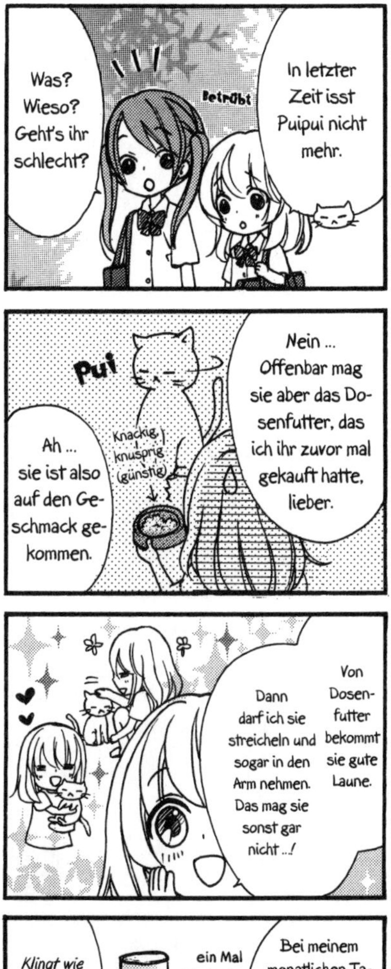

Hiyosketch

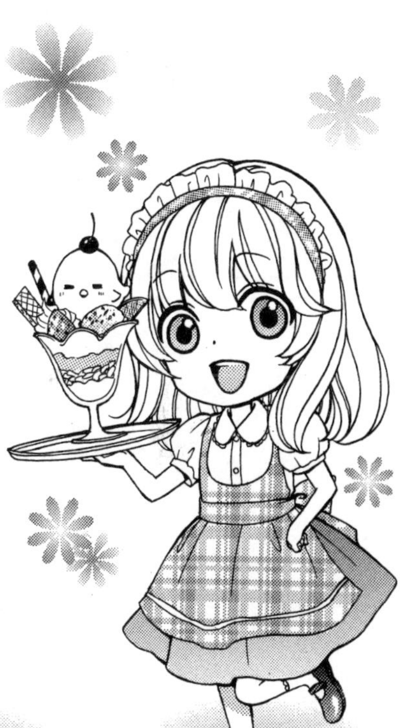

♥ Der Schlacksige ♥

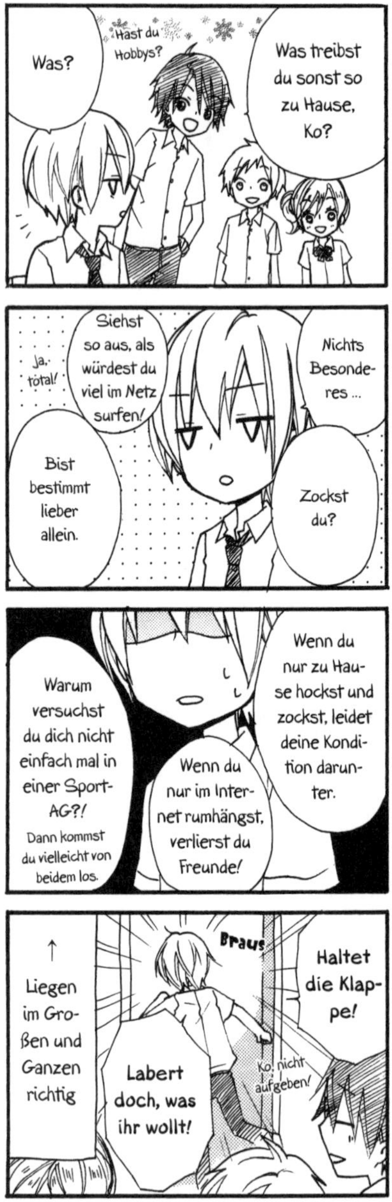

♥ Neugierig auf sein Gesicht ♥

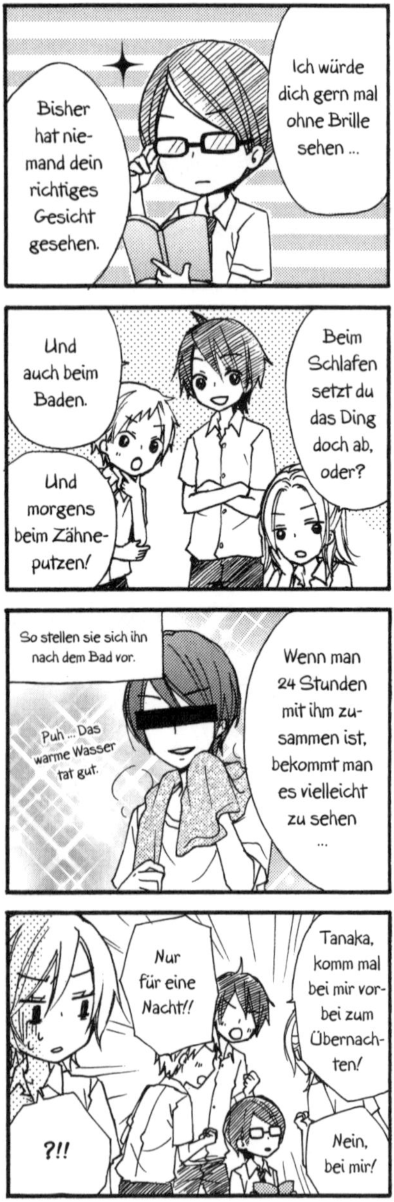

♥ Geheimnisvolle Mittan ♥

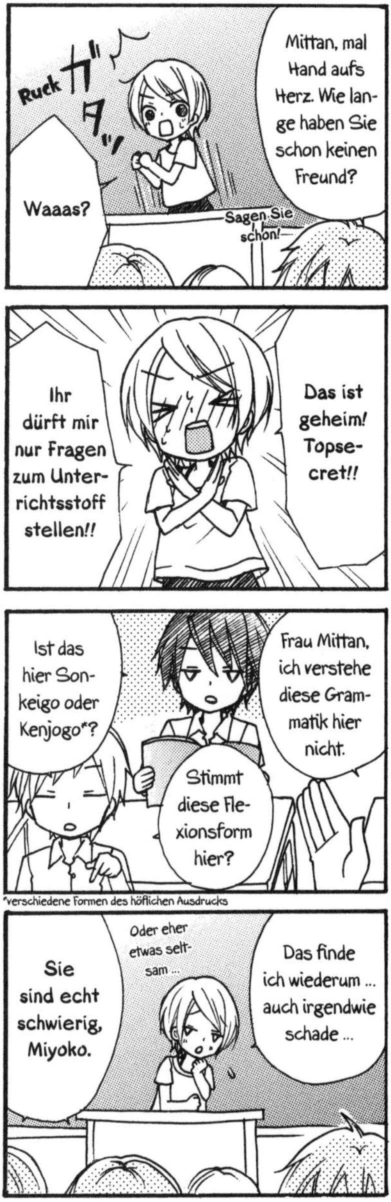

*verschiedene Formen des höflichen Ausdrucks

♥ Heiratsantrag ♥

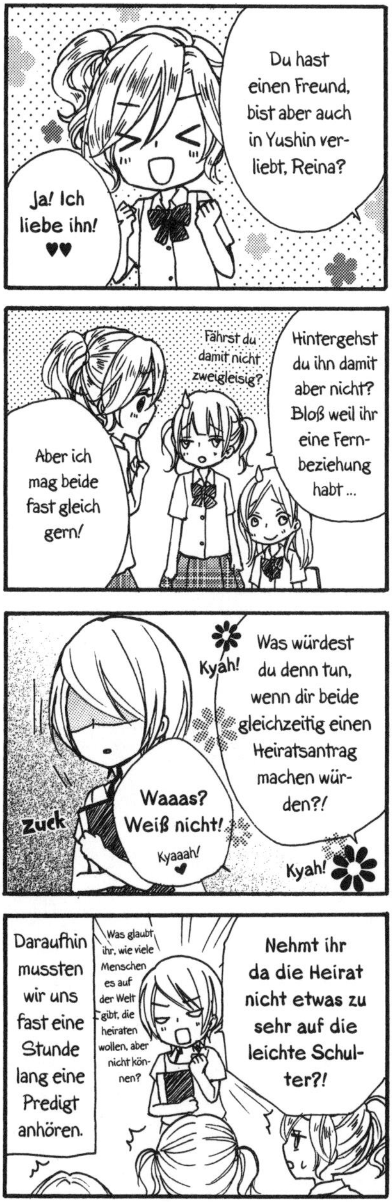

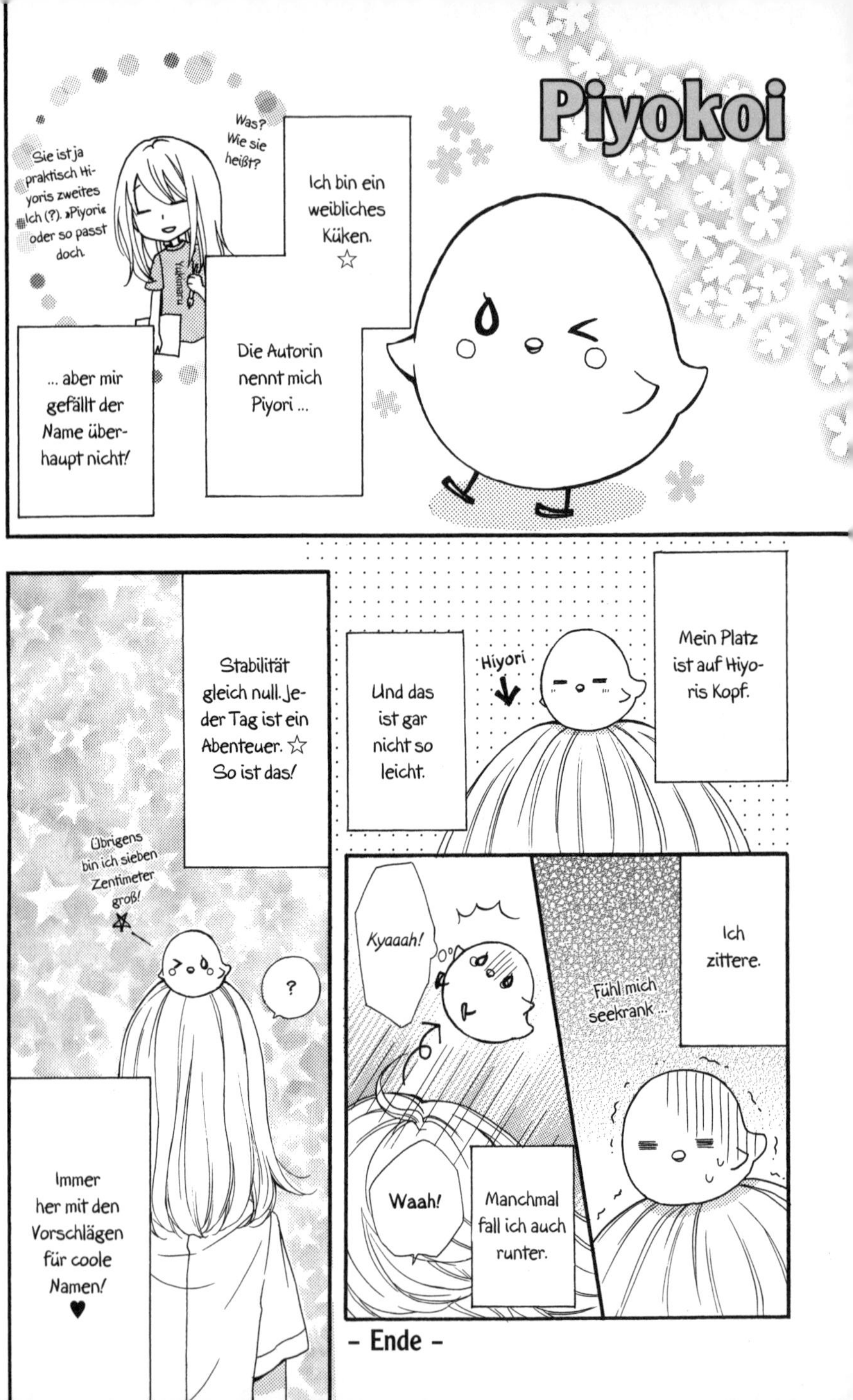
Piyokoi
Ich bin ein weibliches Küken. ☆
Was? Wie sie heißt?
Die Autorin nennt mich Piyori ...
Sie ist ja praktisch Hiyoris zweites Ich (?). »Piyori« oder so passt doch.
... aber mir gefällt der Name überhaupt nicht!
Mein Platz ist auf Hiyoris Kopf.
Hiyori
Und das ist gar nicht so leicht.
Ich zittere.
Fühl mich seekrank ...
Kyaaah!
Manchmal fall ich auch runter.
Waah!
Stabilität gleich null. Jeder Tag ist ein Abenteuer. ☆ So ist das!
Übrigens bin ich sieben Zentimeter groß!
?
Immer her mit den Vorschlägen für coole Namen! ♥
- Ende -

Bonus-manga

♡Mittans After-School-Tagebuch♡

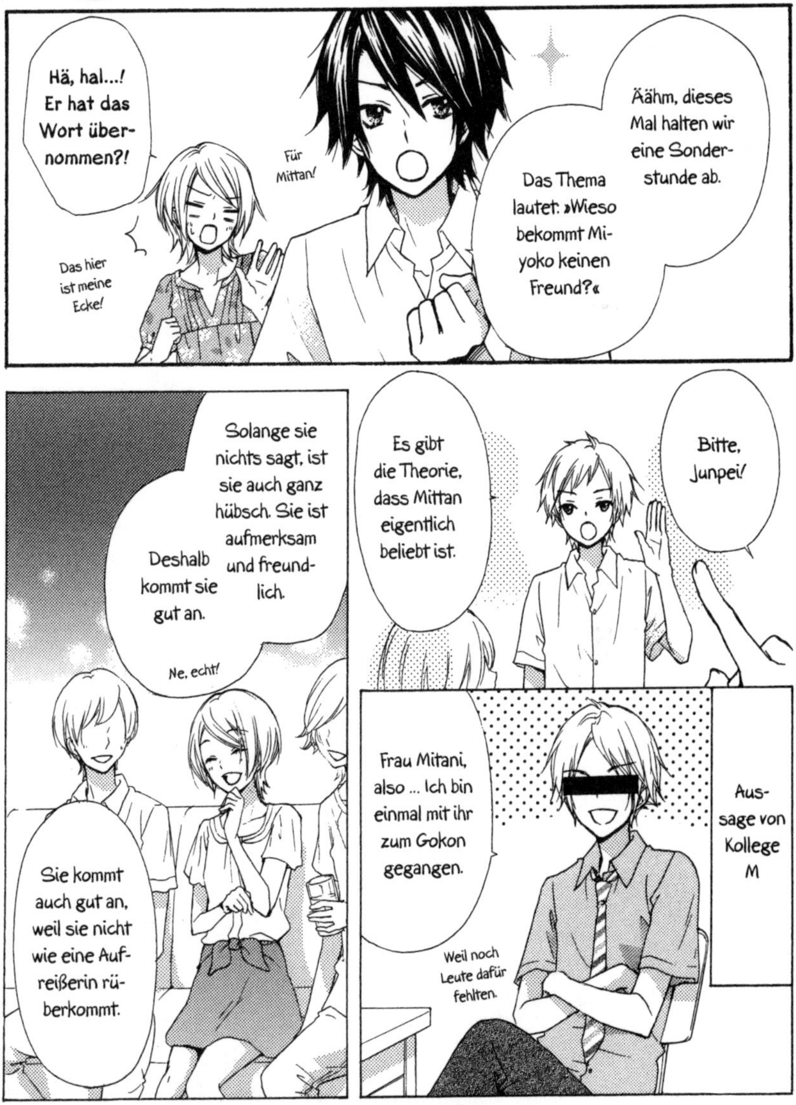

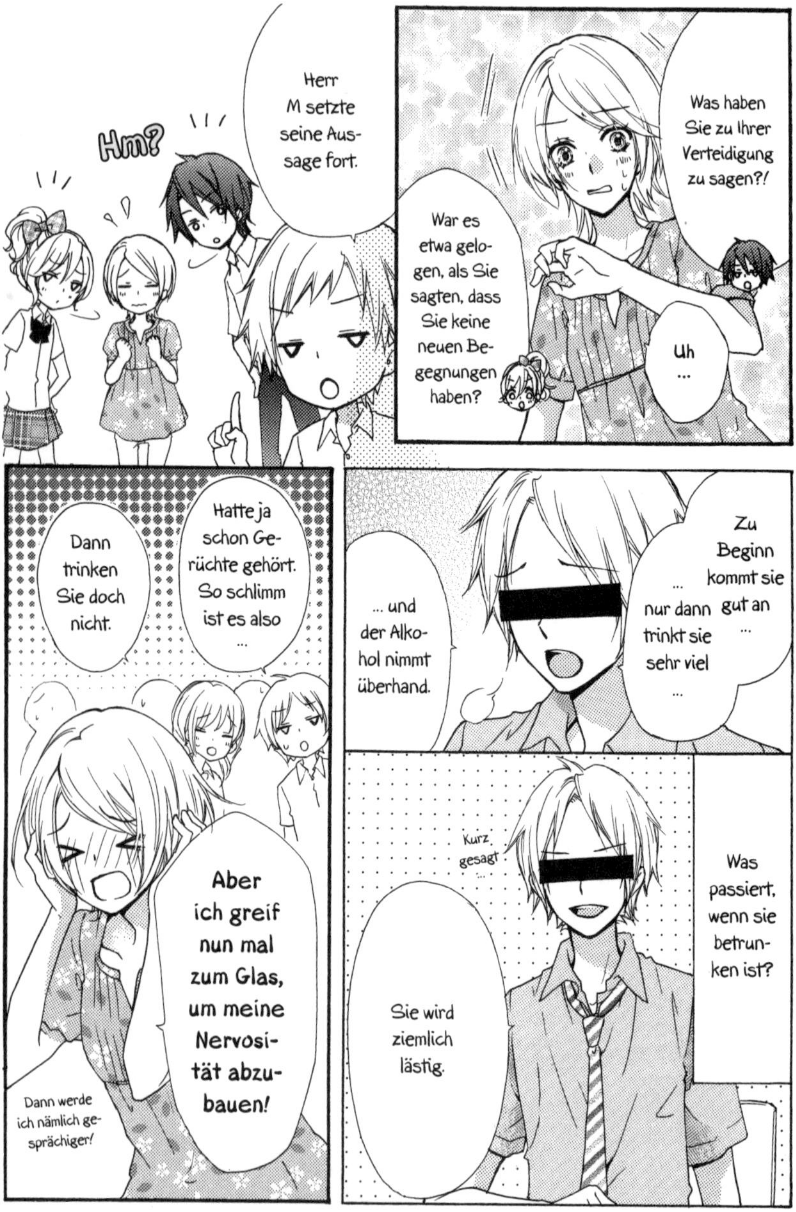
Was haben Sie zu Ihrer Verteidigung zu sagen?!
War es etwa gelogen, als Sie sagten, dass Sie keine neuen Begegnungen haben?
Uh ...
Herr M setzte seine Aussage fort.
Hm?
Zu Beginn kommt sie gut an ...
... nur dann trinkt sie sehr viel ...
... und der Alkohol nimmt überhand.
Was passiert, wenn sie betrunken ist?
Kurz gesagt ...
Sie wird ziemlich lästig.
Hatte ja schon Gerüchte gehört. So schlimm ist es also ...
Dann trinken Sie doch nicht.
Aber ich greif nun mal zum Glas, um meine Nervosität abzubauen!
Dann werde ich nämlich gesprächiger!

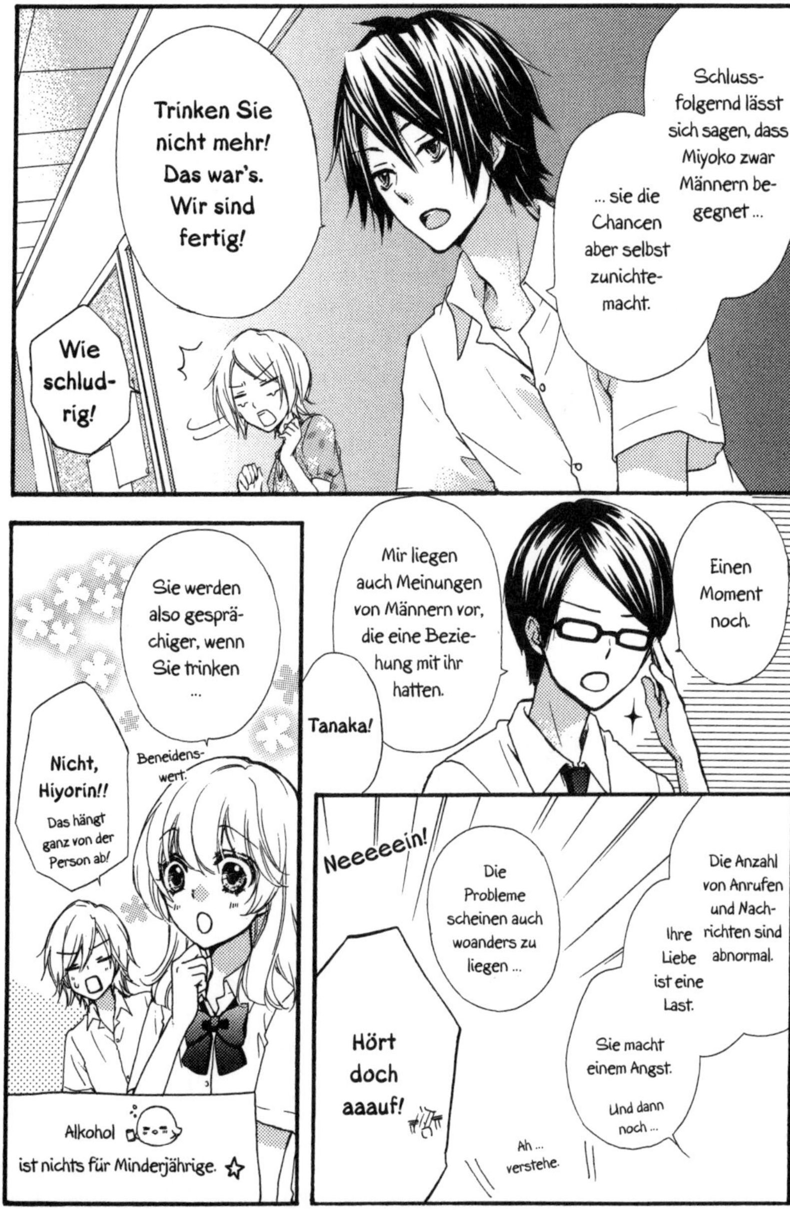
Schlussfolgernd lässt sich sagen, dass Miyoko zwar Männern begegnet ...
... sie die Chancen aber selbst zunichtemacht.
Trinken Sie nicht mehr! Das war's. Wir sind fertig!
Wie schludrig!
Einen Moment noch.
Mir liegen auch Meinungen von Männern vor, die eine Beziehung mit ihr hatten.
Tanaka!
Die Anzahl von Anrufen und Nachrichten sind abnormal.
Ihre Liebe ist eine Last.
Sie macht einem Angst.
Und dann noch ...
Die Probleme scheinen auch woanders zu liegen ...
Ah ... verstehe.
Neeeeein!
Hört doch aaauf!
Sie werden also gesprächiger, wenn Sie trinken ...
Beneidenswert.
Nicht, Hiyorin!!
Das hängt ganz von der Person ab!
Alkohol ist nichts für Minderjährige. ☆

- Ende -

Thank You!

Danke, dass ihr mich bis hierhin begleitet habt. ☆ Zum Zeitpunkt, an dem dieser Band erscheint, werde ich zum ersten Mal eine selbstständig organisierte Signierstunde abhalten. Schon jetzt bin ich ganz aufgeregt. Ich muss aufpassen, dass ich meinen Namen nicht falsch schreibe ... Und auch, dass ich vor lauter Aufregung nicht das falsche Datum benutze ... (← Passiert mir häufig.) Ich gebe mir Mühe, an dem Tag nicht wie Hiyori oder Ko zu zittern.

Dann hoffe ich, wir sehen uns wieder ... ☆★

● Special Thanks an ●

Yuzupon, Mo-chan, Eno, Hyu,
Kotsubu, Mattsun
und auch an meinen Redakteur
und an alle, die mich
unterstützen. ♥

Oktober 2011
Yukimaru

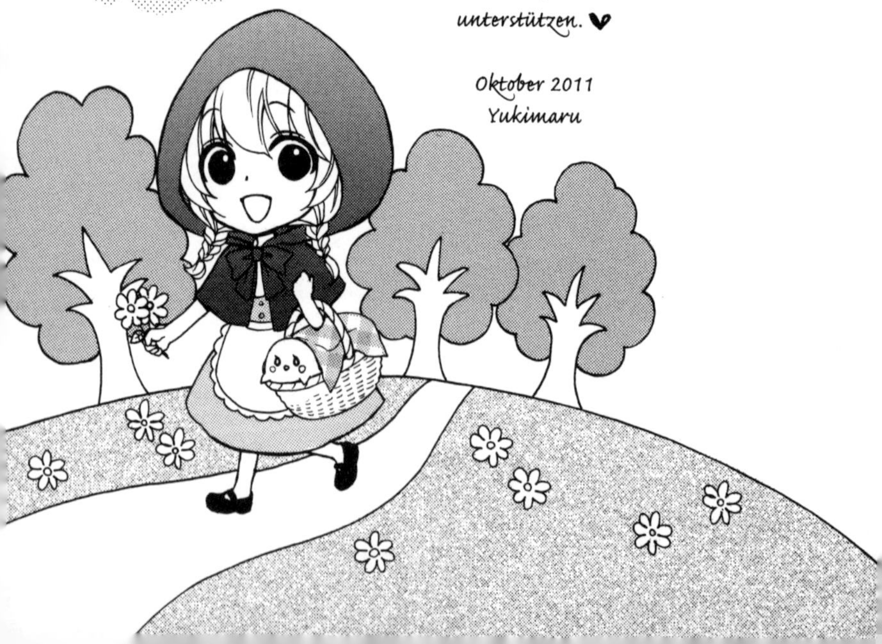

Hiyokoi

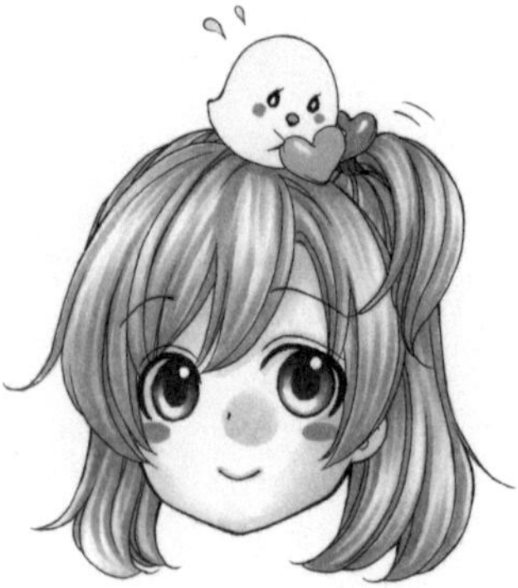

Autorenkommentar

Für die Meetings mit meinem Redakteur gehe ich gerne ins Café nebenan. Dort ist dann meist »geschlossene Gesellschaft«, weshalb ich mich wie zu Hause entspannen kann. Ich liebe die örtliche Gegend.

Moe Yukimaru

SUISAI

Moe Yukimaru

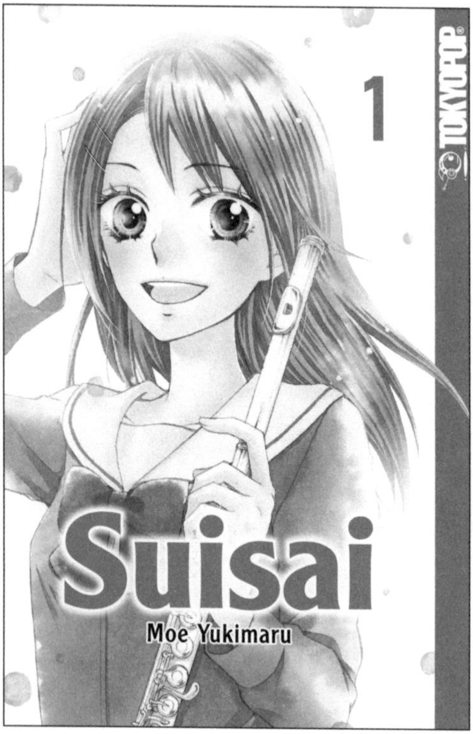

Der Klang der Instrumente fließt durch mich hindurch!

Urara ist eine begabte Leichtathletin, doch auf der Highschool sucht sie eine neue Herausforderung. Als sie zufällig das Schulorchester spielen hört, verliebt sie sich sofort in die schönen Melodien und nimmt an einem Schnupperkurs teil. Hier zeigt sie nicht nur Interesse am Spiel der Querflöte, sondern auch am süßen Saxofonisten Minato. Für Urara steht fest, dass sie ein Mitglied des Orchesters werden muss ...!

TOKYOPOP®

www.tokyopop.de

EINE SÜSSE FALLE

Mai Ando

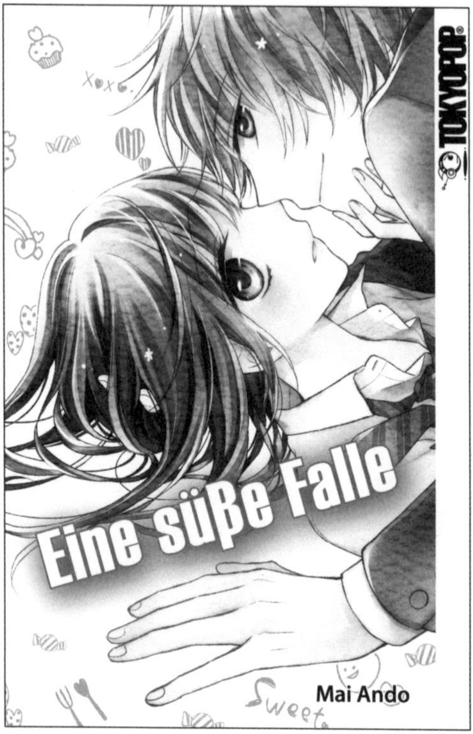

Versprochen ist versprochen!

Momo ist Managerin des Basketballklubs ihrer Highschool und trifft nach langer Zeit ihren Kumpel Jun wieder. Doch seit der Mittelschule hat er sich ziemlich verändert: Plötzlich ist er total cool drauf und sieht gut aus! Allerdings befürchtet Momo, dass Jun sie mit seinem Charme nur in eine fiese Falle locken will ...

ERSTE KÜSSE

Mai Ando

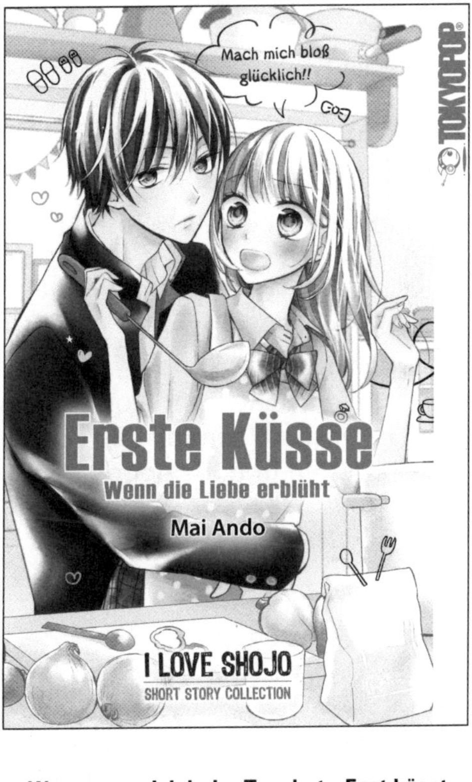

»Wenn man sich beim Tanabata-Fest küsst, wird die Liebe ewig währen ...«

Das glaubt zumindest Chisaki und hofft, dass diese Weissagung für sie und ihren Schwarm Junpei in Erfüllung geht. Aber stimmt dieser alte Aberglaube wirklich? Ob unter dem Sternenhimmel, heimlich mit dem Sandkastenfreund oder auf dem Fußballfeld: Der erste Kuss erwischt einen immer eiskalt und schlägt ein wie ein Blitz im Sommergewitter.

STOPP!

Dies ist die letzte Seite des Buches!
Du willst dir doch nicht den Spaß verderben
und das Ende zuerst lesen, oder?

Um die Geschichte unverfälscht und originalgetreu mitverfolgen zu können, musst du es wie die Japaner machen und von rechts nach links lesen. Deshalb schnell das Buch umdrehen und loslegen!

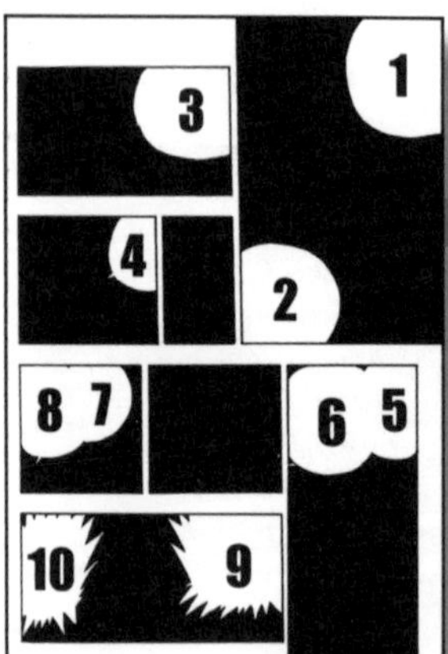

So geht's:

Wenn dies das erste Mal sein sollte, dass du einen Manga in den Händen hältst, kann dir die Grafik helfen, dich zurechtzufinden: Fang einfach oben rechts an zu lesen und arbeite dich nach unten links vor. Viel Spaß dabei wünscht dir TOKYOPOP®!